高等职业教育物业管理专业规划教材
GAODENG ZHIYE JIAOYU
WUYE GUANLI ZHUANYE GUIHUA JIAOCAI

物业设备设施与管理

（第3版）

WUYE SHEBEI SHESHI YU GUANLI

主编/伍 培 副主编/刘树文 曾光杰

参编/李文杰 彭宣伟 林真国 黄建新

主审/陈宏斌 巫大德

重庆大学出版社

内 容 提 要

本书是高等职业教育物业管理专业规划教材之一,内容分 10 章讲述:物业设备设施管理基础理论、给水系统、排水系统、消防系统、供热与燃气供应、通风与空气调节系统、物业供配电系统、电梯系统、安全防范系统、物业设备设施管理工作的实施等。书中介绍了各种主要物业设备设施系统的结构、工作原理和维护管理方法,重在使读者能够较全面地掌握物业设备设施运行与维护管理的知识。

本书适合作为高等职业教育物业管理专业教材使用,也可以作为物业管理从业人员自学和培训用书。

图书在版编目(CIP)数据

物业设备设施与管理/伍培主编 . —3 版 . —重庆:
重庆大学出版社,2012.12
高等职业教育物业管理专业规划教材
ISBN 978-7-5624-3486-3

Ⅰ.①物… Ⅱ.①伍… Ⅲ.①物业管理:设备管理—高等职业教育—教材 Ⅳ.①F293.33

中国版本图书馆 CIP 数据核字(2011)第 187078 号

高等职业教育物业管理专业规划教材
物业设备设施与管理
(第 3 版)
主 编 伍 培
副主编 刘树文 曾光杰
主 审 陈宏斌 巫大德
责任编辑:林青山 版式设计:林青山
责任校对:邹 忌 责任印制:赵 晟
*
重庆大学出版社出版发行
出版人:邓晓益
社址:重庆市沙坪坝区大学城西路 21 号
邮编:401331
电话:(023) 88617183 88617185(中小学)
传真:(023) 88617186 88617166
网址:http://www. cqup. com. cn
邮箱:fxk@ cqup. com. cn(营销中心)
全国新华书店经销
重庆华林天美印务有限公司印刷
*
开本:787×1092 1/16 印张:19.25 字数:410 千
2012 年 12 月第 3 版 2012 年 12 月第 5 次印刷
印数:12 001—15 000
ISBN 978-7-5624-3486-3 定价:33.00 元

特别鸣谢（排名不分先后）：

上海市房地产科学研究院
重庆经济技术开发区物业发展有限公司
重庆华宇物业管理有限公司
重庆新龙湖物业管理有限公司
重庆华新锦绣山庄网络物业服务有限公司
重庆大正物业管理有限公司
重庆科技学院
三峡联合职业大学物业管理学院
成都航空职业技术学院
四川建筑职业技术学院
昆明冶金高等专科学校
成都电子机械高等专科学校
黑龙江建筑职业技术学院
重庆城市管理职业学院
湖北黄冈职业技术学院
湖北职业技术学院
武汉职业技术学院
贵州大学职业技术学院
广东建设职业技术学院
广东白云职业技术学院
福建工程学院
重庆市物业管理协会
解放军后勤工程学院
重庆教育学院
重庆邮电大学
西安物业管理专修学院
四川外语学院南方翻译学院
西南大学
宁波高等专科学校
成都大学
成都市房产管理局物业管理处

　　中国内地的物业管理从 20 世纪 80 年代初起步,经过 20 多年的磨砺,今天已经发展成为一个拥有 2 万多家企业,230 多万从业人员,在大、中城市占 GDP 总值2% 左右的一个生气勃勃的朝阳行业。可以毫不夸张地说,今天生活在大、中城市的人们,已经离不开物业管理了。随着社会经济的发展和人们生活水平的不断提高,物业管理服务还将进一步深入到全国中、小城镇的居民小区中,获得更大的发展空间。

　　行业的发展引发对物业管理专门人才的强烈需求。以培养人才为己任的高等院校,尤其是高等职业院校,用极大的热情关注着物业管理这一新兴行业的发展,纷纷开设物业管理专业。20 世纪 90 年代中期,广州、深圳、重庆等地建立了物业管理专门学院,争先为物业管理行业培养和输送各类应用型人才,在一定程度上缓解了物业管理专业人才匮乏的矛盾。许多教育工作者、理论工作者和实务工作者,在百忙之中编写出版了物业管理专业高等和中等教育的多种教材和专著,一定程度上满足了物业管理专业教育的急需。

　　由于物业管理专业在我国尚处于起步发展阶段,对物业管理的经验总结和理论研究虽有一定进展,但尚未形成完善的物业管理学科体系。各类物业管理专业基础课、专业课的教学大纲正在制定,物业管理的相关政策法规陆续出台。在新的形势下,编写出版一套《高等职业教育物业管理专业规划教材》,以适应物业管理专业教育迅速发展和不断提高的需要,是十分必要和紧迫的。重庆大学出版社在广泛深入调研的基础上,邀请国内物业管理界和 20 多所高等院校的专家、学者和部分知名物业管理企业"双师型"职业经理组成编委会,由上海房地产科学研究院副院长王青兰博士任主任,重庆经济技术开发区物业发展有限公司副总经理、重庆华宇物业管理有限公司总经理、各高校教授、专家任副主任和编委。经反复研究,决定在 2004 年秋季陆续推出一套理论够用、突出应用、定位准确、体例新颖、可操作性强的《高等职业教育物业管理专业规划教材》。

　　本套系列教材的框架体系，教材与教材之间的相关性、独立性及衔接性，每本教材的编写大纲，知识点的提出，实例和案例的选择，思考题和习题设置，均由任课教师和物业管理界的专家、实务工作者共同研究确定，并由企业界专家负责审稿。旨在使学生通过本套教材的学习，既掌握物业管理专业的基础理论和专业知识，又熟悉物业管理企业各主要工作部门实际操作的标准程序与技能，真正成为应用型、技能型的专业人才。

　　来自教育界、理论界、实务界的编委、主编、参编、主审，按照教育部《关于以就业为导向深化高等职业教育改革的若干意见》提出的"高等职业教育应以服务为宗旨，以就业为导向，走产学研结合的发展道路"的精神，结合自己熟悉的领域，优势互补，大胆尝试，严把教材质量关。期盼这一良好的开端，能使本套教材充分凸现理论紧密结合实际的特色，成为培养应用型、技能型专业人才的好教材。

　　本套系列教材可以供高等职业教育应用型本科和专科学生使用，还可以作为物业管理从业人员的日常工作参考用书。

　　物业管理专业的高等职业教育方兴未艾，高职教育紧密结合社会发展和行业发展需求，不断地向行业输送符合专业需求的应用型、技能型人才任重道远。我们有理由相信，在高校与物业管理界紧密合作和共同努力之下，物业管理学科建设定将取得丰硕成果和明显进步，使我们的高等教育更好地为行业培育出一大批应用型、技能型专业人才，为行业的发展不断提供优质的人才资源。

　　让我们一路同行，共创物业管理的美好明天！

编 委 会

修 订 前 言

XIU DING QIAN YAN

　　《物业设备设施与管理》第 1 版于 2005 年 9 月出版,并于 2007 年 3 月再版,受到相关高校和部分物管企业的欢迎,现根据各院校的使用反馈意见后,对第 2 版进行修订。修订的首要目的是对内容进行更新,使其符合新颁布的国家相关技术规范和标准,其次是精简,适当降低难度,并通过更新、增设部分内容,在保持贯彻物业环境品质管理思想的前提下,进一步突出节能增效和安全管理的要求,使叙述显得更为精炼、实用,以符合当前物业管理专业学生的培养实际需要。

　　修订后,各章内容的主要变化如下:

　　绪论、第 1 章、第 2 章:精简文字,根据新颁布的规范更新参数、指标和要求,重新编写了物业环境品质、供水水压、水质管理方面的内容。

　　第 3 章:增加了对同层排水的介绍。

　　第 4 章:主要精简内容,压缩篇幅,突出物管人员对消防工作的应知应会要求。

　　第 5 章:删除供暖系统施工、检测内容,增加了低温地板采暖插图、供暖系统的管理要求和主要故障的处理。

　　第 6、7、9 章:主要是精简内容,降低难度,通过文字梳理,增强内容的可理解性,更新了防雷、接地与用电安全方面的内容。

　　第 8 章:根据物管实际形势,增加了对自动扶梯的介绍、电梯事故的原因分析和紧急处置方法,删除了电梯现场调试等专业性较强的内容。

　　第 10 章:补充设备事故应急预案的编制要求。

　　在修订过程中,通过全书审读,也进一步统一了全书文字风格。同时,为方便教学,提供了配套的电子课件在重庆大学出版社教育资源网上供教师免费下载(网址:http://cqup.com.cn/edusrc)。

　　修订工作分工如下:绪论、第 1 章、第 10 章(重庆科技学院伍培)、第 2、3、4 章(重庆科技学院伍培、李文杰、彭宣伟)、第 5 章(重庆科技学院彭宣伟)、第 6 章(重庆大学林真国、重庆科技学院李文杰)、第 7 章(重庆邮电大学曾光杰、黄建新)、第 8、9 章(成都电子机械高等专科学校刘树文)。全书由伍培担任主编并统稿,刘树文、曾光杰任副主编,重庆城市职业管理学院陈宏斌老师对本书进行审阅,并提出了许多宝贵意见。

　　本次修订工作得到重庆大学出版社、各参编院校师生、川渝部分物业管理企业的支持,特此表示感谢! 由于作者水平有限,修订后的教材仍然会存在种种不足,希望各位读者和专家能够不吝赐教,向主编(555wp555@163.com)或出版社提出意见或建议。

编　者

2012 年 5 月

前　言
QIAN YAN

　　物业管理专业培养的是物业管理员,物业设施管理专业培养的是从事设备设施具体维护、运行管理工作的技术人员,这是两个不同的专业。但从近年社会对物业管理专业毕业生的反馈和已从事物管工作毕业生自身的反映来看,物业设备设施方面的内容对毕业生的职业工作能力影响很大,该专业的工程技术人员整体素质尚需进一步提高。学校在这方面的专业教学工作应尽可能地得到加强,以适应社会的需求。

　　要求物业管理员具备物业设备设施及其管理工作的知识,是让他们在物管企业、用户、设备专业技术人员之间,在设备设施的管理过程中,能够在各方之间起到一种协调、支持、配合的作用,同时,也能够现场处理一些常见问题。那么,在教学过程中,常用物业设备设施的工作原理和过程、一般规格与工作参数、日常维护保养方法及常见故障处理应成为主要的教学内容,设备设施系统的运行管理则是其中的重点和难点。运行管理工作成为研究重点,是因为它决定了物业设备设施的运行效果,关系到物业好不好"用",被服务者满意不满意这个根本问题;成为难点,则是因为物管企业在提供高质量物业环境品质的同时,必须有效控制成本。

　　通过本课程及相关课程的学习,学生可以掌握成为一个称职物业管理员必备的物业设备设施知识,可以在今后实际工作中及时地报告故障现象,传达用户对设备运行状况的感受,配合企业、专业技术维保人员解决问题,并在解决问题的过程中,通过解释与沟通,及时消除用户疑惑或不满。在企业内部管理工作中,能够提出建议,改善物业设备设施的管理工作,在不断提高服务品质的同时学会控制运行成本,逐步提高物管企业在物业设备设施管理上的专业性。为此,本书主编及各参编人员在物业管理企业中进行了广泛调研,在此方面进行了很大的努力,希望能够为各高校物业管理专业的教学工作提供一本贴近实际的教学用书,同时也能为物管企业的管理人员提供一本适用的工作参考书。

本书的各章分工如下:绪论(重庆科技学院伍培),第1章(重庆科技学院伍培、黄建新),第2、3、4章及第5章1、3节(重庆科技学院伍培),第5章2、4节(解放军后勤工程学院张素云),第6章(重庆大学林真国),第7章(重庆邮电学院曾光杰),第8章(成都电子机械高等专科学校刘树文),第9章(重庆科技学院黄建新)。

　　由于物业设备设施管理工作所涉及的专业面广,教材中水暖及管理内容由伍培副教授审查负责,涉及电内容由刘树文副教授审查负责。本书由伍培主编,刘树文、曾光杰任副主编,全书由重庆大学赵宏家教授初审,重庆经济技术开发区物业管理有限责任公司巫大德副总经理主审。本书在初稿试用和编写过程中,还得到了重庆大学朱渝春教授、郎嘉辉副教授和广厦集团重庆一建安装公司经理吴洪林、项目经理李登林等专家的帮助,在此一并表示感谢。由于编者的水平有限,不足之处在所难免,恳请广大读者、专家批评指正。

编　者
2005 年 7 月

目 录
MU LU

绪 论

0.1 物业设备设施及其管理的基本概念

1)物业设备设施

物业设备设施是指□□□□附属的和相关的各类市政、公用设备设施的总称,它保证着物业各项使□□□□□□们的工作和生活营造出特定的物业环境。

物业设备设施□□□□□□进行划分,物业设备设施主要包括了给水排水、暖通空调、电气、□□□□□业设备设施在不同状况下有不同的复杂程度,其复杂程度与物业等级相□□□等级越高,功能越完善,物业设备设施的种类就越多,系统就越复杂。但它们都服□于一个整体,相互间存在各种各样的联系,在现代管理和控制技术下,越来越成为一个有机的整体,使物业的功能越来越完善,各种设备的运行协调得越来越好,逐步形成一个令人方便、舒适、安全和高效率的物业使用环境。

2)物业设备设施管理工作的目的

对物业设备设施进行管理,是要保证物业管理范围内各种设备设施正常工作,满足人们在工作和生活中对水、暖、电、讯和安全等方面的需求,并不断了解物业所有人或使用人对物业环境的满意程度,对工作进行调整,改善或提高物业设备设施的运行效果与效率,以提高服务对象对物业环境的满意度。这个满意度,称为物业环境的品质。对物业设备设施进行管理的最终目的,就是追求良好的物业环境品质,同时有效控制成本。

3）高质量物业设备设施管理工作的特征

（1）强调服务性　要搞好物业设备设施的管理工作，首先要重视服务，这是因为组成物业设备设施的内容，无论是给排水、供电、照明等日常使用的设备，还是电梯、中央空调等现代建筑设备，以及消防、自动报警等紧急情况下使用的设备，都与日常生活工作密切相关。高质量的物业设备设施管理工作，是以管理为基础、维修为保障，围绕向用户提供良好服务这个核心而展开的。

（2）注重经济性　由于物业中的设备越来越复杂，一次性投资相应越来越高，导致使用年限短，更新换代快，运营服务、维修保养费用高。如一部中高档电梯的维护费用约为购置费的 2.5 倍。这类高价值物业设备设施的管理带有明显的经营性特点，如果维护得当，设备事故少，可靠性高，寿命延长，则能够直接为物业管理公司赢得经济效益。

（3）不断提高专业技术性　社会对设备管理服务性和经营性的重视，导致越来越高的专业技术性要求。专业技术性主要体现在物业管理企业在物业设备设施运行管理上具有专业性，能够随时随地满足业主或客户的合理要求，同时有效控制各种物业设备设施的工作效果和运行成本。

（4）综合协调能力强　为了保证各种物业设备设施具有良好的运行效果和尽可能低的运行成本，管理工作需要一个强有力的综合协调。一是因为设备设施品种越来越多，技术越来越先进，设备的运行维护需要各种专业技术知识，需要严格的规范化、标准化的科学和协调机制。二是物业设备设施的管理会涉及电力、电信、燃气、供热、供水、排水、道路、环卫、绿化、路灯、消防、公安、交通等行业管理工作，一个成熟的物业管理企业能够和这些管理部门融洽衔接，统一协调，明确各自的职责分工，确保各类设备设施始终处于良好的运行状态。

4）搞好物业设备设施管理工作所需要的观念

（1）以人为本的观念　物业设备设施管理的服务对象是人。物业设备设施管理的根本目标是提高物业环境品质，具体地讲，就是让人感觉更舒适、更安全，无论是在生活还是工作上都更有效率、更有成就，从根本上保证物业保值、增值。

（2）系统工程的观点　在管理工作的实施过程中，需要根据物业管理的总体要求，确定一个总的具体的服务目标，然后层层分解，落实到每种设备设施的管理工作上。这个过程可以概括为：从上而下地计划，自下而上地实施。只有如此，才能改变当前相当部分物管企业对物业设备设施的管理仅仅处于"维修、维持"的不良状况，更好地满足业主和用户的需要。

（3）品质管理的思想　物业管理工作，包括物业设备设施管理工作的最终目标，不是以符合或满足某种标准或规范为准，而是以业主、用户的满意程度为准，体现物业设备设施管理工作的品质。进一步讲，物业设备设施的管理，就是在符合或满足国家有关法规和技术标准要求的基础上，尽可能让业主、用户满意。

0.2 物业设备设施管理的现状和发展模式

1）现状与问题

目前,国内物业设备设施管理工作较国际先进水平有一定差距。原因在于:

（1）市场经济环境及法制不健全 建设方在设计、建设阶段较少考虑建成后使用的节约和便利,而过多地考虑了如何节省一次投资,如何制造噱头吸引买方。设备供应商也较少考虑系统的集成,物业公司也很少进行工程前期介入。各阶段工作脱节,为日后的管理工作埋下隐患。

（2）观念滞后 国内有些物管企业认为只要设备设施无故障、开得动便是物业设备设施管理的全部或主要工作内容。

（3）物业设施管理的技术含量不高 当前,国内多数物管企业经济实力普遍不足,难以吸引高质量人才,凭经验、拼设备等手工作坊式的运作仍是国内相当范围内物业设备设施管理的主流。

（4）人才培养质量有待提高 尽管近年来举办过许多各种层次的培训,也有了物业管理专业和物业设施管理专业的各层次学历教育,但无论是内容还是对象都还处于"探索阶段",都有待总结提高。技能教育日渐成为关注的重点。

2）现阶段管理模式及发展趋势

当前,随着物业管理产业化的发展趋势,出现下列物业设备管理模式:

①物业管理公司有独立的专业人员队伍,用所收取的物业管理费和能源费,利用业主所批准的物业维修基金对物业设备设施实行统一的管理。

②由社会建立的物业设备设施专业管理公司承包大楼或小区设备系统全部或部分的运行管理,专业公司与业主或物管企业之间用契约形式确定彼此的责权利、确定服务质量标准和赏罚规则。

③几家中,小型物管公司共同出资建立设备管理公司,吸引高质量人才,降低各家公司管理成本,专为各出资方解决设备设施维保难题。

④物业设备设施专业管理公司带资参建,成为业主的合作伙伴。公司投入的是设备系统,取得的回报是投运以后的物业管理费、设备折旧费和能源费。用户入户之后就如同缴付水电费、电话费一样按月或按年度向物业设施管理公司缴付设备管理费。设备系统的产权归物业设备设施专业公司。

前3种方式,已在社会推行。第4种方式,最先由国内一些电话局试行,目前在建筑节能技术改造中应用越来越普遍。

第 **1** 章
物业设备设施管理基础理论

导读:本章要求掌握设备管理的 LCC 理论、可靠性理论和故障理论的基本内容,并能够初步运用。能够明确了解物业设备设施的品质管理的基本内容,对品质的测定方法、管理手段有一个基本认识。在把握指导设备设施管理工作主要理论和方法的基础上,能用系统论观点从整体上自上而下地认识物业设备设施管理工作。

　　物业设备设施管理工作本身是一个新的学科,但在传统的生产企业,设备维护维修管理早已积累了很多经验,也有了一定的理论总结。

　　现代设备管理理论把设备设施的寿命周期作为研究对象,把寿命周期费用(LCC,Life Cycle Cost)作为评价设备管理的主要经济指标;并突破传统设备管理的做法,对设备进行技术、组织、财务等方面的综合管理,强调设备的可靠性、维修性设计;重视设计、使用、维修中技术经济信息反馈的管理。

1.1　物业设备设施的 LCC

1.1.1　物业设备设施的寿命周期费用

　　一个完整的设备设施寿命周期,是指设备设施从规划、设计、制造、安装、使用、维护、维修、改造、更新直到报废的整个全寿命周期过程。在这个过程中,要投入和消耗各种人力、物力、财力的价值量度就是全寿命周期费用。它可以简要划分为设备设施资产形成过程的设置费(购置费)和投入使用后的维持费(使用费)。但由于物管的工作特点和内容,企业对物业设备设施的管理工作并不一定涉及全寿命周期及全寿命周期费用,下面做进一步介绍:

1 ）寿命周期的内涵

物业设备设施的寿命可分为自然寿命、技术寿命、经济寿命。

（1）自然寿命　自然寿命通常也称作物理寿命，是指设备在规定的使用条件下，从开始使用到无法修复而报废所经历的时间。对设备的正确使用、维护和管理，可以延长其自然寿命。

（2）技术寿命　技术寿命是指设备在技术上有存在价值的期间。即设备从开始使用到因技术落后而被淘汰所经过的时间。其长短决定于设备无形磨损的速度。

（3）经济寿命　经济寿命又称价值寿命，是指设备从开始使用到再继续使用在经济上已不合理为止的全部时间。

对物管企业而言，物业设备设施的寿命是管理寿命。管理寿命是指物管企业从参与某种设备设施的管理工作开始，至放弃管理这种设备设施为止这段时间。对于不同的物业设备设施它可以是自然寿命，也可以是技术寿命或经济寿命。

2 ）寿命周期费用的构成和计算

（1）寿命周期费用的构成　物管企业对物业设备设施的管理目标是在满足规定功能服务上，追求设备设施在接受委托管理期间的费用总和最小。全寿命周期费用的构成，有前期费用、购买费用、使用费用、维修费用和回收报废成本。其分布大致为前期费用占 5% ，购买费用占 15% ~ 25% ，使用与维修费用占 50% ~ 65% ，报废成本所占比例一般小于 5% 。

由此可知，在全寿命周期费用中占据很大比例的是使用和维修费用。物业公司所涉及的前期费用，主要是对（建设/更新）采购对象的功能定位、分析比较、设备配置决策等的调研费用及方案确定后的招投标费用、设计费等。

（2）寿命周期费用的计算　在实际工作中，应对设备设施的寿命周期进行分析，确定管理对象的管理寿命，然后对费用进行详细的构成分析，以便控制和掌握各种费用的额度和合理性。分析时，可以逐项列出费用项目，由粗到细，只要是物管企业为保证设备设施正常使用而花费的所有人、财、物各项费用均应计入，除了折旧费，各种设备设施的建设费和管理费也应分摊在各项设备上。

物管企业一般是接管已建设好的设备设施，其 LCC 费用多是设备设施的维持费，其费用组成可参考表 1.1：

表 1.1　物业设备设施维持费用组成表

使用维护费	技术资料费、操作人员工资及培训费、日常维护材料费、维护工具仪表费、委托维护费、能源消耗费
修理改造费	技术资料费、维修人员工资及培训费、维修材料/工具/备件/备品费、委托维修费、能源消耗费

续表

后勤保障费	与设备设施管理有关的材料保管、管理人员工资/办公费/培训费、技术资料费、实验设备费、检测费
报废处理费	拆除费、运输费

1.1.2　寿命周期理论的应用

将 LCC 值除以系统或设备的寿命周期,得到年平均运营成本,称为 EUAC。在相同使用效果的条件下,EUAC 越小,系统和设备的经济效益越高。物业设备管理的主要目的就是在提供优质的服务品质前提下,最大限度地降低 EUAC。

如何降低 EUAC?一是在设备和系统设计选型中选用 EUAC 最低者;二是在设备运营过程中,对系统和设备采用节能技术措施或加强管理,使设备日常运营费用降低、并延长寿命,只要增加的投资可在寿命周期内回收,就是可行的。

下面以一个计算实例,来介绍如何具体应用寿命周期理论。

例 1:某物业公司需对一台智能检测设备做方案评价。方案 A:设备购置费 12 000 元,规定使用年限 6 年,其首年使用维持费为 2 500 元,其后每年递增 4%。方案 B:设备购置费 10 000 元,规定使用年限 6 年,其首年使用维持费为 2 800 元,其后每年递增 8%。现已知贷款年利率为 6.2%,设备残值率为零。

(1)年均投资法　年均投资法是将一次性购置费视为向银行贷款,在规定年限内等额偿还。将求出的年均等额偿还费与年均维持费相加,求出总和,进行比较,小者较优。

年均等额偿还费＝一次性贷款总额×等额分付资金回收系数

等额分付资金回收系数＝贷款年利率×(1＋贷款年利率)^{贷款年限}/[(1＋贷款年利率)^{贷款年限}−1]

计算结果如表 1.2 所示:

表 1.2　年均投资法方案比较表　　　　　　　　　单位:元

方案	A			B		
年限	年维持费	年均投资费	年均总费用	年维持费	年均投资费	年均总费用
1	2 500	2 456	4 956	2 800	2 046	4 846
2	2 600	2 456	5 056	3 024	2 046	5 070
3	2 704	2 456	5 160	3 266	2 046	5 312
4	2 812	2 456	5 268	3 527	2 046	5 573
5	2 925	2 456	5 381	3 809	2 046	5 855

续表

方案	A			B		
年限	年维持费	年均投资费	年均总费用	年维持费	年均投资费	年均总费用
6	3 042	2 456	5 498	4 114	2 046	6 160
总计	16 583	14 736	31 319	20 540	12 276	32 816

由表1.2可以看出,在规定的使用年限内,A方案的总投资(31 319元)略低于B方案(32 816元),故A方案略优。另外,从表中看到,在头两年,A、B年均总费用有一个等值点,称为损益分界点(BEF)。当设备使用年限小于此点时,A不如B,如图1.1所示。

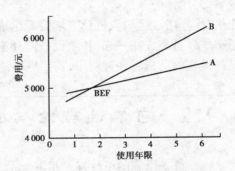

图1.1 设备年均总费用曲线图

(2)总费用折算法 总费用折算法是将使用年限内的年平均使用维持费用,按年折现率(即贷款年利率)折现为现在的一次性总投资,确定购置费加维持费总额之和较小者为优化方案。

折算的一次性投资=年平均维持费×等额分付现值系数

等额分付现值系数=[(1+贷款年利率)^贷款年限-1]/[贷款年利率×(1+贷款年利率)^贷款年限]

由此可见,等额分付现值系数与等额分付资金回收系数互为倒数。

计算结果如下:

A方案:

维持费总额=(2 500+2 600+2 704+2 812+2 925+3 042)元=16 583元

年平均维持费=16 583元/6年=2 763.83元/年

将年平均维持费按等额分付现值公式折算为一次性总投资,有:

折现的维持费总额=2 763.83元×[(1+6.2%)^6-1]/[6.2%×(1+6.2%)^6]

　　　　　　　　=2 763.83元×4.89

　　　　　　　　=13 515.13元

总投资额=购置费总额+折现的维持费总额

　　　　=(12 000+13 515.13)元=25 515.13元

同理B方案:

维持费总额=(2 800+3 024+3 266+3 527+3 809+4 114)元=20 540元

年平均维持费=3 423.33元

折现的维持费总额=3 423.33元×4.89=16 740.08元

总投资额=(10 000+16 740.08)元=26 740.08元

比较 A、B 方案的总投资额,A 比 B 节省(26 740.08-25 515.13)元=1 224.95 元
所以,A 方案较 B 方案优。

利用 LCC 理论,一是可对几种设备方案进行比较,二是可以根据设备利润收入测算设备周期费用的回收期,三是可以利用比较结果选择不同的设备运行方案。

通过学习 LCC 理论,一是要明确,节能的主要途径是提高能源利用效率;二是要清楚认识,节能不是孤立而是系统的。对各项设施及设备应选用能效比高的型式和设备,但单体能效比高并不等于系统能效比高。如空调系统是由冷水机组、锅炉、冷冻机、冷却塔、水泵、风机及末端装置组成的,能耗也由各个组成部分能耗组合而成。把这些设备集成在一起,各项设备间还有一个相互协调、匹配的问题。所以,在物业设备设施的运行管理过程中,需要更多地注意保证和提高系统的能量利用效率。

1.2 可靠性理论与应用

物业设备设施的可靠性是指其无故障连续工作的性能,分为固有可靠性和使用可靠性。固有可靠性是由设计、生产工艺和制作决定的,而使用可靠性则是与使用和使用环境及可维修性有关。物业设备设施丧失规定的功能或技术性能即故障。研究物业设备设施可靠性,就是研究如何防止、控制和消除设备出现的故障,保证物业设备设施的使用可靠性。

1.2.1 可靠性的基本概念

1)可靠度与不可靠度

可靠度是指物业设备设施在正常的使用、保养和维修条件下,在其经济寿命期,完成规定功能的概率,用 $R(t)$ 表示。不可靠度就是指物业设备设施在上述情况下,不能完成规定功能的概率,用 $F(t)$ 表示。在设备总数较大的情况下,在某段时间(通常为 1 年),出现故障的设备台数占总台数的百分比,就是物管范围内设备设施不可靠度的估计值。

2)故障率

设在 t 时刻未发生故障的设备数是 $N_s(t)$,在 t 时刻之后的 Δt 时间段内发生故障的设备数是 $\Delta N_f(t)$,则在单位时间内,发生故障的设备数与在 t 时刻未发生故障的设备数之比,称为故障率。即

$$\lambda(t) = \Delta N_f(t) / [N_s(t) \Delta t]$$

3）故障密度

设在 t 时刻之后的 Δt 时间段内发生了故障的设备数是 $\Delta N_f(t)$，则在单位时间内，发生故障的设备数与总设备数之比称为设备的故障密度，以 $f(t)$ 表示。即

$$f(t) = \Delta N_f(t)/N\Delta t$$

4）故障分布规律

在正常条件下，设备发生故障呈现一定规律，故障分布函数反映这种规律。指数分布规律适用于具有恒定故障率的部件及无余度的复杂系统，如物业小区给排水、采暖通风与空调系统、供配电系统及公共照明系统。从系统整体上看，出现的故障服从指数分布。各种物业设备设施发生故障服从指数分布最为常见。故障指数分布函数如下：

$$f(t) = \lambda e^{-\lambda t}$$

5）平均故障间隔期

衡量设备可靠性最常用的指标是 MTBF（设备平均无故障时间）。

$$MTBF = 某段时期设备的总工作时间/故障次数$$

例 2：某设备工作 100 h 后发生故障，修复后工作 80 h 又发生故障，再修复后又工作了 75 h 发生故障，则设备在这段时间内平均无故障时间为：

$$MTBF = (100+80+75)/3 = 85 \text{ h}$$

当设备的故障分布服从指数规律时，$MTBF = 1/\lambda$。

6）故障率曲线

设备在其寿命周期内发生故障的情况，可用故障率 $\lambda(t)$ 曲线来表示，其形状像一个浴缸，称之为"浴槽曲线（Bath-tub Curve）"，如图 1.2 所示。

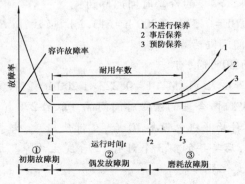

图 1.2　浴槽曲线

设备运行初期，即图中的初期故障阶段。为了减少故障，尽快让设备能够稳定地工作，设备工程师要了解装置中的易损件和易损部分。同时还要了解设计、施工和材

料方面的具体情况,确定系统不可靠性的原因。为此,物管人员在物业设备订货阶段就应该到位,结合物管熟悉系统、学习操作和保养的方法和程序。

在偶发故障期,设备经过磨合后,故障率下降到容许值下。此时,应加强教育培训及备品管理,着重于提高设备管理人员对故障的检测诊断能力和修理能力,并研究如何改善工作环境、加强保养,控制设备运行状态,延长设备的技术寿命。

在磨耗故障阶段,物业设备设施和系统接近或达到各自的寿命期,故障率上升。但如果在此之前将部分零部件更新、进行技术改造,则可降低故障率。在磨耗故障期也应精心进行预防保养,定期检测,尽量延缓系统和设备磨损与劣化速度。

图中的1,2,3 三条曲线分别代表了3 种不同的保养方式:①只使用不保养;②事后保养;③预防保养。可见,采取预防保养可以大大延长设备的使用寿命。

1.2.2　可靠性理论的应用

根据可靠性理论,可以合理地确定设备的管理目标和检修周期。

例3:一台水泵运行时间达3 600 h 时,共发生了3 次故障。夏季供水高峰即将到来,要求水泵能够可靠工作1 000 h,此时,水泵的可靠度为多少? 合理的检修时间间隔应是多长? 若要求水泵的无故障工作时间概率达到80%,其相应的检修时间间隔又应是多长?

解:

设备平均无故障时间:MTBF = 3 600 h/3 = 1 200 h

可靠度函数:$R(t) = \int_t^\infty f(t)\,\mathrm{d}t = \int_t^\infty \lambda \mathrm{e}^{-\lambda t}\,\mathrm{d}t = \mathrm{e}^{-\lambda t} = \mathrm{e}^{-t/\mathrm{MTBF}}$

工作1 000 h 的可靠度:$R(1\ 000) = \mathrm{e}^{-1\ 000/1\ 200} = 0.435$

此结果说明,水泵工作1 000 h 后的可靠度为43.5%。

水泵在正常情况下,完成其规定任务的概率至少应大于60%(即启动100 次,至少成功运行60 次),那么相应的检修时间间隔为:

$T = \ln R(t) \times \mathrm{MTBF} = 0.511 \times 1\ 200\ \mathrm{h} = 613.2\ \mathrm{h}$ 　(注:$\ln R(t)$ 取绝对值。)

即合理的检修时间间隔为600 h。

同理,在可靠度为80% 时,有

$T = \ln R(t) \times \mathrm{MTBF} = 0.223 \times 1\ 200\ \mathrm{h} = 267.6\ \mathrm{h}$

即在可靠度为80% 时,合理的检修时间间隔可取为270 h。

例4:某小区有各种物业机电设备70 台,交付使用后,头半年平均每月有3 台发生故障(统计至月末),后半年的前3 个月有12 台发生故障。试分析小区设备系统的检修周期与可靠性的变化规律。

解:

在新设备、新系统的维修保养统计资料缺乏和不全的情况下,可以认为设备的故障规律遵循指数分布。

设备平均无故障时间：MTBF = [(1+2+3+4+5+6)×3+(7+8+9)×4+(70-30)×9] / 30 = 519/30 = 17.3 月

设 $f(t) = \lambda e^{-\lambda t}$, $t = 9$ 月

$R(t) = e^{-t/MTBF} = e^{-9/17.3} = 0.594$

设备系统工作 9 个月的可靠度为 59.4%，接近 60%，运行维护工作基本合理。

在数理统计中，存在一个小概率原理，就是指发生概率小于 10% 的事件，在一次试验中，是不会发生的。如果把系统的可靠度设定为 90%，缩短检修周期，那么在设备的运行中，将不会出现故障，从而大大提高物业设备设施系统的整体可靠性。此时，检修周期 $T_{90\%} = \ln R(t) × MTBF = 0.105 × 17.3 = 1.82$ 月 ≈ 55 天，这个计算结果说明，若 2 个月检修一次，系统的可靠性就很高了，能够满足用户的高品质要求。

但缩短检修周期，物管成本也会大大增加，故应视物管工作的具体情况而定，一般将设备系统的可靠度控制在 60% ~ 70%。本书在后续章节所介绍的检修周期，就是根据这种可靠度计算确定的。这也是本书与其他书籍所介绍的检修周期有时会出现不一致的主要原因。

1.3　故障理论

故障理论包括故障统计分析和故障管理分析两个方面。前者主要应用可靠性理论从宏观上定性、定量地分析故障；后者则采用具体的测试手段和理化方法，分析设备的劣化、损坏过程，从微观上研究故障机理、形态和发展规律。本节介绍后者。

1）故障的概念

设备故障定义为设备（系统）或零部件丧失其规定性能的状态。一般来说，物业设备设施处于不经济运行状态，即为故障。异常、缺陷是尚未发生的故障，但已超出正常状态，往往不久就会发展成故障。物业设备设施管理的一个主要任务就是及时发现异常和缺陷，并对其实行跟踪监测和测定，控制故障的发生。

2）故障的典型模式

当设备发生故障时，人首先接触到的是故障现象。故障现象是故障过程的结果，为了查明故障的原因，必须全面准确地搞清故障现象。在物业设备设施发生故障后，第一步工作就是详细记录故障现象（现场），应立即通过图像和文字，将故障的现象、负载、环境条件和有关故障的情况、数据全部记录下来。同时，根据有关的文字记载（例如运行日志等）、仪表记录及有关人员的回忆，弄清设备发生故障前的情况及有关数据资料，以求全面掌握故障现象（状态）及其有关的环境、应力等情况，然后逐步探索、总结故障的原因和机理，提出预防和解决措施。

每一项故障都有其主要特征，称为故障模式，如磨损、腐蚀、断裂等。

实际工作中常见的故障模式共 18 种:异常振动、磨损、疲劳、裂纹、破裂、过度变形、腐蚀、剥离、渗漏、堵塞、松弛、熔融、蒸发、绝缘劣化、异常声响、油质劣化、材质劣化、其他。

3)故障发生的原因

产生故障的原因有硬件方面的,也有软件方面的,或者是硬件与软件不匹配等。物业设备设施产生故障的主要原因可归结为运转缺陷。运转缺陷是指没有预料到使用条件的影响和变化,导致设备过载、过热、腐蚀、润滑不良、漏电和操作失误、维护、修理不当等。

4)故障数据的收集和统计

在故障管理工作中,应对每一项具体的设备故障进行分析,查明发生的原因和机理,并采取预防对策,防止重复出现。通过资料积累和统计分析,逐步认清本系统、企业全部设备的故障基本状况、主要问题和发展趋势。

(1)故障信息的主要内容　故障管理的信息资料一般包括以下几个内容:

①故障对象识别数据。如设备种类、编号、生产厂家、出厂日期、使用经历等。

②故障识别数据。如故障类别、发生时间、发现时状况等。

③故障鉴定数据。如故障现象、故障原因、寿命、测试值等。

④故障防止和消除数据。如故障的解决方法、手段,故障前的预兆等。

⑤其他有关故障设备的历史资料。

(2)收集资料的注意事项

①目的性要明确,收集的信息、数据要真实,要对故障管理有用。

②对数据收集和审核有一定的程序和方法。

③记录的情况和数据力求准确、公正、清楚。

④统一计算损失费用的方法和标准。

5)故障分析指标与方法

(1)故障停机率倾向分析　将每个月的故障停机时间记录在坐标纸上,并将相邻两点以直线连接,绘成一条曲线(见图1.3),可以直观反映出一个时期内故障停机的倾向。如果将各种不同原因造成的故障停机分别绘成曲线,就可以表示出哪些原因造成的故障上升了,哪些原因造成的故障下降了。

(2)故障频率分析　对规定时间内故障率进行分析,多以设备的实际运转台时内发生故障的台次来评价故障频率,以观察故障多少和增减趋势。

$$故障频率 = \frac{同期设备故障台次}{设备实际运行台时} \times 100\%$$

(3)故障原因分析　开展故障原因分析时,对故障原因种类的划分应有统一的原则,分类应该容易看出每种故障的主要原因。表1.3是分类的一个实例。

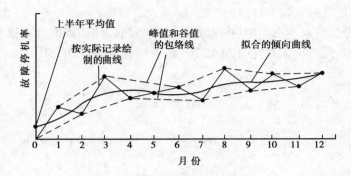

图1.3 故障停机倾向曲线图

表1.3 故障分析分类表

原因类别	包含的主要内容
安装问题	基础、底垫、地脚螺栓、水平度、防震等问题
操作保养不良	不清洁,调整不当;未及时清洗换油,操作不当等
超负荷,使用不合理	设备超负荷
润滑不良	不及时润滑,油质不合格,油量不足或超量等
修理质量问题	修理、调整、装配不合格,备件、配件不合格等
自然磨损劣化	正常磨损、老化等
操作者马虎大意	操作者工作时精神不集中引起的故障
操作者技术不熟练	多指工人不熟悉新设备操作方法,或工人的技术等级偏低
违章操作	有意不按规章操作

(4)设备的主要故障问题数分析 通过对大量设备故障的观察,可以发现每一种设备发生故障的部位(内容)、故障模式往往有一定的规律性。常把占设备全部故障50%的几种常发故障叫做设备的主要故障问题,它们的数量叫做主要故障问题数。

(5)典型故障分析 影响经济性的三个主要因素是:故障频率、故障停机时间和修理费用。典型故障分析就是将一个时期内企业所发生故障情况,根据上述三个因素的记录数据进行排列,提出三组最高数据,每一组数据可以根据企业的管理力量和发生故障的实际情况来定(如10个数),然后分别将三个因素中最高的10个数据的原始凭据取出来,进一步分析和提出改进措施。

(6)MTBF分析 设备的平均无故障时间MTBF是一项在设备投入使用后较容易测定的可靠性参数,广泛用于评价设备使用期的可靠性,一般按下述步骤进行:

①选择分析对象。

②规定观察时间,记录下观察时间内该设备的全部故障,包括突发故障(事后修复)和将要发生的故障(通过预防维修排除)的有关数据,比如故障部位、内容、处理

方法、发生日期、停机时间、修理的工时、修理人员数等。

③数据分析。在观察期内(多为1年),设备的故障间隔期和维修停机时间分布如图1.4所示,则平均无故障时间MTBF和平均修复时间MTTR可由下列2式计算得到:

平均无故障时间 $$\text{MTBF} = \sum_{i=1}^{n} \frac{t_i}{n}$$

平均修复时间 $$\text{MTTR} = \sum_{i=1}^{n} \frac{t_{0i}}{n_0}$$

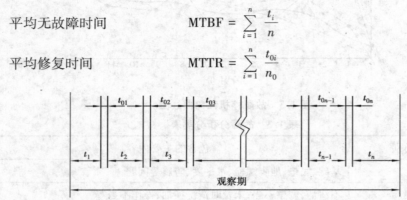

图1.4 设备的故障间隔期和维修停机时间分布示意图

1.4 物业环境的品质管理

1.4.1 物业环境品质的基本概念

1)物业环境品质的内涵

物业环境品质是指各种符合国家技术标准、规范的物业设备、设施运行结果所导致的服务对象的满意程度。所以,各种物业设备、设施运行结果影响着物业使用者的舒适、健康和工作效率,决定了物业环境的品质。

室内空气质量(Indoor Air Quality,IAQ)是指在某个具体的环境内,室内空气的温度、湿度、空气新鲜度和洁净度等要素对人们生活、工作的适宜程度。IAR在ASHRAE62—1989《满足可接受室内空气品质的通风》中的定义为:空气中已知的污染物达到公认的权威机构所确定的有害浓度指标,而且处于这种空气中的绝大多数人(≥80%)对此没有表示不满意。

但造就一个舒适、健康的室内环境,并不仅仅由室内空气品质决定,它受到室内多方面的影响,如适宜的温湿度、空气流速、噪声、照明、色彩、环境布置、心理上的满意度等,因此IAQ无法全面描述室内舒适、健康的程度,而用室内环境品质(Indoor Environment Quality,IEQ)则能更加合理、全面地反映室内环境的内涵。美国国家职业安全与卫生为此所提出的定义为:IEQ 是指室内空气品质、舒适度、噪声、照明、社会心理压力、工作压力、工作区背景等因素对室内人员生理和心理上单独的和综合的作用。

所以,从研究和改善 IEQ 开始,室内环境中的水、暖、电、电磁、通信等对人产生影响的等一系列因素的品质研究也被提出来了。当室内环境的概念拓展到物业管理的小区室外范围时,涵盖小区范围内的物业环境品质的概念就基本形成。

物业环境品质包括了建筑室内和小区内给排水、暖通空调、供配电、通信设备、信息环境及电磁辐射环境等的品质管理。从目前的研究成果看,物业水环境品质的好坏主要体现在给水水质、水压、水量及排水顺畅、噪音、气味污染程度及雨、废、污水的高效回收及利用等上;暖通空调的品质主要由 IAQ 体现;用电环境品质的优劣则主要体现在供电可靠性、频率、电压偏移、电压波动、电压波形及不平衡度和用电可靠性、安全性等上;通信设备与信息环境的品质主要体现上建筑室内外通信的便利性和可靠性;主要由通信设备、高压电力设施引发的电磁环境的品质也开始受到重视,物业环境必须满足《环境电磁波卫生标准》(GB 9175—88);电气产品间有可能还存在着电磁兼容性(EMC,包括电磁干扰 EMI 与电磁抗 EMS)问题,物管公司应保证使用能够通过 EMC 认证的产品,以避免不必要的纠纷。

2)物业环境品质的测评

目前,评价物业环境品质的方法中最为常见的是主、客观评价相结合的综合评价法。与其他方法相比,因为它充分考虑了用户的感受,最容易被人接受和认同。这一评价过程需要三方面的资料,即客观评价、主观评价和个人背景资料。

以室内空气品质评价为例,客观评价就是直接用室内污染物指标来评价室内空气品质的方法。选择具有代表性的污染物作为评价依据,一般选取 CO_2、CO、SO_2、NO_x、甲醛、可吸入颗粒物、菌落数 7 项进行客观评价。

主观评价的依据是人的感觉系统(主要是嗅觉)对室内空气的满意程度。英国著名物业管理研究机构 CIBSE(Charter Institute of Building Service Engineers)认为:如果室内少于 50% 的人能察觉到任何气味,少于 20% 的人感觉不舒服,少于 10% 的人感觉到黏膜刺激,并且少于 5% 的人在不足 2% 的时间内感到烦躁,此时就可认为 IAQ 是可接受的。这种评价方法相对科学,也可用于其他物业环境品质的主观评价。

主观评价由向用户进行问卷调查或面谈访问获得。一般由专业的调查公司进行,以保证结果的可信度。调查公司在调查后采用数理统计方法,对数据进行整理分析,并参考受访者背景资料,修正其感官性指标,然后再结合客观指标的测定,得出规律性和趋势性的评价报告,帮助物管企业有针对性地对工作进行改进。

1.4.2 衡量物业环境品质的一些标准及满足方法

一个物业(物业小区)好的物业环境品质,是在其水、暖、电、讯等物业设备设施的设置、运行符合一个国家、一个地区基本的技术、安全、卫生标准（即客观指标）节能减排前提下，通过不断了解用户的主观感受，积极改进工作，让用户越来越满意而得到的。这里介绍一些比较成熟、具有共性、对人的主观感觉影响较大的指标和技术标准。

1）美国暖通空调工程师协会（ASHRAE）制订的办公室室内环境标准

表1.4　办公室室内环境标准

指　标	冬　季	夏　季
室内温度/℃	21～23	23～26
室内相对湿度/%	20～30	40～50
室内风速/(m·s⁻¹)	0.13～0.23	
换气次数/(次·h⁻¹)	4～10	
最小新风量/(L·s⁻¹·m⁻²)	0.03～1.3	
过滤效率/%	35～60	

2）国内的通用室内环境标准

表1.5　国内通用室内空气环境标准

室内温度/℃	22～28　夏季 16～24　冬季	一氧化碳/(mg·m⁻³)	10,1小时均值
相对湿度/%	40～80　夏季 30～60　冬季	二氧化碳/%	0.10,日均值
室内风速/(m·s⁻¹)	0.3　夏季 0.2　冬季	二氧化氮/(mg·m⁻³)	0.24,1小时均值
可吸入颗粒物 PM₁₀/(mg·m⁻³)	0.15 日均值	甲醛/(mg·m⁻³)	0.10,1小时均值

注：为节能减排，国务院办公厅规定：所有其建筑内的空调夏季温度不低于26℃、冬季温度不高于20℃。

表1.6　国内臭气的强度等级表

强度等级	程　度	说　明	强度等级	程　度	说　明
0级	无臭	不发生任何气味	3级	明显	易于感觉
1级	极微弱	一般人很难感觉，但有经验者可区分	4级	强	嗅后不愉快
2级	弱	一般人加以指点，可以感觉	5级	极强	嗅后恶心

表1.7 民用建筑室内允许噪声标准 单位:dBA

建筑类型	房间名称	时间	特殊标准	较高标准	一般标准	最低标准
住宅	卧室	白天		≤40	≤45	≤50
	书房	夜里		≤30	≤35	≤40
	卧室兼起居室	白天		≤45	≤50	≤50
	起居室	夜里		≤35	≤40	≤40
学校	有特殊安静要求的房间			≤40	—	—
	一般教室			—	≤50	—
	无特殊安静要求的房间			—	—	≤55
医院	病房	白天		≤40	≤45	≤50
	医护人员休息室	夜里		≤30	≤35	≤40
	门诊室			≤55	≤55	≤60
	手术室			≤45	≤45	≤50
	听力测听室			≤25	≤25	≤30
旅馆	客房	白天	≤35	≤40	≤45	≤50
	会议室	夜里	≤25	≤30	≤35	≤40
	多用途大厅		≤40	≤45	≤50	≤50
	办公室		≤40	≤45	≤50	—
	餐厅		≤45	≤50	≤55	≤55
	宴会厅		≤50	≤55	≤60	—

表1.8 城市区域环境噪声标准 单位:dBA

类别	适用区域	昼间	夜间
0	疗养区、高级宾馆和别墅区等需特别安静的区域	50	40
1	居住、文教机关为主的区域	55	45
2	居住、商业、工业混杂区	60	50
3	工业区	65	55
4	交通干线两侧区域	70	55

表1.9　工作地点噪声声级卫生限值

日接触噪声时间/h	卫生限值/dBA	日接触噪声时间/h	卫生限值/dBA
8	85	2	91
4	88	1	94
最高不得超过115 dBA			

3）改善和提升物业环境品质的基本方法

（1）技术手段　改善物业环境品质的技术手段有很多，从空气品质入手，改用效率高（90%以上）的过滤器，不但可以清除循环空气或新风中的飘尘，而且可以提高空气处理的能量效率。在智能化大楼采用下送风空调方式，使气流先经过高污染的工作区然后上排，实现"置换式通风"，可以改善气流组织；采用新型水龙头，可以使出水更柔和舒适，降低噪声，节约用水；采用新型地漏，可以有效防止臭气泄入室内；加设器具通气管，降低排水管通风高度，采用新通风帽和改性铸铁管，可以明显改善排水通畅性，降低噪声；在供电线路上采用自动发电投入转换装置和漏电保护器，可以显著提高用电环境的可靠性和安全性。

（2）管理手段　高标准的物业环境品质需要物业设备设施管理人员不懈的追求。国外过去对舒适度的管理允许PPD（预测不满意者百分率）有5%～10%，现在国外已要求物管工作者只要接到一个投诉便要马上做出反应，立即在其责任范围内寻找引起投诉的根源。如果一时难以确认，则走访投诉人，详细了解情况再做判断，甚至会邀请专家参与。如果发现这一投诉并非物管责任，还会向投诉人详尽解释并邀请他参观有关的设备和装置，以取得沟通和谅解。

（3）组织手段　对物业环境品质的测定、改进，应设有专门的职能部门和人员，由他们集中处理环境品质的改善和提高，物管员和工程技术人员对他们的工作起辅助和支持作用，国内许多物管企业的客户服务部，或多或少地起着这个作用。

复习思考题

1. 某物业公司欲购买设备一台，现有3台相同规格的设备可供选择（如下表所示），假定3台设备的寿命周期分别为10年、9年、7年，试问应该选择哪台设备比较合适？

费用项目	设备甲/万元	设备乙/万元	设备丙/万元
前期费用	0.8	0.7	0.7
购买价格	5.5	8.3	6.8
维修费	16.1	15.3	14.9

续表

费用项目	设备甲/万元	设备乙/万元	设备丙/万元
运行费	32.5	29.6	28.8
其他	16.5	18.0	12.8

2. 什么是可靠性？如何实现可靠性维修？

3. "浴槽曲线"对物业设备设施的管理工作有什么指导作用？

4. 常用故障统计分析方法有哪些？进行故障统计分析的目的是什么？

5. 什么是物业环境品质？测评的思路是怎样的？

6. 你所处的生活小区或宿舍存在哪些水、暖、电及通信方面的不足？如何改善或解决？试举三四例进行说明。

7. 请结合计算机课程的学习，讨论能否利用数据库技术改善和加强物业设备设施的管理工作。

第 2 章
给水系统

导读: 对给水系统的维护和运行管理的目的,一是满足用户正常的用水需要,二是积累有关资料,不断改善和提高用户使用给水系统的舒适程度并控制成本、节约用水。学习本章,要掌握物业(物业小区)中各种给水系统的工作原理、运行特点、常见故障及处理方法,以及常见管道材料及设备的规格、适用性。对改善给水系统服务品质的节能、降噪、减振、减压、防污等措施有清楚的认识。

2.1 给水管道材料、配件及设备

2.1.1 给水管道材料

1)金属管材料

金属管材可分黑色金属(如铸铁管及钢管两种)和有色金属管(如铜、铝管等)。

(1)铸铁管 铸铁管有较强耐腐蚀性、价格低、经久耐用、连接方便,适合地下埋设,但其缺点是质脆、不耐振动、质量大。接口有承插接口和法兰连接两种。铸铁管管径 75~1 200 mm,长度每条 3~6 m,耐压力 0.4~1.0 MPa,适用于城镇和小区配水管。普通铸铁管将逐步被球墨铸铁管所代替,球墨管具有较高的抗拉强度、屈服极限和延伸率及抗腐蚀性能,工作压力可高达 4.0~7.0 MPa,可使用 50 年,且克服性脆的弱点,破损率极低。

图 2.1 给出了铸铁管的 3 种接口形式。承插接口应用最广泛,但施工强度大,在经常拆卸的部位则采用法兰连接,但法兰接口只适合明敷管道。

(2)钢管 按形成方式,钢管分为焊接钢管和无缝钢管两种。焊接钢管又有直缝及螺旋卷焊两种。钢管强度高、耐振动、质量较小、长度也较大,接口可用焊接、法兰

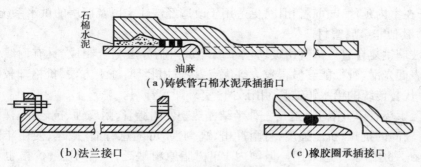

（a）铸铁管石棉水泥承插插口

（b）法兰接口　　　　　　　　　　（c）橡胶圈承插接口

图2.1　3种接口形式

连接或螺纹接口。但耐腐性差，易生锈，必须采取防腐措施。普通钢管工作压力不超过1 MPa，加强钢管可达1.5 MPa，高压管（如高层建筑中的消防管道）可用无缝钢管。为了防腐耐用，小口径钢管表面镀锌称为镀锌钢管，用螺纹接口，不可采用焊接，一般采用螺纹连接，管径≥100 mm时采用法兰连接（建设部已发文明确从2000年起禁用镀锌管，目前新建小区冷水管已很少使用镀锌管，部分小区热水管还采用镀锌管）。

钢管目前主要用于泵房、水箱间的明敷管线上，消防、高层建筑供水等高压给水系统中常采用无缝钢管。不锈钢管则越来越多地用于高档物业的各种室内给水管。

（3）铜管　铜管具极强的耐腐性、传热性及韧性，质量小、管壁光滑，水力性质好，接口多用焊接，快速方便，且能回收利用；在薄壁管及管件出现后，价格极具市场竞争力。特别适合高层建筑室内给水系统、热水和直饮水系统。

2）非金属管

非金属管种类很多，在建筑给水系统中出现的主要是一些新兴的塑料或复合管材。它们作为传统镀锌钢管的替代品，发展很快。

最常见的塑料管材是UPVC。UPVC管的全称是低塑性或不增塑聚氯乙烯管，是由聚氯乙烯树脂与稳定剂、润滑剂等配合后用热压法挤压成型，是最早得到开发应用的塑料管材。符合一定卫生标准的UPVC可用于小区给水系统。

（1）3种典型塑料管材　PAP（铝塑复合管）、PE-X（交联聚乙烯管）和PP-R（无规共聚聚丙烯管）常用于室内生活给水系统。它们除具有一般塑料管重量轻、耐腐蚀、不结垢、使用寿命长等特点外，还具有良好的卫生性能和耐温、耐热性能，其维卡软化温度≥130 ℃，最高工作温度可达95 ℃，长期使用温度一般可达70 ℃。

从安装上看，PAP管、PE-X管均采用机械式接头，在拐弯处还可利用其柔性弯制，PP-R管则具有良好的焊接性能，管材、管件采用热熔连接、电熔管件连接均可。

从适用性看，PAP塑料管具有一定的柔韧性，适合隐蔽敷设，用作水、暖、燃气管道均可。且由于管壁芯层铝箔的作用，具有较好的抗氧性，特别适于依靠散热器采暖的供暖系统管道。PE-X塑料管渗氧性能则较强，管内余氯的损失速率大，其线膨胀系数也大，在敷设安装时，要注意预留伸缩余地，防止热胀冷缩所引起的接头部位漏水。主要适用于低温地板采暖。PP-R塑料管相对PAP管和PE-X管具有较好的刚性,便于在室内延伸,与前者相比,更适用于改造经济住宅以及旧房的供水系统。

(2)其他非金属管材

①玻璃钢复合管。该管由玻璃丝布以环氧树脂分层粘合制成,具有耐腐、耐压、质轻及表面光滑、管径能够做得较大等优点,接口用套环,施工方便,价格却较铸铁管便宜,可代替传统的给水铸铁管,用于小区室外配水管网。

②聚丁烯管(PB管)。这是一种半结晶热塑性树脂管,耐腐蚀、抗老化、保温性能好,具有较高的抗拉、抗压强度,且耐冲击、高韧性,可随意弯曲、搬运,使用年限超过50年。在发达国家普遍采用。但国内PB树脂原料缺乏,应用不多,价格也相对昂贵。但应用前景很好,冷热水系统均可采用。

2.1.2　给水管道附配件及附属设备

1)管道配件

管道的装配连接,必须选用相适合的连接零件:如直线连接的套环、管箍;转弯的

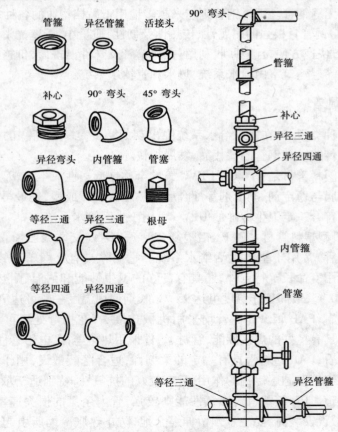

图2.2　常见的给水连接配件

各种角度的弯头,如90°、45°或其他更小角度的弯头;分枝用的丁字管(三通)及十字管(四通);变径用的大小头及补芯;可拆卸的活接头、法兰盘及堵塞管端口的堵头等(见图2.2)。这些零配件视使用的管材、施工情况,可以是承插口、法兰口、螺纹口或焊接口等。

2)控制及调节附件

见图2.3,控制水流的有球阀、闸阀、蝶阀,止回阀、倒流防止器、控制水位的浮球阀、降低水压的减压阀,保安用的安全阀以及排除积气的排气阀及消火栓等。

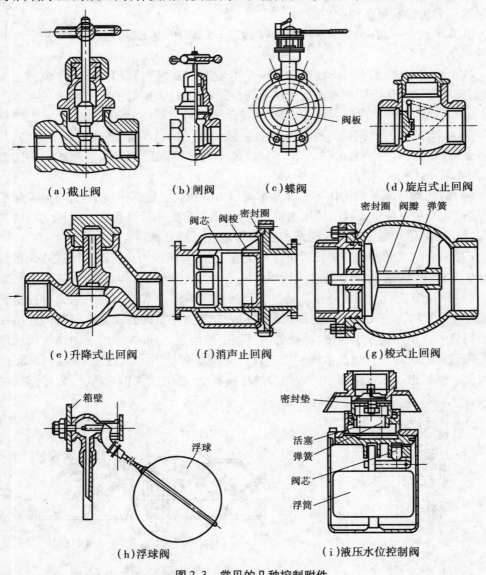

(a)截止阀　　　(b)闸阀　　　(c)蝶阀　　　(d)旋启式止回阀

(e)升降式止回阀　　　(f)消声止回阀　　　(g)梭式止回阀

(h)浮球阀　　　(i)液压水位控制阀

图 2.3　常见的几种控制附件

（1）截止阀 截止阀关闭严密，但水流阻力大，适用于管径≤50 mm的管道。

（2）闸阀 闸阀全开时水流呈直线通过，阻力较小，但若有杂质落入阀座后，阀门不能关闭严实，易产生磨损和漏水。适用于管径≥70 mm的管道。

（3）蝶阀 蝶阀阀板在90°翻转范围内起调节、节流和关闭作用，操作扭矩小，启闭方便，体积较小，但关闭不易严密，主要用于管径≥70 mm或双向流动管道的流量调节。

（4）止回阀 用以阻止水流反向流动。常用的有4种类型：

①旋启式止回阀：在水平、垂直管道上均可设置，启闭迅速，但易引起水击，不宜在供水压力大的管道系统中采用。

②升降式止回阀：靠上下游压力差使阀盘自动启闭，水流阻力较大，宜用于小管径的水平管道上。

③消声止回阀：当水流向前流动时，推动阀瓣压缩弹簧，阀门打开。水流停止流动时，阀瓣在弹簧作用下在水击到来前关阀，可消除阀门关闭时的水击冲击和噪声。

④梭式止回阀：利用压差校动原理，水流阻力小且密闭性能好。

（5）浮球阀 浮球阀是一种用以自动控制水箱（水池）水位、防止溢流的阀门，其缺点是体积较大且阀芯易卡住。图2.3(i)所示的液压水位控制阀与浮球阀功用相同，能克服浮球阀的弊端。

（6）减压阀 减压阀的作用是降低水流压力。在高层建筑中使用它，可以简化给水系统，减少水泵数量或减少减压水箱，但会造成一定的能量浪费。

常用的减压阀是弹簧式减压阀和活塞式/比例式减压阀。

（7）安全阀 管网中安装此阀可以避免管网、用具或密闭水箱因水压过高而遭到破坏。常见弹簧式安全阀如图2.4所示。

（8）倒流防止器 倒流防止器是一个严格限定管道中水的流向的水力自控组合装置（见图2.5）。它由两个速闭型止回阀和一个水力控制的自动泄水阀共同连接在一个阀腔上。止回阀要求速闭，防止关闭过程中的倒流，一般在水的正向惯性流动停止前阀瓣就已关闭。自动泄水阀利用进口压力与阀腔压力的压力差来控制启闭，十分方便。从城市供水管接入小区或用户的连接管上，必须设置倒流防止器。另外，在

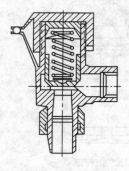

图2.4 弹簧式安全阀

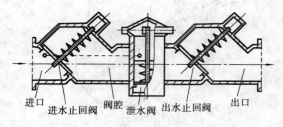

进口 进水止回阀 阀腔 泄水阀 出水止回阀 出口

图2.5 倒流防止器结构示意图

生活饮用水管道上存在交叉连接的部位,在非生活饮用目的接管起端必须安装倒流防止器。倒流防止器的引入,可以有效防止水流交叉,有助于保证物业小区给水水质的安全性。

3)配水配件

各种器具上配有水龙头。水龙头的核心部分是芯轴,它是控制出流量和水温的部件。按芯轴的不同,常见水龙头可分为以下几种:

(1)螺旋升降式芯轴水龙头 螺旋升降式芯轴,俗称压缩式芯轴,是使用历史最为悠久的芯轴。家庭和公共场所普遍使用的单冷式铸铁龙头就是使用的这种芯轴。这种阀体的不足之处主要是密封件极易磨损,容易漏水,需要时常更换密封件(皮圆)(见图2.6)。

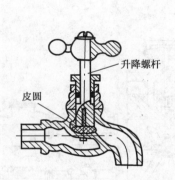

图 2.6 螺旋升降式芯轴水龙头

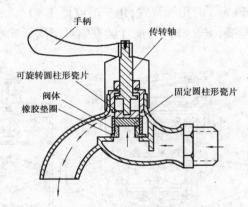

图 2.7 瓷片类芯轴水龙头

(2)瓷片类芯轴水龙头 瓷片类芯轴的核心部分为两片紧密陶瓷片组成,较大的陶瓷片固定在龙头的本体内,瓷片上的 3 个孔分别与本体的冷热出水相连通。较小的一片陶瓷片置于其上,与把手相连为一体,带动小瓷片前后滑动从而达到开关目的,依靠把手左右旋转则可调整冷、热水进水比例(见图2.7)。

(3)球阀类水龙头 球阀类水龙头的内部是一个不锈钢空心球体,上面有进水孔和出水孔。由外部把手上下运动而控制内部球体的转动,从而开关,并可左右旋转调整冷热进水的比例(见图2.8)。

水龙头从老式铸铁龙头发展到电镀旋钮式龙头、不锈钢单温单控龙头、不锈钢双温双控龙头,从手动发展到感应式,家用厨房用水龙头从单一龙头发展到组合式龙头,改变了传统观念。人们对水龙头的要求从单一的出水功能转向了节水、美观耐用、开关阻尼感恰当、使用宁静、水流柔和等舒适性考虑。

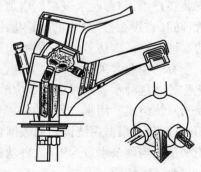

图 2.8 球阀类水龙头

单体的高档水龙头外观采用 PVD（物理气相沉积技术），伸水颈较长、出水口略向外倾，不仅使用舒适感强，而且节水，如陶瓷芯阀水龙头和充气水龙头，与传统的普通铸铁水龙头相比，可节水 20% ~ 30%。这类水龙头宜请有经验者安装。使用时需注意定期拧下出水口处的筛网罩，清除杂质。

4）仪表设备

给水系统的主要仪表设备有水泵吸水管上的真空表、水泵出水管上的压力表以及计量水量的水表，还有温度表及水位计等。

（1）常用水表　测量水量的有水表、孔板、文氏表、电磁水表等；孔板、文氏表、电磁水表、超声波流量计等用于量测比较大的水量；而水表用于测比较小的水量，如家庭或建筑物的用水量。常用的水表为流速式，管径小于 50 mm 时用旋翼式；大于 50 mm 时用螺翼式，用于温度低于 40 ℃，压力小于 1 MPa 的清洁水流；当通过的水流量变化较大时，为使计量准确可采用复式水表（见图 2.9）。

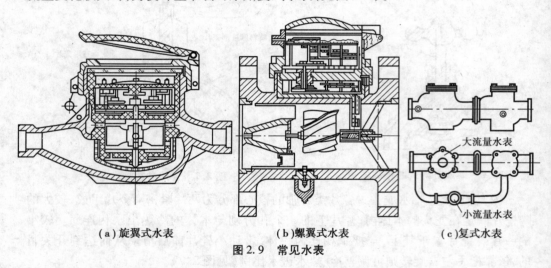

（a）旋翼式水表　　　　　（b）螺翼式水表　　　　　（c）复式水表

图 2.9　常见水表

现代小区出现了"三表"远传技术，远传水表的原理见图 2.10。分户远传水表仍安装在户内，与普通水表相比增加了一套信号发送系统。各户信号线路均接至楼宇管理间（宜设在首层）内的流量集中积算仪上。用户的配水点开启后，每流过一定量的水即发送一次信号，流量集中积算仪接收信号、累积流量并显示该流量。

有的物业常采用智能水表（见图 2.11）。智能水表是对卡式预付费水表的通俗化称呼。这种水表以微功耗 8 位单片机为核心，由流量传感器、机电式先导阀等检测控制系统组成。用水户先缴纳一定数额的费用，在使用过程中系统按预先设定的周期进行巡检，根据系统读到的数据自动从用户所缴费用中扣除，并显示剩余水量和累积水量。当剩余水量为零时，自动关断阀门、停止供水。智能电表、燃气表的工作原理与此基本相同。

选用水表时，需要掌握以下几个参数：

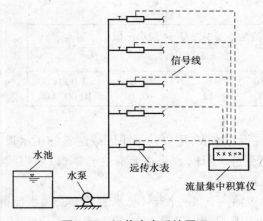

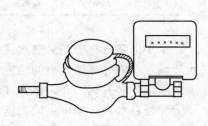

图 2.10　远传水表系统原理　　　　　　　图 2.11　智能水表

①水表特性流量 Q_s,是水流通过水表时,使水头损失达 10 m 的流量值。

②最大流量 Q_{max},是水表在短时间内,允许超负荷使用的上限值,约为 Q_s 的一半。

③额定流量 Q,水表正常应用的流量上限值,约为 $0.3Q_s$。

④最小流量 Q_{min},为水表能正确指示的流量下限值,为 $(1.2\% \sim 1.5\%)Q_s$。

⑤灵敏度,为水表能够计量的起始流量。

选用水表时,参见表 2.1,表 2.2,管道的设计流量应处于最小流量与额定流量之间;安装时,水表前应有 8~10 倍管径的直线段,水表后应有 300 mm 的直线段。水表修理是与周期检定或故障换表同时进行的,由政府指定部门的专业人员进行,物管企业不能自行拆卸和维修水表,但可更换有问题的水表。

表 2.1　旋翼式湿式水表的性能参数

直径 /mm	特性流量	最大流量	额定流量	最小流量	灵敏度 ≤ /(m³·h⁻¹)	最大示值 /m³
	/(m³·h⁻¹)					
15	3	1.5	1.0	0.045	0.017	10 000
20	5	2.5	1.6	0.075	0.025	10 000
25	7	3.5	2.2	0.090	0.030	10 000
32	10	5	3.2	0.120	0.040	10 000
40	20	10	6.3	0.220	0.070	100 000
50	30	15	10.0	0.400	0.090	100 000

注:适用于水温≤40 ℃,水压≤1.0 MPa。

表 2.2　螺翼式水表的性能参数

直径 /mm	流通能力	最大流量	额定流量	最小流量	最小示值 /m³	最大示值
	/(m³·h⁻¹)					
80	65	100	40	3	0.01	1 000 000
100	110	150	60	4.5	0.01	1 000 000

续表

直径 /mm	流通能力	最大流量	额定流量	最小流量	最小示值	最大示值
	/(m³·h⁻¹)				/m³	
150	300	300	150	7	0.01	1 000 000
200	500	600	300	12	0.10	10 000 000

一个小区和每栋楼的总进水管上均应设总水表,用以计量小区或建筑的用水量。总水表设在室内外方便查表的地方,不能受冻、受压,水表后装有逆止阀,以防损毁。水表前后还要装有阀门及跨越管,以利维护。

为保证总水表长期可靠地工作,总水表前宜安装过滤器,总水表后宜安装水流倒止器。水表井如图 2.12 所示。水表的使用年限为:口径 15～20 mm 者不应超过 6 年,口径 25～50 mm 者不应超过 4 年。

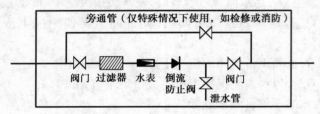

图 2.12　水表井

(2)常用的其他仪表　其他的压力表、真空表及温度计等,用于水泵的进出水管上和压力容器、热水设备上,用以监测设备的运行情况。压力表、真空表的最大读数刻度,应为设计值的 2 倍,并应通过 6 mm 的紫铜弯管作减振连接,以保证读数准确并延长其使用寿命,安装高度以适宜人观察为准。温度计应采用专用温度计,大小和刻度及安装也以适宜人观察为准。

2.2　增压设备与调蓄设施

各种给排水系统都有不同形式的增压设备和水量调蓄设施,即各种水泵和水池(箱)。本节集中介绍这些设备设施的工作原理、构造和维护管理。

2.2.1　离心式水泵

1)离心水泵的基本结构及工作原理

离心式水泵是在各种给排水系统中应用最广泛的增压提升设备。离心水泵启动之前,要将泵壳及吸水管中充满水,以排除泵内空气。当叶轮高速转动时,在离心力的作用下,叶片槽道(两叶片间的过水通道)中的水从叶轮中心被甩向泵壳,使水获得动能与压能。由于泵壳的断面是逐渐扩大的,所以水进入泵壳后流速逐渐减小,部分动能转化为压能,因而在泵的出口处水便具有较高的压力,故能以较大的速度沿压水管流向高处。

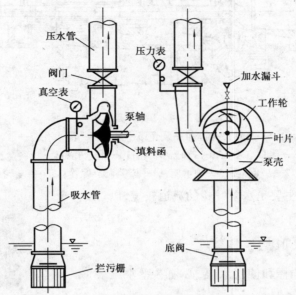

图 2.13　单级单吸式离心水泵的构造

在水被甩走的同时,在水泵进口处形成真空,在大气压力的作用下,储水池中的水通过吸水管流向水泵进水口,进而流入泵体。由于电动机带动叶轮连续回转,因此离心水泵便均匀连续地供水,即不断地将水压送到用水点或高位水箱。

水泵启动前的充水方式有吸入式和灌入式,泵轴高于吸水池水面的叫吸入式;吸水池水面高于泵轴的叫做灌入式,这时不仅可省掉真空泵等灌水设备,而且也有利于水泵的运行和管理。物业管理中的给水泵多采用灌入式。

2)离心水泵的分类

(1)按叶轮数量分类

①单级水泵。单级水泵只有一个叶轮,是最常见的生活给水泵。如 BA 型水泵,其外形和构造见图 2.14。

②多级水泵。在泵壳内有几个叶轮平行地装在同一根轴上,水从一个叶轮进入另一个叶轮,这时,水泵所产生的压力等于每一个叶轮所产生的压力的总和,其外形见图 2.15。物业中常用立式的多级泵,作为高压水(如高层供水、消防系统)的动力装置。

(2)其他分类　按进水方面分,有:单面进水泵(如 BA 型水泵)、双面进水泵(如 Sh 型水泵)。按水泵轴的方向分,有:卧式水泵(水泵轴水平,如 BA 型水泵)、立式水泵(水泵轴垂直的,如 SD 型深井泵)。按用途分,水泵可分为清水泵和污水泵。污水

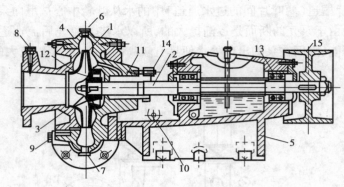

图 2.14　BA 型离心泵

1—叶轮；2—泵轴；3—键；4—泵壳；5—泵座；6—灌水孔；7—放水孔；

8—接真空表孔；9—接压力表孔；10—泄水孔；11—填料盒；

12—减漏环；13—轴承座；14—压盖调节螺栓；15—传动轮

泵与清水泵相比，主要是水泵叶轮的流道较宽，以防止堵塞。

3）离心水泵的工作性能

为了正确地选择和使用水泵，必须熟悉水泵的基本工作参数，它们是：

①流量。在单位时间内通过水泵的水的体积，以符号 Q_b 表示，常用单位有两种：L/s、m^3/h。

②扬程。当水流通过水泵时，水所获得的比能增值，即单位质量的水通过水泵后所能达到的高度，用符号 H_b 表示，单位是 mH_2O。

③转速。叶轮每分钟内的转数，以符号 n 表示，单位是 r/min。

图 2.15　立式多级离心泵

④轴功率。水泵从原动机处所得到的全部功率，用符号 N 来表示，单位是 kW。

⑤效率。水泵工作时，本身有能量损失，因此水泵效率就是单位时间水流真正得到的能量，即有效功率 Nu（$Nu = \gamma Q_b H_b/1\,000$，$\gamma$ 为水的重度，取 9.807 N/L）与轴功率 N 之比。

⑥允许真空高度。当叶轮进口处的压力低于水的饱和气压时，水就发生气化形成大量气泡，致使水泵产生噪声和振动，甚至严重损伤叶轮。为了防止在水泵中产生这种具有破坏性的"气蚀现象"，故对水泵进口处的真空高度要加以限制，而"允许真空高度"就是这个限制值，以符号 Hs 表示，单位是 mH_2O。这个高度实际上也反映了水泵中心轴线能够高于水池水面的最大垂直距离。

选用水泵时，必须根据给水系统最大小时设计流量 q 和相当于该设计流量时系统所需的压力 H，按水泵性能表确定所选水泵的型号。考虑运转过程中水泵的磨损和效能降低，通常使水泵的 Q_b 及 H_b 分别稍大于 q 及 H，一般要大 10%～15%。在水泵性能表上,附有传动配件、电动机型号,可一并选用。

4)水泵的运行

(1)水泵启动前的检查 水泵每次启动前,必须做检查,主要内容如下:

①检查水泵各处螺栓是否连接完好,有无松动或脱落现象。

②用手转动联轴器或皮带轮,检查叶轮旋转是否灵活,是否有异常的响声。

③检查轴承润滑情况,润滑油应充足和干净,油量应在规定位置。

④检查填料的松紧情况及填料函、水封、冷却水阀是否打开。

检查完毕,则可打开进水阀门向泵内灌水或启动真空泵。灌水的同时,打开泵体顶部的排气阀。抽真空时,应先打开泵体顶部的抽气阀。当排气管中有大量水涌出时,表示进水管和泵壳内已充满水,可以启动水泵电机。此时,水泵出水管上阀门应是关闭的;当机组达到额定转速或一定压力时,开启出水阀门。

(2)水泵运行中的注意事项

①注意水泵机组有无不正常的响声和振动。注意皮带松紧是否适当。过松、过紧均会降低传动效率,缩短使用寿命。

②检查各种仪表工作是否正常、稳定。观察压力表和真空表读数。若压力表读数剧烈变化或下降,则可能吸入侧有堵塞或吸入了空气;压力表读数上升,可能是出水管口被堵塞;真空表读数上升,可能是进水管口被堵塞或水源水位下降。

③检查机组有无超温现象。一般滑动轴承最大容许温度为 85 ℃;滚动轴承最大容许温度为 90 ℃。以手触轴承座,若感到烫手不能停留,应马上停机检查。

5)水泵的日常保养

普通水泵在日常保养工作中做得最多的就是检查和更换水泵的轴封装置。离心泵中用得最多的就是填料密封,如图 2.16 所示。

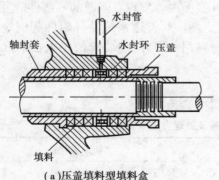

(a)压盖填料型填料盒   (b)水封环

图 2.16 压盖填料型填料盒和其中的水封环

(1)填料密封 填料又名盘根,盘绕在泵壳和泵轴之间,在轴封中起阻水(气)的密封作用。常用浸油、浸石墨的石棉绳,也可采用由碳素纤维、不锈钢纤维及合成树脂编织成的高档产品。填料一般做成矩形断面的粗绳子,一圈一圈地盘在泵轴上,用压盖压紧,这样的压盖又称格兰,其上面有一个螺栓,用于调节对填料的压紧程度。格兰松紧程度,以水封管的水能够通过填料缝隙呈滴状缓慢均匀渗出为宜。若压紧格兰,滴水量仍然较大,则须更换填料。

(2)机械密封 填料密封简单可靠,但寿命短,需要经常更换,在直饮水系统中还会影响水质,于是出现了机械密封。这种密封方式又称为端面密封,其基本元件与工作原理如图2.17所示,主要由动环5(能随轴一起旋转,也能轴向移动)、静环6、压紧元件(弹簧2)和密封元件(密封圈4、7)等组成。动环借助密封腔中液体的压力和压紧元件的压力,使其端面贴合在静环端面上,并在两环端面 A 上产生比压(单位面积上的压紧力)、保持一层极薄的液体膜而达到密封目的。而动环和轴之间的间隙 B 则由动环密封圈4密封,静环和压盖之间的间隙 C 由静环密封圈7密封,由此形成 A、B、C 三个界面的密封,使水不致漏出。

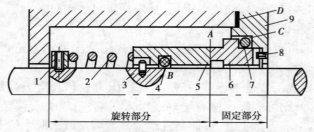

图 2.17 机械密封的基本元件和工作原理
1—弹簧座;2—弹簧;3—传动销;4—动环密封圈;5—动环;
6—静环;7—静环密封圈;8—防转销;9—压盖

当机械密封漏水时,就应该考虑拆卸检查,更换磨损件。

(3)机件润滑 为了使水泵经常处于良好状态下运行,必须对其定期进行维护。对新泵机来说,一般正常运行 100 h 后,应更换机油,以后每工作 500 h 换一次机油。采用固体润滑脂(如牛油)的水泵,应 1 500 h 换一次。发现有问题的零部件应及时更换,有意识地利用水泵不运行时检查保养或更新。对管道系统及各附件阀门应经常除锈上油,使它们处于良好状态中,以备随时启用。另外,应要求值班人员对水泵机组每天做清洁,保证其本体和环境干净整洁。

6）水泵常见故障及处理方法（见表2.3）

表 2.3 离心泵常见故障及处理方法一览表

故障现象	故障原因	处理方法
启动后水泵不出水或出水不足	1. 泵壳内有空气,灌泵工作没做好 2. 吸水管路及填料有漏气 3. 水泵转向不对 4. 水泵转速太低 5. 叶轮进水口及流道堵塞 6. 减漏环及叶轮磨损	1. 继续灌水或抽气 2. 堵塞漏气,适当压紧填料 3. 对换一对接线,改变转向 4. 检查电压是否太低 5. 揭开泵盖,清除杂物 6. 更换磨损零件

续表

故障现象	故障原因	处理方法
水泵开启不动或启动后轴功率过大	1. 填料压得太紧,轴承磨损 2. 靠背轮间隙太小,运行中二轴相顶 3. 电压太低	1. 松一点压盖,更换轴承 2. 调整靠背轮间隙 3. 向电力部门反映情况
水泵机组振动和噪声	1. 地脚螺栓松动或没填实 2. 联轴器不同心或泵轴弯曲 3. 轴承损坏或磨损	1. 拧紧并填实地脚螺栓 2. 找正联轴器不同心度,矫直或换轴 3. 更换轴承
轴承发热	1. 轴承损坏 2. 轴承缺油或油太多(使用黄油时) 3. 油质不良,不干净 4. 滑动轴承的甩油环不起作用	1. 更换轴承 2. 按规定油面加油,去掉多余黄油 3. 更换合格润滑油 4. 放正油环位置或更换油环
填料处发热、漏渗水过少或没有	1. 填料压得太紧 2. 填料环装的位置不对 3. 水封管堵塞 4. 填料盒与轴不同心	1. 调整松紧度 2. 调整填料环位置,对准水封管口 3. 疏通水封管 4. 检修,改正不同心的地方

7)水泵的节能

水泵是生产、生活、空调、消防的主要设备,其耗电量占建筑公共耗电量的20%左右。提高水泵的运行效率显得尤为重要。可采取如下措施提高效率:

①定期解体检查水泵。对于清水供水泵,根据使用情况,半年至一年解体检查一次,更换过度磨损的叶轮,并按说明书要求更换磨损严重的密封环。

②及时更换磨损过限的垂平衡盘和环。水泵平衡盘起着抵消因叶轮轴向推力造成的不平衡的作用。水泵运行过程中,平衡盘在转动的同时不断启闭,因而产生轴向窜动。若平衡盘、环磨损过多,在轴向窜动中必然使叶轮出口与导流口偏移过重,甚至造成叶轮侧板与叶轮出口偏移过量,使水泵运行低效。

③保持机件润滑。机件的润滑见前述,需要注意的是,在水泵电机安装就位或检修完毕后,一定要对电机进行一次彻底清洁,以防电机转动时,热量不能很好散出,影响正常运行。

④在解体装配中,各调整间隔一定要符合技术要求。此时,要特别注意叶轮进出口中心线与流道出口中心线必须对准,泵体水平度、取轴器的同心度都要符合技术规范。

⑤改进流水形态,提高管道光洁度。这样可以减少水在水泵内的水力损失,有些水泵流道表面粗糙,如有条件可对流道表面进行打磨加工或涂以环氧树脂,以提高光洁度。

⑥对于扬程过高的单级泵,可以通过车削叶轮来减小扬程。

其他节能措施还有如加大进出水管道断面,尽量避免装急转弯管或90°弯头,少设管路阀门,定期清除水垢、杂物等。同时,在机组底部采用减振胶垫,出水管接口进行柔性连接,措施简单,效果明显,可以提高机组的日常保养水平,也可以起到节能、降噪的作用。

8)水泵及水泵房的隔音降噪技术

水泵机组运行时的噪声和振动是很大的,不加治理,会严重影响物业环境品质,降低生活质量和工作效率,危害人体健康。目前,常采用下列隔音降噪技术:

①吸声。在泵房内表面安装吸声材料或悬挂空间吸声体,避免声波从墙面、顶棚等四周围护结构表面形成多次反射。吸声材料大都是松软或多孔性材料,如玻璃棉、矿渣棉、泡沫塑料、毛毡、石棉绒、加气混凝土、吸声砖等。

②消声。就是降低水泵机组本身产生的噪声。可采用水冷式消声电机解决机组高频噪声。另外,提高水泵流道光洁度也能降噪。

③隔声。就是把水泵机组置放在隔声机罩内,与人和外界分隔开;或者把值班人员置于隔声性能良好的值班室内。密实、沉重的材料,如砖墙、钢筋混凝土、钢板都有良好的隔声效果。

④隔振。对水泵机组进行减振处理,对改善和提升物业环境品质有着很大的意义。因为水泵机组产生的振动,会传递给基础、楼(地)板、墙体等,以弹性波的形式沿房屋结构传递低频噪声。消除或减少振动的方法,首先是应设置机组的专用设备基础,然后在水泵机组和基础之间安装橡胶减振器、弹簧减振器等隔振装置。具体可参照全国通用给水排水标准图集SS657。在与水泵相连接的吸水管和压水管路,特别是压水管路的出口连接上,宜采用柔性接口,如图2.18所示。

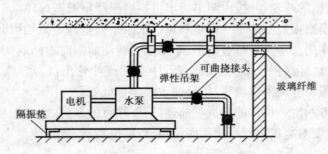

图2.18 水泵机组的隔声降噪

以上这些隔声降噪技术同样适合于本书在后续章节所介绍的风机机组等设备,具有一定的通用性。

2.2.2 水池

水池、水塔、水箱都是常见的水量调蓄设施,本质上都起一样的作用。水塔用于较大的小区,但在小区内有高度适宜的高层建筑时,常不设单独的水塔,而是在高层建筑的屋顶上设一个水箱代替水塔。

这里的水池指的是二次供水转供贮水池。由于通常市政供水压力不足以将水供应到每个用水户或供水量周期性不足时,小区不得不进行二次供水,因而在小区内设置一个水池,先将市政供水置于水池中,物管部门再用水泵从这个水池抽水,转供给小区内的用水户。另外,小区消防还需要单独的消防水池,楼房消防还需要单独的消防水箱。

1)水池的容量

水池容量应根据实际情况确定,可按下列公式计算:

水池有效容积=当地最长停水时间(h)×小区平均小时用水量

小区平均小时用水量和小区消防储备水量的计算参见本章2.3节,本节主要介绍水池的构造和维护保养方法。

若当地市政供水条件差,停水时间可能会很长时,至少应保证供应5 h以上。

2)水池的构造

水池上应设有进、出水管、溢流管、水位信号管、泄水管等。溢流管、泄水管不允许直接与排水管道相连接,而应通过水封井、受水器等将水排入排水管道。贮水池可由钢筋混凝土制造,也可由钢板焊制;可以设在室外,也可以设在地下室内。贮水池周围10 m以内不应有化粪池、旱厕等,以防水质受到污染。设在建筑物内部的贮水池,不得利用建筑物本体结构作为池底、池壁或池盖,其四周及顶盖上均应有检修空间。

3)水池的维护与保养

水池要半年或一年清洗一次,然后用液氯或漂白晶浸泡1 h后方可恢复使用。对日常主要池体及穿墙管件接合处的渗漏情况,小隙缝可用丙酮胶液或油膏修补,明显裂缝,须采用防水砂浆。此时,须将水池放空,将裂缝凿大、凿深后(深、宽约5 cm左右,以便操作),用高强水泥(425#或525#号水泥),掺和环氧树脂或防水剂,配成1:2.5:0.6:0.1(水泥、河沙、水、防水剂质量比)进行填补。此外,还有专用的聚氨酯堵漏剂用以修补水池墙身裂缝。

若小区需单独修建水塔时,可采用砖或混凝土砌筑而成,水塔的容量确定和维护保养方法与水池类似。

2.2.3 水箱

水箱设在建筑的屋顶上,具有存储水量,调节用水量变化和稳定管网压力的作用。缺点是由于水箱需要设在屋顶,容量较大,增加了建筑高度和结构荷载,有碍美观,不利于抗震。

1)水箱的容积与构造

水箱容积一般按经验确定,生活用水贮水箱容积可取日设计用水量的 15% ~ 20%;单独设置的消防水箱容积,对一般高层建筑应 ≥12 m³,对大型建筑应 ≥18 m³。

水箱水面通向大气,且高度不超过 2.5 m、箱壁承受压力不大时,材料可用金属如钢板焊制,但须作防腐处理。有条件时可用不锈钢、铜及铝板焊制;非金属材料用塑料、玻璃钢及钢筋混凝土等。目前常用玻璃钢制作组合式矩形水箱,施工和维护均便利。

典型的水箱构造和附件如图 2.19 所示。

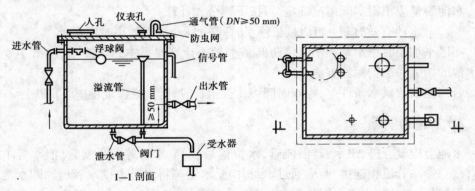

图 2.19　水箱的构造示意

2)水箱的设置与维护管理

水箱设置于屋顶的水箱间中,箱底用钢梁或钢筋混凝土支墩支承,并垫以石棉橡胶板等防腐材料。箱底距地板间宜留有 0.8 m 高空间,以利安装管道和维修工作。水箱间应有通风、采光、保暖及防止蚊、蝇设备。

水箱设置高度是否足够,通常可检验其下一层的出水压力。若下一层的出水压力满足要求(水龙头出水压力 ≥20 kPa,普通燃气热水器能够正常工作即可),则水箱设置高度合适,在其供水范围内若还有其他地方有压力不够或出水量不足的情况发生,则说明出水管管径偏小,放大管径即可解决问题。

水箱的维护管理主要是防污和防渗漏。至少每年要清洗、消毒一次,平时要注意水箱的通气,以保证水质新鲜。同时,防止儿童进入水箱间玩耍,防止小动物钻入水箱(池)。

2.2.4　水质的安全性

采用水池(箱)转供水最大的缺点,在于水在水池(箱)贮存很少一段时间后,余氯挥发殆尽,失去持续消毒能力,水容易变质,难免损害健康和引发物业纠纷。为保证供水的安全性,在有条件时宜考虑在水池(箱)采用消毒装置。从物管的实际出发,这样的局部消毒不适合采用液氯或投加漂白粉（晶），而是采用电磁消毒方法。图 2.20 是一种水箱消毒机（SC-Ⅱ-HB），额定流量为 1 m³/h，采用 220 V/50 Hz 交流电，功率 650 W，通过水中离子在电极上发生电化学反应，生成具有消毒作用的活性杀菌物质，使水得到消毒。

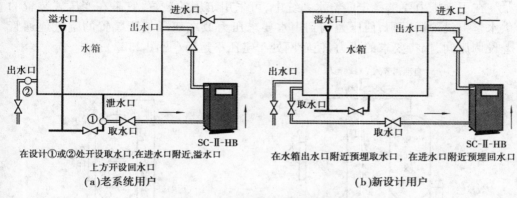

（a）老系统用户　　　　　　　　　　　　（b）新设计用户

图 2.20　水箱消毒机及其安装示意

2.2.5　气压给水装置和变频供水

1）气压给水装置

气压装置是一种局部升压和调节水量的给水设备。用水泵将水压进密闭的罐体，压缩罐内空气，用水时罐内空气再将存水压入管网，供应用水点。其功能与水塔或高位水箱相似，但罐的送水压力是压缩空气而不是位置高度，因此只要改变罐内空气压力，气压装置就可设置在任何位置，应用较灵活方便，建设快，投资省，供水水质好，还有消除水锤作用等优点。但罐容量小，调节水量小，罐内水压变化大，水泵启闭频繁，耗电多。

气压装置的类型很多，有立式、卧式、水气接触式及隔离式，按压力是否稳定可分为变压式和定压式，其中变压式是最常用的给水装置，广泛应用于用水压力无严格要求的建筑物中。

罐内充满着压缩空气和水，水被压缩空气送往给水管中，随着不断用水，罐内水量减少，空气膨胀，压力降低；当降到最小设计压力时，压力继电器启动水泵，向给水管及水箱供水，再次压缩箱内空气，压力上升；当压力上升到最大工作压力时，水泵停机。运行一段时间后，罐内空气量减少，需用补气设备进行补充，以利运行。补气可用空压机或自动补气装置（见图 2.21）。

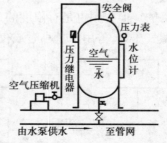

图 2.21　变压式气压罐

由于上述气压装置是水气合于一箱，空气容易被水带出，存气逐渐减少，因而需要时常补气，为此常用水气隔离设备，如弹性隔膜，气囊等。

2）定压式给水装置

在用水压力要求稳定的给水系统中，可采用定压的装置，它是在变压式装置的供水管上设置调压闸，使压力调到用水要求压力或在双罐气压装置的空气连通管上设调压阀，保持要求的压力，使管网处于定压下运行（见图2.22）。

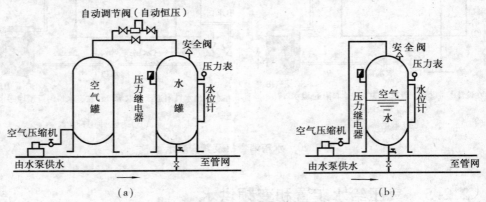

图2.22　定压式气压罐

3）变频调速给水系统

水泵的动力机多用交流异步电动机，其转速为定值，如2 900、1 450、980 r/min等。水泵在定速下有一个能量高效区，但由于用水量的变化，水泵难以长期工作在高效区内；改变电机的转速，可以改变水泵出水流量和压力，而通过改变电源频率使电机转速发生变化十分方便。调节电源频率的设备称为变频器，利用变频器及时调整水泵运行速度来满足用水量的变化，能明显节能。

水泵启动后向管网供水，由于用水量的增加管网压力降低，由传感器将压力或流量的变化改为电讯号输给控制器，经比较、计算和处理后，指令变频器增大电源频率，并输入电机，提高水泵的转速，使供水量增大，如此直到最大供水量；高峰用水后，水量减小，亦通过降低电源频率，降低供水量，以适应用水量变化的需要，从而达到节电的目的。但变频也是有限度的，变化太大也会使水泵低效运行，为此可设置小型泵或小型气压罐，备用水量小时或夜间使用，可节约更多的电能（见图2.23）。

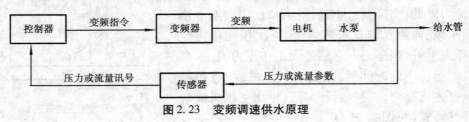

图2.23　变频调速供水原理

2.3　小区给水系统

2.3.1　小区给水水源

小区位于市区或厂矿区供水范围内时,一般采用市政或厂矿给水管网作为给水水源,以减少工程投资。市政给水系统通常以地表水为水源,其基本流程可由图 2.24 示意。

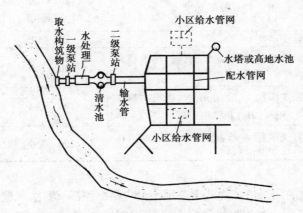

图 2.24　市政给水系统供给小区用水示意图

由图 2.24 可知,取水构筑物取得河水后,通过一级泵站,将河水抽送到净水厂中,由净水构筑物进行处理,使水质达到生活饮用水的水质标准,然后贮存于清水池中,再由二级泵站将清水升压,经输水管输送到城市给水管网,配送到各用水小区给水管网,供生活、生产及消防等用水。有时为了调节用水量的变化、稳定水压及节省电能,还在管网中设有水塔或高地贮水池。从这个过程看,自来水到达使用者,经过了 3 个给水系统:城镇给水、小区给水和建筑室内给水。城镇给水主要解决水的制造和供应问题,小区给水解决楼房用水的配给,建筑室内给水则侧重解决水的使用。

具体而言,小区给水系统的范围是从市政供水管进入小区的总水表节点开始,至小区内各建筑物的进水水表节点为止。

2.3.2　小区对水量、水质和水压的要求

1)小区的用水量

设计时,小区用水量按小区最大用水日最大用水小时的流量进行设计。这个流量,也是物业小区开发商或物管公司向市政供水部门提出用水申请和确定小区总水

表的依据。

小区用水量含居住区生活用水量、公共建筑用水量、消防用水量、浇洒道路和绿地用水量及管网漏水水量和未预见水量。

(1)居住区生活用水量 这里所指的居民生活用水量除了包括日常生活所需的饮用、洗涤、淋浴和冲厕用水量外,还包括了小区内用水量不大的小型公共建筑用水量,如居委会、理发店、商店、粮店、邮局、银行等。小区较大,户内卫生设备档次较高,种类齐全时,可视实际情况在表2.4用水量标准的基础上适当加大10%~20%。

表2.4　居住小区居民综合生活用水标准

住宅类别		卫生器具设置标准	每人每天用水量/L	小时变化系数(最大小时流量/平均小时流量)
普通住宅	1	有大便器、洗涤盆	85~150	3.0~2.3
	2	有大便器、洗涤盆、洗脸盆、洗衣机、热水器和淋浴设备	130~250	2.8~2.3
	3	有大便器、洗涤盆、洗脸盆、洗衣机、集中热水供应(或家用热水机)和淋浴设备	180~280	2.3~2.0
别墅		有大便器、洗涤盆、洗脸盆、洗衣机,或家用热水机、洒水栓和淋浴设备	200~350	2.3~1.8

(2)浇洒道路的用水量 浇洒道路用水量应根据路面、绿化、气候和土壤等条件,按车行道面积计算确定。对于高级住宅小区,用水定额为$1.0~1.5 \text{ L}/(\text{m}^2 \cdot \text{次})$,普通住宅小区为$0.5~1.0 \text{ L}/(\text{m}^2 \cdot \text{次})$,按每日浇洒1~2次计算。

(3)绿化用水量 绿化用水量包括公共绿地用水量、居民小院绿化用水量和阳台盆栽花用水量。一般按小区绿化面积计算,标准为$1~2 \text{ L}/(\text{m}^2 \cdot \text{天})$。居住小区每日管网漏失水量与未预见水量之和可按小区最高日用水量(前面1、2项之和)的10%~20%计算。

通过上述标准可计算小区一日的用水总量,将其除以24 h可得平均小时用水量,平均小时用水量乘以小时变化系数,即为小区的最大小时用水量。

(4)消防储备水量 居住小区消防用水量、水压和火灾延续时间,按《建筑设计防火规范》和《高层民用建筑设计防火规范》执行。一般生活小区,常住居民在2.5万人以下,按15 L/s、持续2 h供水的消防用水标准进行考虑。

2)小区供水的水质要求

城镇市政供水和小区内部二次供水水质必须符合《生活饮用水卫生标准》(GB 5749—2006)的要求。

市政供水在小区实行二次转供时,物业部门应采取措施保证水质标准不致劣化。其主要工作是在日常工作中防止管道、水池受到污染,并定期清洗。最好采用一些现场消毒措施。

3)小区供水的水压要求

当采用市政直接供水时,小区内每幢建筑物所需的水压可按下列方法估算:一层楼 100 kPa(10 mH$_2$O),二层楼 120 kPa(12 mH$_2$O),三层及三层以上者每层加 40 kPa(4 mH$_2$O)。采用市政供水作为水源时,水在管道中从小区总水表流至各幢楼前,由于管道内壁与水流产生摩擦,水在流动过程中就会损失能量,这部分损失的能量称为沿程水头损失,可按下列公式计算:

沿程水头损失(mH$_2$O/m)= 10.67 $q^{1.85} C^{-1.85} d^{-4.87} L$

其中:C——海澄-维廉系数。管道内壁为塑料者为 140,铜管与不锈钢管为 130,普通钢管和铸铁管为 100;

d——管径,m;

q——设计流量,m^3/s;

L——管道长度。

另外,水流在管道流动过程中,还会因为流经弯头、不同管径间的连接管件(大小头)、阀门等产生能量损失,这部分能量损失称为局部水头损失,占沿程水头损失的 20% ~ 30%。

水从小区进水点到某一楼栋进水点的沿程水头损失和局部水头损失之和,即为总的水头损失。这部分水头损失加上楼栋所需的水压,再加上此楼栋地面与小区进水点的地面高差(m),即为小区进水处为保证该楼栋正常用水应具有的压力。

2.3.3 供水管道布置

居住小区给水管道有小区干管、小区支管和入户管三类,在布置小区给水管网时,应按干管、支管、入户管的顺序进行。在管理上,也应遵照这种分类(见图 2.25)。

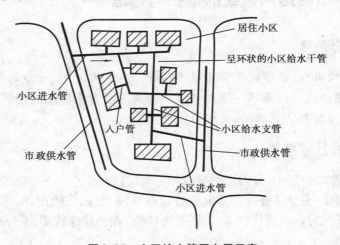

图 2.25 小区给水管网布置示意

（1）小区干管　小区干管布置在小区道路或城市道路下，与城市管网连接。小区干管应沿用水量大的地段布置，以最短的距离向大用户供水。为提高小区供水安全可靠程度，在小区内干管应布置成环状或与城市管网连成环状，最好与城市管网的连接管不少于2根。

小区干管的管径多为 DN100 mm，生活与消防系统合用的小区干管宜为DN150 mm。常用给水铸铁管。因塑料类管材见光容易老化，一般不在室外使用塑料或塑料复合类管材。若使用塑料管，则一定要保证此类管材有足够的埋设深度。

（2）小区支管和入户管　小区支管布置在居住组团的道路下，与小区干管连接，一般为枝状，常用铸铁管、玻璃钢管，管径 DN 50～80 mm。入户管则布置在建筑物周围人行便道或绿地下，与小区支管连接，负责向建筑物内供水，多层建筑所用的入户管常为 DN 50 mm 的热镀锌钢管。

（3）阀门及消火栓、洒水栓　为了便于小区管网的调节和抢修，应在与城市管网连接处的小区干管上，与小区干管连接处的小区支管上，与小区支管连接处的入户管上及环状管网需调节和检修处设置阀门。另外，小区干管管径不能小于小区支管管径。有关设置要求如下：

①阀门数量宜少，一般设在转折处，或根据检修要求定，应设在阀门井内。

②居住小区内城市消火栓保护不到的区域应设室外消火栓。设置数量应按《建筑设计防火规范》执行，一般直线间距不超过 100 m 左右。

③小区供应消防水的水管，无论是生活、消防共用水管还是专用的消防水管，管径都不得小于 100 mm。

④当居住小区绿地和道路需洒水时，可设洒水栓，其间距不宜大于 80 m。靠近消火栓的洒水栓，可不设，也可考虑用消火栓代替洒水栓。

2.3.4　小区给水系统的维护与管理

1）管道的防腐

小区室外给水管，常用铸铁管和焊接钢管。由于常埋地下，须防腐。通常刷两道沥青漆，或刷一道红丹漆和一道调和漆。刷两道沥青漆埋地的钢管，大约可以使用25年；刷红丹漆和调和漆的，大约可以使用20年。

2）管理的日常维护

管道的日常维护工作，分为巡回检查和定期清扫。

①巡回检查。主要是查看有无重物覆盖在管线上、压住阀门井、水表井盖；管线上有无开挖（开挖时容易损伤管道，特别是铸铁管）和新建建筑物；室外消火栓或消火栓标志是否破损。

②定期清扫。定期打开阀门井、水表井盖，下到井内清扫污泥、杂物，以免这些东

西加速阀门、水表的锈蚀。另外,阀门井、水表井内不能有积水,其井底应透水。

3)管道故障的处理

(1)故障现象的判断 小区给水管道出现的故障就是漏水。漏水的原因可能是外界重物的机械破损,也可能是因为使用时间长了而锈蚀。在夜深人静,水流几乎停滞时,用一根小铁棒一端搭上管道,另一端搭入耳朵,可以听到漏水的滴答声,有经验的人,可由声音的远近,准确判断漏水部位。小区给水管道漏水,在地面上也会出现相关的迹象。如:给水管线路上某处地面始终潮湿,甚至明显沉陷;用木杠一端敲击管线上敷设的水泥路面,能听到"咚、咚"的空洞回声等。还可使用现代查漏工具——检漏器查找。找到了泄漏点,就应探明原因,针对管材,采取适当的修复措施。

(2)铸铁管管壁裂纹漏水的修复 铸铁管管壁裂纹漏水,如果裂纹不长,漏水不严重就可用铸铁焊条施以电焊补焊修复。当裂纹严重时,在查清裂纹的长度后,再向裂纹两端延伸 100 ~ 150 mm,将管子截断,采用如图 2.26 所示的方法修复。如果裂纹处在管子两端附近,就可剔开接口,割掉一段管段,加短管、接轮修复。

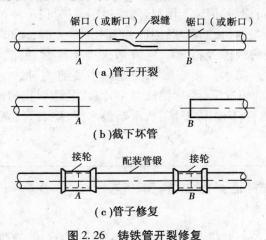

图 2.26 铸铁管开裂修复

(3)铸铁管承插接口漏水的修复 承插铸铁管接口漏水的修复办法,与接口填料、漏水情况有关。如果原为青铅接口,只需用榔头、捻口凿在漏水附近做进一步捻实,直到不漏为止。

石棉水泥接口或膨胀水泥接口漏水时,若漏水部位为小孔,在将管内存水泄掉或无压状态时,在小孔处紧贴管壁凿出一个小凹坑,再向四周扩大成扇面状,凹坑深度为承口深度的 1/3 ~ 1/2,用水将凹坑冲洗干净,再用速硬、早强、严密性好的水泥、熟石膏、氯化钙填塞,但至少应在 24 h 后通水;若漏水处为弧形状,就可按管子圆弧凿出一个弧形槽,槽的长度较漏水缝稍长一些,深度为承口深度的 1/3 ~ 1/2,用水将槽内冲洗干净后,用水泥、熟石膏、氯化钙拌合填塞。

(4)钢管漏水的修复 埋地给水钢管漏水的原因,一般有两种情况:一种是遭到外界机械破坏,另一种情况是使用时间长了因锈蚀而穿孔。对于前一种情况只需在排除管内存水的情况下,用手工电弧焊补焊修复。若是后一种,无法用补焊的方法修复,因为低合金钢不能与铁锈熔为一体,只有考虑安装新管道。

（5）UPVC 管裂缝漏水的修复　UPVC 管材通常用粘接剂粘接或用胶圈柔性连接,目前常用于公称直径 $DN \leqslant 200$ mm 的配水管道上,替代了传统的灰铸铁管及镀锌钢管。但此类管材较脆,在不均匀受力条件下容易爆管。注意这个问题,一是要保证埋设深度,二是对管道基础宜作统一处理,三是铺设位置要适当远离道路等振动较大的区域。处理好之后,UPVC 管一般不再需要特别的维护。

若 UPVC 管破裂时,先停水,把破裂的管段割下,采用胶水粘接法换上新管。

4）小区给水阀门、消火栓的故障处理

（1）阀门的故障及修复　小区给水管路上的阀门多为暗杆闸阀。由于小区给水管路上的阀门平时都是处于开启状态的,只在检修时才启闭一次,很少出现阀杆滑丝现象。较常见的故障有两种:一种是水沿阀杆漏出,这是因为填料磨损或老化、与阀杆之间接触不紧密导致的。此时须卸掉填料压盖,取出填料环,取掉旧填料,加上符合规格的、适量的新石棉绳,再装上填料环、填料压盖即可;另一种情况是随水流带来的固体杂质落入闸板槽内,长期积累,因而关闭不严。此时,须卸下阀门解体清洗。

（2）室外消火栓的故障及修复　室外消火栓不经常使用,故不会出现磨损故障,常见问题是接头处漏水。接头漏水的原因主要有两种,一是法兰连接接头漏水,在拧紧螺栓无效的情况下,要拆换法兰垫片;二是填料接口漏水,多是由于消火栓受到撞击震松了填料,应剔除旧填料,重新做水泥、熟石膏、氯化钙接口或打石棉水泥接口。

2.4　建筑室内给水系统

建筑室内给水系统通常指室内生活给水系统,供应饮用、烹饪、洗涤、沐浴及冲洗器具等生活上的用水。

2.4.1　给水系统的组成

由图 2.27 看到,建筑内部中的给水系统有以下几个部分:

（1）入户管（引入管）　是将城市或小区管网水引入建筑内的给水总进水管,穿过外墙,将水引到建筑内,一般设 1 条,重要建筑须设 2 条或 2 条以上。

（2）水表　在入户管上设总水表,在各用水户设分户水表。

（3）给水管道　包括干管、立管和支管。干管将入户管的来水输至各立管,立管则将干管的来水送至各楼层。支管由立管分出,供水至每一楼层各单元。

（4）配水装置和用水设备　指各类卫生器具的配水龙头和其他用水设备。

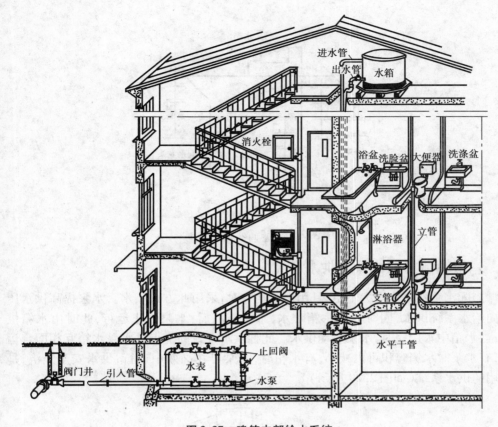

图 2.27　建筑内部给水系统

（5）给水附件　指在管道中调节水量、水压，关断水流，控制水流方向以及检修用的各种阀门。

2.4.2　给水基本方式

1）直接供水形式

当城市配水管网有充足的供水能力，能保证随时供给建筑内各种用水设备的用水时，应采用此种最简单、最经济的供水方式。

2）设置水箱的供水方式

城市配水管中压力有定时的波动，用水量高峰时压力不足，而高峰过后又可满足用水量的要求。在这种情况下，可用只设水箱的给水系统（如图 2.28 所示），平时水箱贮水，供高峰水压不足时用水，供水简单方便。但会增大建筑荷载，且建筑外观不好处理，水箱容积不能太大。

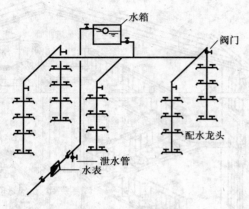

图 2.28　设置水箱供水

3）设置水箱和水泵的供水方式

当配水管网供水压力不足,且用水不均匀时,采用此方式供水。水泵提高供水压力向给水系统供水,同时也向水箱贮水,水箱充满后,水泵停止运行,此时由水箱供水;当水箱中水用完时,水泵启动供水。此种供水方式的优点是水泵水箱互相配合运行,有水泵时水箱容积可以减小;有水箱时,水泵可在高效中运行,供水安全经济,是常用的供水系统(如图 2.29 所示)。

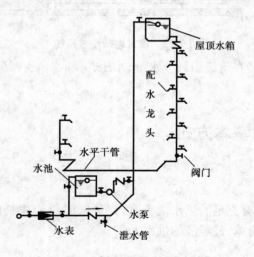

图 2.29　设置水箱和水泵供水

4）高层建筑的供水形式

建筑防火规范中将 10 层与 10 层以上的居住建筑及高度超过 24 m 的公共建筑列入高层建筑。高层建筑的室内给水,因供水压力大,常沿竖直方向进行分区供水,以减小每区内的水压差,避免因水压过高而引起出水流速过高产生噪声和喷溅等现象。一般按楼层 8 ~ 10 层分一个用水区。下列是基本的几种实现方式。

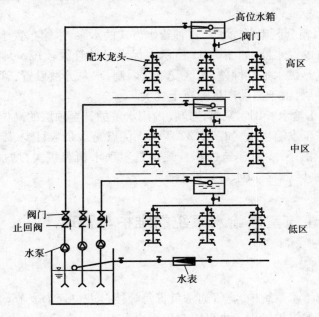

图 2.30 设贮水池和水泵、水箱各区并联给水

(1)设贮水池和水泵、水箱各区并联给水 各区均采用水泵、水箱供水方式,各区水泵集中设置在地下室或建筑底层或室外水泵房内,分别向各区供水,如图 2.30 所

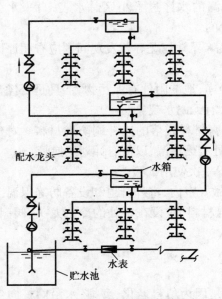

图 2.31 水泵、水箱分区串联给水

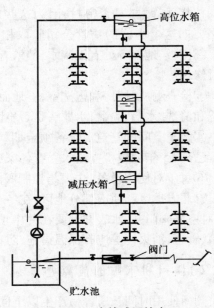

图 2.32 水箱减压给水

示。其优点在于各区给水系统独立,发生故障不会相互影响。水泵集中布置,维护管理方便。缺点是高区供水需设置较长的耐高压管路,分区设置水箱,将多占房间面积,水泵型号多,投资较大。

(2)水泵、水箱分区串联给水 这种给水方式的水泵、水箱布置于各区,下一区的水箱兼作上一区的贮水器,如图 2.31 所示。优点是总管线较短,可降低设备费和运行动力费。缺点是供水独立性差,上区受下区限制;水泵分散设置,管理维护不便;水泵设在建筑物楼层,由于振动产生噪声干扰大。

(3)水箱减压给水 用水泵将建筑物内用水量抽升至顶层的高位水箱,再由各分区采用小容量减压水箱供水,如图 2.32 所示。优点是水泵数目少、维护管理方便;各分区减压水箱容积小,少占建筑面积。缺点是屋顶水箱容积大,增加了建筑物的荷载;低区供水受高区影响,供水可靠性差。

2.4.3 建筑室内给水系统的维护与管理

1)日常管理

在建筑室内给水系统中,物管通常负责每幢楼自进户管水表节点,至用水户水表节点间所有管路的维护管理。也可以对用水户水表节点之后的给水管及附配件进行有偿延伸管理服务,既方便用户,也提高效益。

日常管理的内容主要是:

①各上、下水井口(即给水水表井、阀门井、排水检查井)有无异常。特别是给水阀门接头、填料是否密封,因为这些地方泄漏的水经过了小区总水表,自来水公司是要向这个小区的物管公司收取相应水费的。

②楼板、地面等处有无滴水,墙壁有无水痕等异常情况。若发现问题应查明原因及时修理。

③检查厕所、厨房和盥洗室,看地面是否干净,地漏附件有无污物,洁具是否经常冲洗和清洗,水箱、脸盆、水龙头是否稳固好用,有无漏水现象。

④露于空间的管道及设备须定期检查,防腐材料脱落的应补刷防腐材料。对建成后已到 15 年的应检查给水立管各家穿楼板处有无渗漏,以便有计划地换管。

⑤每年对使用设备(主要指控制阀门)进行一次使用试验。

⑥北方地区和西南部分地区,在冬季前应做好室内、室外管道和设备防冻保温工作,对室外阀门井、水表井都要在井中填入保温材料,对设在室外的冷水龙头、阀门、水箱、管道、消火栓等应有保温措施,防止冻坏。

2)阀门和水嘴的故障处理

阀门使用时间长了容易产生以下问题:一是因为填料老化、磨损,水沿阀杆向上冒水;二是因法兰垫片(橡胶)用久老化失效,法兰阀门连接处滴漏;三是阀门关闭不严。

（1）沿阀杆漏水的修复 这种检修就是更换填料。操作方法如图2.33所示。将填料压盖卸下（必要时可卸掉锁紧螺帽和手轮）；将填料环撬开，也可拿离阀杆，将旧填料清理干净；将石棉绳按顺时针方向围绕阀杆缠绕适当圈数（3～4圈，检修几次即可获得经验），压入填料，放上填料环，旋紧填料压盖。对于较大阀门检修此项也是大同小异，只不过大阀门的填料压盖是用螺栓固定在阀盖上的。此项检修的关键是使用合适的石棉绳，填入填料函的石棉绳又称"盘根"，阀门的大小不同，填料函的宽度不一样，一般使用方石棉绳，石棉绳的宽度略小于填料函的宽度即成，搭接口按45°剪截，水泵的盘根也必须这样剪截。

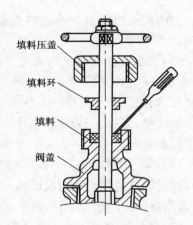

图2.33 阀门更换填料操作

（2）阀门不能开启或开启后不通水的修复 阀门长期开启或关闭，会因锈蚀而不能转动。可使用振打法使阀杆与填料压盖或阀盖之间松动。为增强效果，最好同时使用一种特制的防锈润滑油，它可使锈蚀的丝扣重新工作。

①闸阀。凭感观发现阀门开启不能到头、关闭时也关不到底时，表明阀杆已经滑扣，须拆卸阀门、更换阀杆或更换整个阀门。

②截止阀。若出现开启不到头或关闭不到底的现象也是因为阀杆滑扣，需要更换阀杆或阀门。如能开到尽头或关到底，但水流并不随着动作，则是阀瓣与阀杆脱节。但有的截止阀阀瓣和阀杆连在一起，那是因为连系杆和阀瓣的钢丝断裂所致，用同直径的铜丝代替即可。

（3）对阀门关不严的修理 阀门产生关闭不严原因有二：一是闸阀的阀瓣槽内有异物，清除异物即可；二是密封圈或阀芯有划伤或蚀伤，需要查看划伤程度。若是划伤蚀伤太严重则应更换阀门；若是伤得较轻微，则用气门砂研磨处理。

研磨处理的过程是：在生铁研磨器上涂以预先选定的润滑剂和调好的气门砂，两手以轻微的压力按着研磨盘，沿着被研磨的密封圈表面转动，在正反转90°，转动6～9次后，将研磨器旋转180°，再同样转动6～9次，直至痕迹消失。

经常开着的阀门，偶尔关闭时会出现关闭不严，可通过多次反复关闭来消除。

（4）水龙头故障的处理 截门式水龙头可能出现两种故障。一是阀杆滑扣，无法关闭，故障原因是使用时间太长，或给水压力太大，加快螺纹磨损。这种故障只有换水嘴。二是水嘴芯被磨损，关闭不严。只要拆开水嘴重新装上一个塑料活塞，或重新套上一块胶皮修圆即可。

旋塞式及其他类型的水龙头出现的故障主要是密封不严、漏水，那是因为日久磨损的缘故，这种情况只有更换水嘴。

3）室内给水管道故障的处理

室内给水管道出现的故障就是漏水，依不同情况按下列方法对漏水进行修复处理：

（1）管螺纹连接漏水的修复　检修时，用管钳子将漏水处一侧的管子或管件钳住，再用另一把管钳子将另一侧的管件或管子钳住拧紧，即可修复。当拧紧螺纹不能修复时，则应先断水源将附近活接头卸开，把漏水侧的管子也卸下来，用废钢锯条将旧填料清除，重新涂上铅油、缠麻丝或缠聚四氟乙烯生料带重新连接即可。也可换上铝塑复合管。

（2）法兰连接漏水的修复　法兰连接漏水有两种可能性。一种是螺栓没有拧紧，另一种是法兰垫片有缺陷或损坏。检修时，首先是对称地紧固螺栓，看紧固后是否还漏，若不能解决问题，则更换新垫片。

（3）钢管管壁漏水的修复　钢管壁漏水的修复可分别采用下述方法：

①补焊法。对于管子因生产质量而出现的小孔、裂纹（此种情况使用时间不超过10年），可采用补焊修复。DN40以内的钢管用气焊，DN50以上的管子用电焊。补焊处应清除药皮，至少刷两遍红丹防锈漆。

②管夹法。对于小孔或较短的裂纹，一般又不允许停水（补焊法必须停水施焊），可采用管夹法修复。

根据漏水孔的大小，用硬质木材削制成尖头、锥度小的小木塞，将小木塞打入小孔，直至不再漏水为止，然后用钢锯条紧贴管壁将木塞伸出部分锯掉。再在堵塞处或裂缝处垫上一块厚为 2～3 mm、大小适宜的软胶皮，上、下两面扣合预先做好的管夹子，拧紧螺栓，将胶皮压紧，如图 2.34 所示。常用管夹的种类见图 2.35。

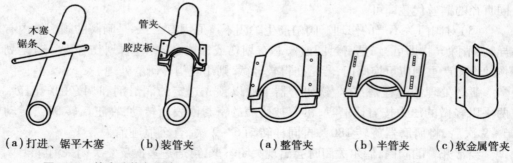

（a）打进、锯平木塞　　（b）装管夹　　　　　（a）整管夹　　　（b）半管夹　　（c）软金属管夹

图 2.34　管夹法修复漏水　　　　　　　　图 2.35　常用的管夹

③换管法。对于锈蚀严重的或补焊难于修复的漏水钢管，只有采用换管法。

当被换管段一端有活接头时，将活接头松开，即可卸掉锈蚀的管段，若被换管段无活接头可用，则从管段中间锯断即可卸掉锈蚀管段。

2.5 直饮水供应系统

直饮水供应系统简称饮水直供,是指把能够直接生饮的新鲜水通过给水管道供应到每个住户家中。按照目前我国一般家庭生活水平,60%～80%的家庭生活用水水质应满足生活直饮水的水质标准。因此,在观念上应明确:直饮水系统并非专供饮用和食用,除了解决饮水安全,还应解决生活用水安全问题。

典型直饮水系统的工艺流程如图2.36所示,由净水设施、配水管网、用水设备和回水管网组成。

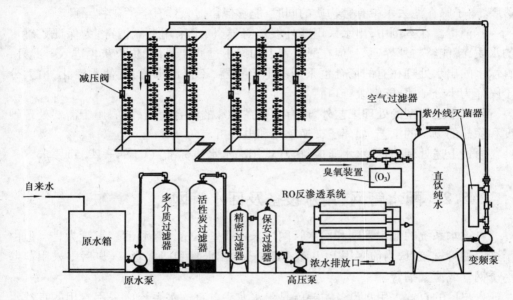

图2.36 典型直饮水系统的工艺流程

2.5.1 净水设施

净水设施包括原水箱、过滤装置、膜处理系统、纯水贮罐等组成部分。

原水箱存贮从市政给水管道引入的自来水,其容量为4～5 h的设计流量,可以用混凝土或玻璃钢、钢制成,一般不密封;纯水贮罐的容量约为原水箱一半或按气压罐确定,是密闭的钢制水罐或水箱。除原水箱外,整个净水系统都应该是密闭运行的。

净水设施的核心是水处理工艺系统。在图2.36中,原水经过了下列处理工艺:

①多介质过滤。在罐内铺设石英砂和特制陶粒层,过滤原水,进一步去除大颗粒的水中悬浮物,降低水的浊度。也可以仅用石英砂过滤,称为砂滤。

②活性炭吸附。在罐内设置活性炭过滤层,利用活性炭的吸附特性去除有机物、

游离氯以及重金属等,达到除臭、除色目的。如果在进口处同时通入臭氧,处理效果会更好。

③精密过滤。过滤壳体为不锈钢,一般内装 10 μm 蜂房式线绕式滤芯,可去除 10 μm 以上的微小颗粒。

④保安过滤。过滤壳体为不锈钢,内装 5 μm 以上蜂房式滤芯,可去除 5 μm 以上的颗粒。

⑤反渗透。反渗透膜的膜孔径非常小,在外加压力的作用下,只有水分子大小的分子或离子能够通过,因此能够有效地去除水中的溶解盐类、胶体、微生物、有机物等,是生产纯水最常用的方法。但长期饮用纯水不利于健康,因而过去常在反渗透后再串接一个麦饭石过滤罐,以增加水中矿物元素的含量。目前可用离子筛代替反渗透膜,离子筛在滤去水中有害物质的同时,能够保留对人体有益的矿物元素。

⑥消毒。在本例中,出水采用紫外线消毒器,回水采用臭氧消毒;为保证贮罐水的水质,罐能够与外界通气,但在通气管上加设了过滤装置,以防止灰尘进入。此外,直饮水的出水处理在有的场合也采用静电消毒器,不仅消毒,而且使水活化,由大分子团降为小分子团,能够改善口感。

除了上述典型的处理工艺外,还有一些在特殊的场合使用、专门用于需要处理硬度和除盐的场合的工艺,如离子交换软化和电渗析。

通过上述处理,直饮水水质应符合《饮用净水水质标准》(CJ 94—2005)要求。

2.5.2　配水管网、用水设备及回水管网

直饮水系统的配水管网和回水管网以采用薄壁不锈钢管和薄壁铜管为宜。但由于这两种管材较贵,当前多用 PPR 或 PEX 管作配水管和回水管,入户后则采用薄壁不锈钢管或薄壁铜管。

入户后的直饮水用水设备主要就是出水龙头。直饮水系统应采用专用的直饮水龙头,并尽量使水龙头的材质与入户管材保持一致,避免不同材质间发生化学反应而产生腐蚀。

2.5.3　对饮水直供系统的管理

饮水直供系统一般由专业供水企业依据《管道直饮水系统技术规程》(CJJ 110—2006)进行管理。水质应达到《饮用净水水质标准》(CJ 94—2005)的要求。

物管公司在日常工作中,需要注意和记录直饮水"口感"的变化规律,发现水质变化,需要及时检验,视情况提出减少供水量或暂停供水要求,以保证水质达标。同时可考虑增加循环次数或重新冲洗,用漂白晶水进行消毒。

另外,饮水直供系统的水泵应采用机械密封,出水是不能出现乳白色水液的,出现这样的情况,说明管道吸入空气,应立即停机检查,问题解决后方可恢复运行。

2.6 水景与游泳池

2.6.1 水景工程

水景工程通常由水池(道)和与其配套的给水排水系统组成。水景的排水系统很简单,主要用于排泄废弃的景观水,基本形式就是:水池(道)集水坑+泄水管+泄水管上的闸阀。其给水系统由水源、加压设备、供水管路、喷头、水回用管道和水处理装置等组成。水景给排水系统与普通生活给排水系统相比,比较特别的就是较多地使用了喷头和潜水泵。

喷头是喷射各种水柱的设备,各式水柱组合在一起形成了千姿百态的水景。喷头的质量符合标准才能保证喷水效果,其材质多为不易锈蚀、易于加工的金属材料,如青铜、黄铜、不锈钢等。小型喷头也有选用塑料、尼龙制品的。

从管理的角度看,水景有大小之分,管理目标并不一样。但水景的大小划分标准不太严格,目前一般把流程较短,水池容量仅数立方米至数百立方米,不需进行人工强化水处理的水景称为小型水景,典型的如小区内的喷泉或人工小溪流。对水体容量为数千立方米的称为中型水景,数万立方米的称为大型水景,它们一般都需要进行人工水质维持工作。

1)小型水景水体的管理

小型水景工程常采用循环给水方式。为保证喷水有稳定的高度和水平射程,常设水泵升压,喷头与水泵出水管相连。为节约用水,池水循环使用,并视其卫生状况的变化定期更换,平时则根据水位变化适时补水,如图2.37所示。循环水泵可设在池外泵房中,也可采用潜水泵直接置于水池中。此系统适用于各种形式的小型水景。在有条件的地方,也可利用天然水源或雨水供水景用水,使用后排入下水道或循环使用。

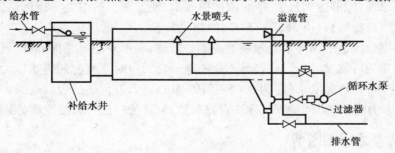

图 2.37 小型景观水循环使用示意

但小型水体更多地采用了潜水泵对水体中的水进行循环使用,待水质变差后直接引水更换。所以对小型水景而言,对潜水泵的维护管理是个关键。

潜水泵适用于含砂量不大于 0.01%，pH 值为 6.5~8.5，氯离子含量不大于 400 mg/L 的场合。启动前，检查潜水泵的吸水口及其附近有无沉渣或易引起堵塞的物品；启动后，观察有无振动现象，待工作稳定后，对经常使用者要 12~24 h、间歇使用者则要 2~3 h 记录一次电压、电流、出口压力等数据。另外，停止使用的潜水泵应在热状态下测量绝缘电阻，不得低于 0.5 MΩ。间歇使用的潜水泵宜半月启动一次，工作时间持续 15 min 以上。

间歇使用的潜水泵至少每年要进行一次大修。经常使用的泵至少每半年要大修一次。其内容主要是更换叶轮、轴承和密封材料。

2）中型水景水体的管理

对于数千立方米体量的中型水景，循环过滤是最主要的处理方法（如图 2.38 所示）。利用滤池是将水景水进行过滤、消毒后循环使用，但目前存在的最主要问题是消毒不可靠导致绿藻堵塞过滤器，使系统建成后除初期能够运行外，大部分时间都闲置，导致几百万的设备锈蚀报废。

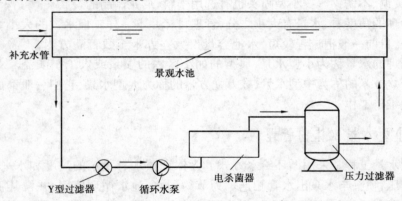

图 2.38　中型景观水的循环水处理工艺

比较适合水景水的消毒方式是电消毒。电杀菌器运用低压电场及产生氧化性杀菌物质的原理，能够达到持续 48 h 的抑菌效果，使景观水的卫生学指标达到国家《地表水环境质量标准》（GB 3838—2002）的相关要求。

对中型景观水的循环水处理装置的维护管理，除水泵的日常保养外，就是要保证电杀菌装置的可靠、稳定运行，轻易不能断电。每天定时观察滤罐进水压力和出水压力的差值应符合产品要求（多为 0.05~0.07 MPa），若差值超过合理范围，并持续 3 d 以上，则应考虑拆卸罐体检查反冲洗管路和滤料，若滤料已经板结变质，则更换。

3）大型水景的管理

对大型水景，如人工湖，由于影响面大，水质成为管理关键，当前各国都推崇采用生态法控制。

（1）生态法原理　生态法是综合考虑了动、植物及微生物的营养关系，根据住宅小区水域实际情况,设计水生动物的放养模式(包括种类、数量、个体大小、食性、种间关系、生活习性等),使其可以直接吸收溶解的营养物质及有机碎屑,又可吃掉一些藻类,使各种群生物量和生物密度达到营养平衡水平,同时可以种植一些观赏水生植物(见图 2.39)。

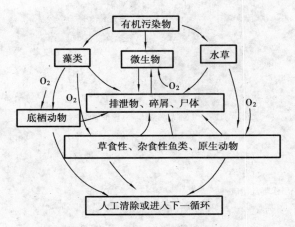

图 2.39 景观水域的生态系统

(2)生态法的实现

①水生植物的选择和培植。水生植物可吸收、富集水中的营养物质及其他元素,可增加水体中的氧气含量,或有抑制有害藻类繁殖的能力,遏制底泥营养盐向水中的再释放,利于水体的生物平衡等。

水生植物可分为浮叶植物、挺水植物、沉水植物、海生植物以及沿岸耐湿的乔灌木等滨水植物。控制水景水质,宜采用沉水植物,沉水植物是指植物体全部位于水层下面稳固生活的大型水生淡水植物,俗称水草。如菹草、轮苞轮藻适合常年流水环境;在静水条件下,苦草适合在淤泥、浅水区生长;马来眼子菜适合在硬泥质、深水水域生长。挺水及飘浮水生植物水葱、风信子、凤眼莲、风车草等具有观赏价值,又有一定的净水功能,但其种植面积不宜过大,应仅属点缀。

水草的种植面积大于水体面积的 1/4 ~ 1/3 就能发挥良好的净水作用。此外,混养江蓠、栽种大叶藻、沟草等水生植物,可减轻池水的肥度。

②水生生物的选择和养殖。水生动物的放养宜以贝壳类为主,适当放养鲢鱼、鳙鱼等食藻性鱼类,这些鱼类中,有一种以藻类和蚊幼虫为主食的食蚊鱼,长 2.5 ~ 5 cm,观赏效果好,适应性强,它在水温 5 ~ 40 ℃ 及缺氧的环境中均能生活,既可食用,也可作为理想的观赏鱼或活饵料,可适量养殖。为控制物种生长量,可放养少量植食性草鱼,动物食性的青鱼,或杂食性的鲫鱼。

③微生态系统的培养和养护。在景观水质不是很差的情况下,保持一定的溶解氧(≥4.5 mg/L),必要时使用一些复合的微生物制剂,能够促进并维护水体自发产生的比较稳定的微生物种群。图 2.40 是一种景观水处理示意图。其技术核心,就是营造稳定的溶解氧环境和流态,保证水体的自净能力。

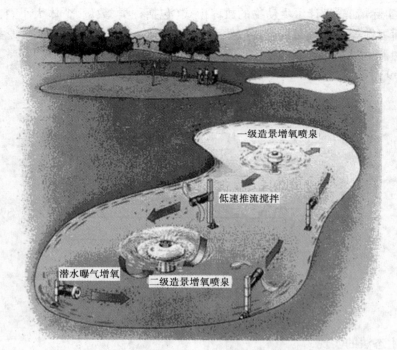

一级造景增氧喷泉

低速推流搅拌

潜水曝气增氧

二级造景增氧喷泉

图2.40　一种保持微生态系统的水景水处理布置示意图

由图中也可看到,为保证一定的溶解氧浓度和水的稳定流动,需要采用各种曝气增氧机和推流器。这方面的产品的种类和型号都很多,选用这些产品,一是要保证一定的增氧效果,二是要便于维护、放置水中不易堵塞。日常的维护保养工作宜主要针对电机,电机的维护保养详见本书第7章有关内容。

(3)生态水景的管理要点

①防渗漏。防渗漏工作源于对水体生态系统的维护要求,以避免出现水位大起大落,影响生态系统的稳定和人工湖的景观效果。砂土质池底一定要作防渗处理,但因对沉水植物的生长不利,池底也不宜全部进行防渗处理,以保证日常的水位变化在0.6 m之内为宜。

②水质防腐。景观水多有封闭性和非流动性的死水特征,应在水中造流,使死水变为活水,并对水体充氧,以强化水体的自净作用。在人工湖的死角,尤其是在水生植物密集区(水体流动情况很差)设置推流和曝气充氧器,使水体流速≥0.09 m/s,溶解氧≥4.5 mg/L,导致蚊蝇幼虫无法生长。并在流水条件较好处,采用人工水草强化微生物生态处理效果。

人工水草是用抗腐烂的人造纤维或塑料薄膜,扎成草把,作为生物载体,吊挂在水体中,使其上附有各种有助于有机物转化的细菌菌膜,以及硅藻类、原生动物、桡足类等,这个过程称为"挂膜",只要水体溶解氧大于4.5 mg/L,有流向稳定的水流,一般一周左右即可"挂膜"成功。

③清淤。当景观水体的淤泥平均厚度大于0.50 m时,要考虑清淤,否则池底

底泥会厌氧发酵,腐化水质;清淤后湖(塘)底(岸)考虑适当的固化措施。2～3年要清淤1次,在清淤过程中注意保护生长良好的水生植物,平时则应注意随时进行水面清理。

理想的水体景观,一方面靠水底植物、水面植物和水中动物的组合生存来形成自然净化;另一个层面是湖岸、湖中立体通透的绿化及外围污染的控制,不允许各种污、废水流入水体。在日常工作中,需要做好水质理化指标和生物指标的日常监测工作,对水生生物物种的使用效果进行观察和完善,在指标恶化时,要采用引水措施。轻易不直接向景观水体投加化学药剂(如 $CuSO_4$)除藻,以免对水体生态系统造成深度破坏。除藻最好采用生物法(如灭蚊鱼)去除。

2.6.2　游泳池

1)游泳池的一般标准

(1)游泳池尺寸　长度:25 m(或 25 m 的倍数);宽度:每泳道 2～2.5 m,两侧的泳道再加 0.25～0.5 m;深度 1.4～1.8 m。成人游泳池最深水深不超过 2.2 m,儿童池最深不超过 1.2 m,幼儿戏水池最深不超过 0.6 m。

(2)游泳池水质　初次补充水需符合生活饮用水卫生标准。对于使用过程中的水质,《游泳池水质标准》(CJJ 244—2007)主要常规检验项目的要求如下:

①浑浊度不大于 1 NTU。一般在两沿岸岸边能看清对岸池底泳道标志。

②pH 值 7.0～7.8。

③尿素不得超过 3.5 mg/L。

④菌落总数不大于 200 CFU/mL,总大肠菌群每 100 mL 池水不得检出。

⑤游泳余氯应 0.2～1.0 mg/L,化合性余氯不大于 0.4 mg/L。

⑥池水温度为 23～30 ℃。

2)游泳池的给水方式

(1)直接给水法　直接给水法就是长期打开游泳池进水阀门连续给水,让多余的水自动溢出,游泳池的进水阀门可以适当调节,使每小时的进水量等于 15% 游泳池的容积。这种方法管理方便,但浪费水资源。

(2)定期换水给水法　将游泳池的水定期(一般为 1～3 天)全部放净,再冲洗池底、池壁,重新放满池水。这种方法管理简单,一次性投资节约,但水质污染严重,水温也不能得到保证,并且换水时游泳池要停止使用。

(3)循环过滤给水法　游泳池的水由循环过滤泵抽出,经过过滤器、加热器再回到游泳池,不断净化、消毒、加热,达到游泳池水质要求。这种方法系统较复杂,一次性投资大,管理较复杂,但因为能保证游泳池的水质,所以采用得较多。循环过滤给水法的水系统见图2.41。在游泳池使用过程中,循环过滤泵常开使池水不断循环,不断净化、加温。在开启循环泵的同时,加药器的计量泵也联动开启,可以使加药箱的次氯酸钠溶液随循环水一起进入游泳池内,以确保游泳池的余氯,达到消毒作用。

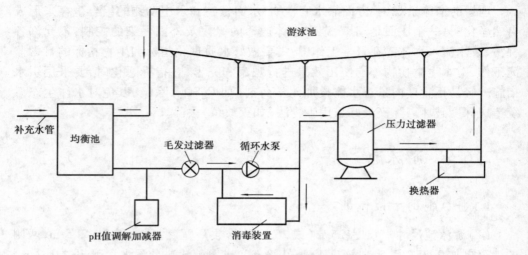

图 2.41　游泳池循环过滤给水流程图

3）水循环系统的组成

（1）均衡池（水箱）　多用不锈钢制成,安装位置要保证其水位同游泳池水位保持一致,下设连通管同游泳池相接。平衡水箱内有浮球阀控制水位。游泳池在使用时,向池中的补水会通过平衡水箱进入游泳池,保证其正常水位。

（2）毛发聚集器　为防止毛发等细小杂物堵塞水泵和过滤器,需在循环泵前设置毛发聚集器,见图2.42。一般常采用固定滤网聚集器,对于大型游泳池,由于循环流量大,有时采用带旋转滤网的自动清洗聚集器。

（3）压力过滤器　如图2.43所示,采用石英砂过滤回流的游泳池水。循环过滤的目的是降低水中悬浮物浓度,保证水体清澈透明。由于细菌和各种致病微生物大都附着在水中的悬浮物上,经过滤后被大量截留,从而使过滤出水中的微生物量大为减少,降低了消毒剂量的需求,延长了余氯的持续消毒能力。机械滤池一般是自动运行的,但应注意即使是使用效果良好,常年运行的过滤器2年左右,季节性运行的过滤器5年左右,就要更换滤料,以保证过滤效果。

（4）换热器　为保证室内恒温游泳池内的水温,需要采用换热器。加热器一般采用气—水热交换器,换热器介绍参见热水供应系统。

（5）加药装置　为了保证池水卫生,游泳池水除进行过滤及加热以外,还必须进行消毒。消毒可采用化学法或电磁法,化学法是通过加药器的计量泵自动将药箱内的 $NaClO_3$ 溶液注入循环系统中,随水一起进入游泳池内,电磁法是采用各种定型的电磁消毒装置。为增强过滤效果,还可在过滤器前加混凝剂或加碱调整 pH 值,但从

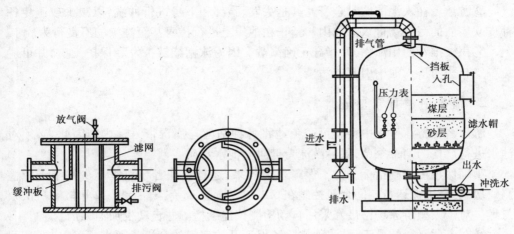

图 2.42 钢制毛发过滤器　　　　　　图 2.43 压力过滤器

物管实际看,人工添加化学药剂比较麻烦,可优先考虑采用电磁消毒器。

4)游泳池的消毒设施

公共游泳池,在游泳者进入游泳区之前和在使用过厕所之后,应通过强制淋浴通道进行淋浴和洗脚,其通道长度一般为 2～3 m。为节约用水,有条件时采用自动控制,有人通过时自动喷水,通过后自动关闭。

足部消毒一般采用通过式消毒池,在池内注入 200～400 mg/L 的漂白粉溶液或50～100 mg/L 的液氯消毒液,也可采用其他有效并对人体无害的消毒液。与强制淋浴一样,每次进入游泳区时,也必须通过浸脚消毒池,其池内消毒液的余氯量应为 5～10 mg/L。

浸脚消毒池的宽度应与入口通道宽度相同,长度应不小于 3 m,以防绕行和跳越。池内水深不得小于 150 mm。脚消毒池应设有给水管、投药管、溢流管和泄水管。消毒液应不断连续更新或每隔 1～2 h 更换一次。消毒池和管道材料应采取防腐蚀措施,池底应有防滑措施。在设有强制淋浴时,浸脚消毒池宜设在强制淋浴之后。

2.6.3　游泳池的日常管理

对游泳池的管理首先是要保证循环水处理设备的正常运行,视情况 2～3 d 取出毛发过滤器中的滤网进行清洗,保证压力滤池和消毒装置正常运行。在此基础上,控制游泳池水质,保证池水水质达标(最主要指标是余氯量),并开展以下公共健康保障工作:

1)公共卫生的管理

对于持有游泳健康证的符合要求的游泳者,在入池前应做好以下宣传教育工作:

①游泳者应在入池前先行冲洗和进厕预排,避免泳池的尿素超标;在游泳完毕出池后应尽快排便冲洗,以避免尿道受到污染。

②游泳者在入池前应对全身尤其是头发、脸部和下身进行冲洗,以减少或避免各种皮肤表面的污染物进入泳池内。禁止在池岸上进行搓身甚至洗澡的不良行为。

③积极推荐使用泳帽,并指导正确佩戴。因为泳帽能够护发和保护头皮,并可避免脱发与头屑落入池中引起的污染。

2)池水的消毒杀菌处理

游泳者在游泳过程中会不可避免地将各种细菌与病毒带入池内。因此,必须对池水进行严格的消毒杀菌,保障游泳者健康与池水水质。

①确保余氯控制指标。为了保障杀菌效果,运行管理者在夏季至少每半天应检测一次余氯,确保运行期间余氯控制在 $0.1 \sim 0.2$ mg/L,有条件者 $1 \sim 2$ h 检测一次余氯量。对于大型游泳场馆最好采用自动检测仪连续检测并自动投加消毒剂。

②在人群复杂的夏天,游泳池水除了保证开放期间的余氯量要求外,还应在夜间闭场以后的非开放时段内维持较高的余氯量(可在循环系统停运前的两小时内增投消毒剂),通过延长余氯的接触作用时间来杀灭对氯具有较强抵抗力的芽胞型细菌和病毒等致病源。

若采用电磁杀菌装置,应在游泳池使用前后分别将全部池水消毒一遍。

3)清扫场地卫生并定期消毒

游泳池散场后,应及时刷洗游泳池池壁与池岸以及溢流槽;放空并清洗强制淋浴通道和浸脚池,并换上具有消毒能力的新水;清洗更衣室、淋浴间、厕所及通道,喷洒消毒剂,杜绝病菌的存活与繁殖。另外,游泳场(馆)的灯光宜为冷色光,并保证良好的通风,避免助长细菌和藻类的繁殖。

复习思考题

1. 人们在生活中使用的水从水源至用户手中,经历了哪些设备设施?
2. 给水管道上有哪些管道附件、配件? 市政供水、小区给水、建筑室内给水管道上的附配件有些什么差异?
3. 如何保证水表能够精确计量?
4. 请抄读水表、电表和燃气计量表,比较其抄读的差异和注意事项。
5. 水泵、水箱、气压罐在给水系统中起的作用是一样的吗?
6. 查阅《生活饮用水卫生标准》(GB 5749—2006)的具体内容,思考如何在物业管理过程中遵守和执行这些标准。
7. 小区和建筑室内给水系统的日常巡检内容是什么?
8. 如何判断小区室外管道的漏水部位? 确定后如何处理?
9. 室内给水管道为什么会发生漏水? 哪些漏水原因是不可修复的?
10. 有一种陶瓷芯阀水龙头出现关闭不严、滴水不断的现象,如何处理?

11. 什么叫直饮水供应系统? 它有什么好处? 如何进行管理?

12. 各种规模的水景的管理有什么不同?

13. 水景的水质应该符合什么标准?

14. 控制大型水景的生态法是如何实现的?

15. 如何保证业主使用游泳池的安全性?

16. 有的给水系统十分强调水质,这相应会增加一些管理成本,增加这些成本是否值得? 会导致物管企业进一步亏损吗? 请谈谈自己的看法。

17. 给水系统节能,主要体现在哪些方面?

第 3 章
排水系统

导读:对排水系统的维护和运行管理的目的:一是迅速排放生活中产生的污、废水和雨水;二是通过积累,不断提高物管范围内水的利用率,改善和提高排水系统的品质。学习本章,要掌握物业(物业小区)中各种排水系统的工作原理、运行特点、常见故障及处理方法,以及常见管道材料及设备的使用特性。清楚改善服务品质的降噪、减振、防污措施。

3.1 建筑内部排水系统

人在建筑内部的活动会产生各种生活污水和生活废水排水。其中,生活污水是人们日常生活用水后排出的污染程度较重的水,主要是指粪便污水,粪便污水是厕所冲洗排水;生活废水则是指人们日常洗涤、沐浴等排出的水,污染程度相对较轻。

如果不分污、废水性质,用一个统一的管道系统将各种污、废水,甚至包括雨、雪水都一块排放,称为合流制排水。与此对应,如果设置不同的管道系统排放不同污染程度的水则称为分流制排水。分流制便于人们处理和利用污(废)水。过去建筑内部多采用合流制排水,现在则趋向于将生活废水与粪便污水分开排放。因而形成两种建筑内部排水系统:

(1)粪便污水排水系统 在需要单独处理粪便污水时采用。如为减小化粪池容积,将粪便污水单独收集后进化粪池。在设置中水系统,需要回收洁净的洗涤沐浴水时,也将粪便污水与洗涤沐浴废水分开。

(2)生活废水排水系统 收集和排泄盥洗、沐浴废水的系统,一般在需要回收利用这部分废水时采用该系统。

3.1.1　排水系统的组成

建筑内排水系统的组成见图 3.1。

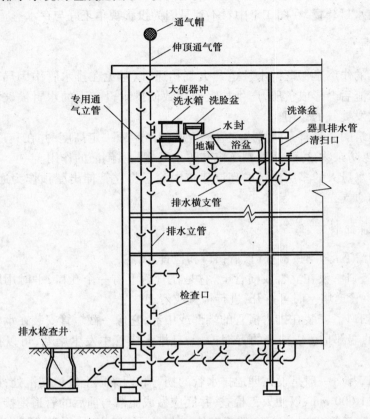

图 3.1　建筑内部排水系统

1)污水和废水收集器具

污水和废水收集器具往往就是用水器具,如洗脸盆是用水器具,同时也就是排水管系的污水收集器具了,在生产设备上收集废水的器具是其排水设备,屋面雨水的收集器具是雨水斗。

2)排水管道

①设备排水管。由排水设备接到后续管道排水横管之间的管道。

②排水横管。水平方向输送污水和废水的管道。

③排水立管。接受排水横管的来水,并做垂直方向排泄污水的管道。

④排出管。收集一根或几根立管的污水,并从水平方向排至室外污水检查井的管段。

3）水封装置

水封装置是在排水设备与排水管道之间的存水弯（见图3.6），其作用是用来阻挡排水管道中产生的臭气，使其不致溢到室内，以免恶化室内环境。所有的器具排水管都要安装水封装置，在图3.1中看不到是因为投影视角正好与存水弯垂直。

4）通气管

通气管的作用是保证排水管道与大气相通，以避免在排水管中因局部满流——柱塞流时水流后会形成负压，产生抽吸作用致使排水设备下的水封被破坏。同时通气管还有散发臭气的作用。

一般建筑的通气管是将排水立管的上端伸出屋顶一定高度，并在其顶上用格栅、盖帽罩上，以防杂物落入，通气帽还应有防止风、雨、雪倒灌的作用。

对于排水量大的多层建筑或高层建筑中除了将立管伸出屋顶作为通气管外，还要设专门的通气立管。

5）清通部件

一般的清通部件有：检查口、清扫口和检查井。

（1）检查口　设在立管或横管上，它是在管道上有一个孔口，平时用压盖和螺栓盖紧的，发生管道堵塞时可打开，进行检查或清理。

（2）清扫口　安装在排水横管的端部或中部，它像一截短管安装在承插排水管的承口中，它的端部是可以拧开的青铜盖，一旦排水横管中发生堵塞，可以拧开青铜盖进行清理。

（3）检查井　一般是设在埋地排水管的拐弯和两条以上管道交汇处，检查井的直径宜不小于1 000 mm，以便人工检查；井底应做成流槽与前后的管道衔接。建筑物的地下室或人防建筑，其内部标高低于室外排水管网的标高时，用潜水污水泵将地下室的污水抽送出去。

6）污水局部处理设备

当建筑内的污水水质不符合排放标准时，需要在排放入市政排水系统前进行局部处理。此时在建筑排水系统内应设局部处理设备。常用的有：隔油池、酸碱中和池、化粪池等，对医院排水系统还要求有沉淀消毒设备。当医院污水直接排入水体时，要求有沉淀和生物处理并且要求严格的消毒保证。

图3.1所示是一种非常典型的下排水方式，即卫生器具坐落在卫厨间的地面上，器具排水管穿过所在层的地面，与排水横支管在下一层楼面顶部汇合，最后流入排水立管。这种排水方式导致楼板开设孔洞过多易渗漏，且器具排水口与存水弯的这段排水管道，使用一段时间后因受到污染，将通过器具排水口不断向室内散发异味，成为厨房卫生间室内异味的主要来源。所以，同层排水技术被提出并得到越来越多的应用。

同层排水技术是指卫生器具排水管不穿越楼板,而排水横支管在本层与排水立管连接的排水方式。实现同层排水的具体做法有如下几种:

①排水横支管敷设在厨房、卫生间地面上。排水管敷设在地面上的做法较多采用于厨房排水。卫生间的排水横管采用地面敷设的做法:坐便器采用后出口式,洗脸盆、淋浴器、浴盆的排水横管布置在本层楼面,同时采用侧出口地漏,紧靠立管布置。

②排水横支管暗埋于结构层或建筑垫层中。暗埋法是将排水横支管暗埋于建筑垫层中,将卫浴间地面抬高 60~200 mm,在抬高的地面填充层中辅设用水器具的连接管件(弯头等)及水平主管道,填充层以上做水泥砂浆找平层、防水层及地面面层。

③排水横支管敷设在厨卫地面楼板下沉空间内(如图 3.2 所示)。

图 3.2 一种同层排水管道布置

④排水横支管设在户外。

⑤排水横支管设在专门设置的假墙内。

⑥用强排提升洁具、污水处理提升器。

3.1.2 建筑内部排水管与通气管

1)排水管道的工作特点

①排水管道所排泄的水,一般含有大量的悬浮物,尤其是生活污水管道中常会有纤维类和其他大块的杂物进入,管径若偏小,则容易引起管道堵塞。

②排水管一般比较粗大,同时由于所排的水其温度较低,在夏天会产生管壁外侧出现凝水。一是管道布置时要充分予以注意;二是可在管壁外表面敷裹一些保温材料,如橡皮。

③由于排入管道的水具有一定的“突然性”,因而排水管道容易产生噪声。目前,

一般采用铸铁管和螺旋排水管来减轻噪声,并在布置管道时回避主要的工作和生活区域。

2)排水管道的布置

排水管道布置时力求简短,少拐弯或不拐弯,避免堵塞。管道不布置在遇水会引起损坏原料、产品和设备的地方。排水管不穿卧室、客厅,不穿行在贵重物品储藏室、变电室、配电室和通风小室,不穿行炉灶上方,不穿烟道。排水管道不宜穿越容易引起自身损坏的地方,如:建筑物的沉降缝、伸缩缝,重载地段和重型设备的基础下方,冰冻地段。如果必须穿越时,要有切实的保护措施。同时,布置排水管也应考虑安装、检修方便,并尽量美观。

3)通气管

通气管的作用有二:一是为使排水立管中保持正常大气压,使与主管相连的横支管上的水封不致因立管内的压力变化而破坏;二是排除排水管中的臭气。通气管的做法有以下几种:

(1)立管伸出屋顶作通气管　伸出屋顶的高度不小于0.3 m,并大于当地积雪高度。其管径可与立管相同,但在寒冷地区最冷月平均温度低于−13 ℃时,通气管应比立管放大一号,放大的位置在室内吊顶下0.3 m处。

(2)设专用通气立管　高层建筑的排水系统一般要设专用通气立管,这是国内的通用做法。专用通气管与污水立管并列敷设,在最高层的卫生设备上0.15 m处或在检查口以上与污水立管上的伸顶通气管以斜三通相连接,专用通气管的下端在最低污水横支管以下与污水立管以斜三通连接。在中间,每隔两层设结合通气管与污水立管连接。结合通气管下端在污水横支管以下与排水立管以斜三通连接,上端在卫生器具上缘以上0.15 m处与专用通气立管以斜三通连接。通气管管径通常不小于0.5倍污水立管管径。

(3)设环形通气管　在下列情况时设环形通气管:

①连接4个及4个以上卫生器具,并与立管的距离大于12 m的污水横支管。

②连接6个及6个以上大便器的污水横支管。环形通气管的起始端从排水横支管起端的第一、二用水器具之间,环形通气管与排水横支管交接时用90°或45°三通向上接出,与通气立管垂直相接。此时通气立管称主通气立管,主通气立管与污水立管之间在顶层和底层用45°三通相连接,在楼层中间隔8~10层用结合管相连。

(4)器具通气管　对于在卫生和安静方面要求高的建筑,在生活污水管道上边要设置器具通气管。器具通气管是从每个排水设备的存水弯出口处引出通气管,然后从卫生器具上沿0.15 m处以0.01的上升坡度与通气立管相接。

环形通气管和器具通气管系统管线较多,构造复杂,但排水顺畅、噪声小,适用于高层高级住宅、宾馆。几种典型的通气方式如图3.3所示。

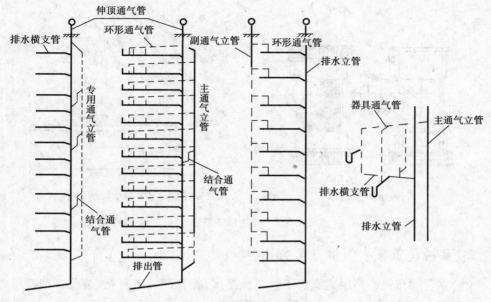

图 3.3　几种典型的通气方式

3.1.3　高层建筑中的排水系统

高层建筑也可以分为合流与分流系统。为节约水资源,北京、深圳等城市规定在面积超过 5 万 m² 的建筑和建筑群中建立中水系统,因此,在一些高层建筑的排水系统中采用粪便污水与洗涤、沐浴水分流排放的系统,将洗涤和沐浴水处理后用作厕所冲洗水和浇洒用水。

1)单立管系统

高层建筑中的排水立管,沿途接入的排水设备多,这些排水设备同时排水的概率大,因此,立管中的水流量大,容易形成柱塞流,在立管的下部形成负压。过大的负压会破坏卫生设备的水封,这是高层建筑中排水系统需特别注意的问题。为解决这个问题,国内常设专用的通气管,但由于管材浪费大,施工困难,增大了建筑造价,自 20 世纪 60 年代以来,人们发明了多种特殊单立管系统。

韩国 20 世纪 90 年代初开发研制了 UPVC 螺旋排水系统,由偏心三通和内壁有 6 条间距 50 mm 呈三角形突起的导流螺旋线的管道所组成,如图 3.4 所示。由排水横管排出的污水经偏心三通从圆周切线方向进入立管,旋流下落,经立管中的导流螺旋线的导流,管内壁形成较稳定的水膜旋流,使立管中心气流畅通,气压稳定。同时由于横支管水流由圆周切线的方式流入立管,减少了撞击,有效克服了排水塑料管噪声大的缺点,排水噪声仅为铸铁管的 50%,综合造价比传统的铸铁管低 20%～30%,主要用于 30 层以下的住宅建筑,是国内应用最为普遍的高层建筑单立管系统。

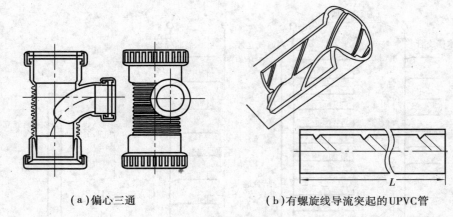

| （a）偏心三通 | （b）有螺旋线导流突起的UPVC管 |

图3.4　螺旋排水系统

2）高层建筑排水管道布置的特点

（1）立管的布置　高层建筑由于管道数量多，相互间关系复杂，装修一般要求较高，为此，常将立管设在管井中，管井上下贯穿各层，管井有足够的管道安装间距和检修用空间。为方便检修，管井中设有平台，每层有门通向走道。

（2）设备层的位置　为了使管道不穿行起居室、卧室、办公室等用房，要求在楼层用房的布置上创造条件，使上下层用房一致。如厕所和厨房，上下层都在同一位置，这样立管也在同一位置上穿越楼层。当遇到上下两区的房间使用功能不一样时，要求上下层用水设备布置在同一位置上会有困难，立管到此不能穿过下层房间，绕行又较远时，最好在两区交界的地方设置设备层。立管通过设备层时作水平布置，重新确定在下一个区的位置。设备层又是各种管道水平交叉的地方，在设备层中还可设置各个分区的水箱、水泵、热水罐等设备。设备层的层高可稍低一些，但要有通风、排水和照明。

3.1.4　建筑内部排水系统的管理与维护

1）日常维护工作

对建筑内部排水系统进行日常维护的目的，是为了使其运行正常，延长使用寿命，尽量减少维修量。其日常维护工作的主要内容包括：

①出户管所连接的各检查井应井盖完好，搁置严实，周围没有异物落入可能。

②湿迹或浸湿现象说明室内给排水管有漏水点。隐蔽的泄漏，可通过夜间听漏或借助仪器检查等方法确定部位。对于泄漏，一定要及时修复。

③室内卫生间是用水设备和给排水管道集中的部位，应经常检查，及时消除隐患。

④明装金属管应每隔2年涂刷防腐油漆一次。

2）故障的维修

建筑内部排水系统的故障主要体现在两个方面：堵塞和漏水。

（1）堵塞故障的处理　建筑内部排水系统最易堵塞的部位有两处：一处是排水支管存水弯处，另一处是排水立管与出户管连接处，且多在出户管上。

①排水支管存水弯堵塞。在住宅中，常出现在蹲式大便器和洗涤盆下面的排水口处。蹲式大便器排水支管存水弯堵塞的清通，可用皮碗清通工具抽吸或使用管道清通机。洗涤盆出水口大多是装的地漏，堵塞后，只要拿开篦子形地漏盖板取走较大的异物，再拿开钟罩，用水冲洗钟罩，让细小异物随水冲走就可以了。

②排水立管与出户管连接处的堵塞。若是二楼以上排水畅通，而底层卫生器具排水不畅，严重时在底层地漏、大便器等处出现外溢，说明排水立管与出户管连接处堵塞。清通时可将直径为 10 mm 或 12 mm 的圆钢前端煨成小的弯钩，从室外检查井送入故障部位来回拖拉，也可采用竹片代替圆钢。

③堵塞故障的预防。堵塞的原因大多是使用不当。所以，管理工作中，应大力宣传一些常识，如：不在蹲式大便器内洗拖布；不让纤维物质、塑料薄膜、鸡鸭羽毛等水浸泡不烂的物质进入下水道；在卫生间洗浴时要用带孔堵塞将大便器下水孔堵上或用专用盖板盖上蹲便器，一方面防止人不慎踩入发生危险，也可避免肥皂盒等落入大便器造成堵塞。

（2）建筑内部排水管漏水的修理

①铸铁管。建筑内部排水铸铁管常见的漏水有两种情况：一是接口漏水，二是管子有砂眼或裂纹而漏水。若是接口漏水，轻微者可用水泥砂浆包或涂抹，若较严重，则需用剔錾剔除原有填料，重新打石棉水泥口。若是管子有砂眼漏水，就可将砂眼处用钻头钻成圆孔打入圆木塞防漏，不过加工圆木塞时，锥度不宜太大，伸入管内壁不能过长，以免留下新的堵塞因素。当管子裂纹漏水时，可在裂纹处包上橡胶皮，外用钢板夹夹紧。若裂缝过大，则只能换管。

②塑料管。改性硬聚氯乙烯排水管漏水主要是因为接头热胀冷缩脱开漏水。所以，UPVC 管必须使用伸缩节，一般每层设置一个。安装时需按当时的环境温度，在管材插口处做插入深度记号，安装后检查插入深度，以免容易造成天冷时插口脱出橡胶密封圈的保护范围。另外，安装伸缩节，橡胶密封圈一侧必须面朝来水方向作为承口，以防造成不应有的渗漏。

若因 UPVC 管材裂缝漏水，可参照铸铁管类似故障修复，若无效，则需换管。

3.2　室内卫生器具与材料

3.2.1　排水管道材料

建筑内部排水管材主要就是排水铸铁管和硬聚氯乙烯管。对于管径 ≤50 mm 的器具排水管,可采用钢管、镀锌钢管或塑料管。

1）排水铸铁管

机制柔性铸铁管,常用于一般的生活污水、雨水和工业废水的排水管道,是各国主流排水管材。在高层建筑中,为降噪、减振,排水铸铁管多采用柔性接口,如图3.5所示。

2）硬聚氯乙烯排水管

硬聚氯乙烯排水管(UPVC管)有耐腐蚀、表面光滑、容易切

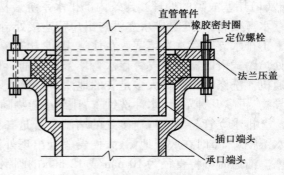

图3.5 铸铁管柔性接口

割粘接等优点,其缺点是耐高温性能较差,在紫外线照射下老化速度快,且不能自然降解,存在环保问题。

采用UPVC取代铸铁管作排水管,在管道上要考虑适应热胀冷缩的伸缩节和防火阻烟用的防火节。塑料材质应满足耐高温(≥85 ℃)、耐一定静水压力(≥0.02 MPa)、光洁度好、耐冲击等物理要求。除安装伸缩节外,立管上的防火节一般也是每层安装一个。

3.2.2 卫生器具与附件

(1)盥洗、沐浴卫生器具 包括洗脸盆、浴盆、淋浴器和盥洗槽。

(2)洗涤用卫生器具 包括洗涤盆、化验盆和污水盆。

(3)便溺用卫生器具

①大便器。有坐式与蹲式两大类。坐式适合于住宅、宾馆饭店,蹲式大便器宜用于公共场所、机关、学校。目前节水性能较为突出的是漩涡虹吸式坐便器。

②小便器。小便器有斗式和立式两类。在学校、机关等公共场所还可采用大便槽和小便槽,但应注意冲洗和环境保洁。

在排水系统的维护管理工作中,易引发问题的多为排水附件,如地漏和存水弯。

(4)存水弯 存水弯由一段弯管构成,按照弯管的形状可分为P形和S形,如图3.6所示。在排水过程中,弯管内总是存有一定量的水,称为水封,可防止排水管网中的臭气、异味串入室内。S形存水弯常采用在排水支管与排水横管垂直连接部位;P形存水弯常采用在排水支管与排水横管和排水立管不在同一平面位置而需连接的部位。水封高度应不小于50 mm。

(5)地漏 地漏的作用是排除室内地面上的积水,通常由铸铁或塑料制成。地漏应设置在室内的最低处,其箅子顶面应低于地面5~10 mm,坡向地漏的坡度不小于

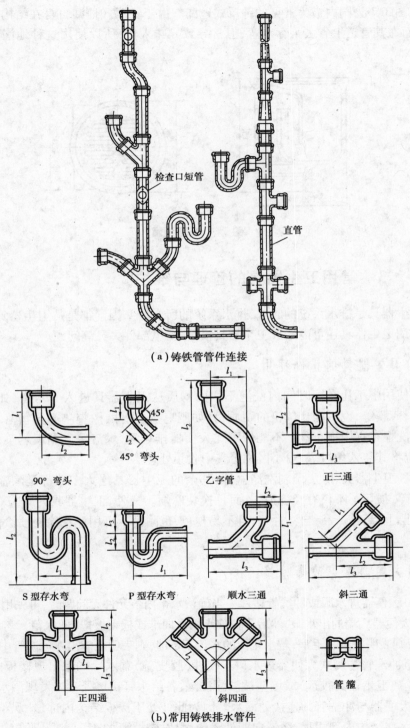

（a）铸铁管管件连接

90° 弯头　　45° 弯头　　乙字管　　正三通

S 型存水弯　　P 型存水弯　　顺水三通　　斜三通

正四通　　斜四通　　管箍

（b）常用铸铁排水管件

图 3.6　铸铁管的常用管件及其连接方式

0.01。图3.7为国内最为常见的钟罩式地漏。由于钟罩式地漏自身在结构上形成水封,因而在其管道上省去了存水弯,但常导致异味入侵,所以使用这种地漏要注意经常补水。

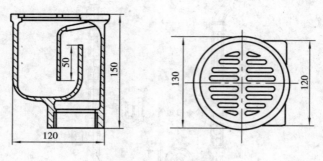

图3.7 普通地漏

3.2.3 常用卫生器具的管理与维护

卫生器具是排水系统的起点,排水系统的所有堵塞因素都是从卫生器具进入的。不当使用卫生器具还可能造成卫生器具损坏、操纵部件失灵等问题。

1)卫生器具的正确使用

在使用中不让在短时间内浸泡不烂的物质从卫生器具进入下水道,如棉、麻纤维,塑料薄膜等,也不能让较粗的硬质物,如肥皂盒、配件、橡胶垫等异物落入卫生器具。冲洗拖布宜用拖布盆。不能借蹲式大便器排垃圾、煤渣等。剩饭剩菜的汤汁沥干后,应将其装入垃圾袋,由小区物管集中收集处理。

各种卫生器具,除了预制洗涤盆外,其余的卫生器具绝大多数都是陶瓷制品,陶瓷品易碎,损坏了不仅有经济损失,而且换装麻烦。另外,卫生器具的"档次"主要体现在面层上,高档产品,自洁性好,且不易褪色,也耐磨。可用瓷釉涂料喷涂修复表面划伤。

2)大便器常见故障检修

(1)大便器进水眼或冲洗管堵塞 当确认水箱内各元件无问题时,可先用8号铅丝通一通大便器后端的出水眼,然后再拉拽水箱导向卡或扳动扳把(低水箱),若水箱内的水下泄,则表明找到了毛病;若水箱内的水仍不下泄,则表明毛病出在冲洗管中。

(2)冲洗管与蹲式大便器进水口连接件(胶皮碗)漏水 如果出现楼板向下滴水(特别是离卫生器具较远)或墙壁被渗漏浸湿,各给水管接口处又未发现漏水点,则多属蹲式大便器与冲洗管的连接处漏水。因为此处处于楼板结构内部,外观不易见,漏出来的水在结构内部积存,缓慢向四处渗透,引发楼板滴水、墙壁浸湿现象。

①如果房屋建成一投入使用就漏水,则是皮碗两端绑扎错误甚至根本没有捆绑,

这种情况是施工者的责任,此时需将大便器后端的水泥砂浆面层打开,掏空下面的填砂,去掉原来的错误捆扎,用 $\phi1.2$ mm 的紫铜丝仔细地捆绑好。

②如果投入使用五六年之后发生漏水;那是皮碗两端捆绑错用了绑扎丝,绑扎丝被锈断犹如未捆绑,也是由于施工者偷工减料造成的;如果是使用 15 年以后,此处发生漏水,则是皮碗被蚀烂或老化,属于正常损坏。

处理这两种情况,得首先用錾子打开大便器后的水泥砂浆面层,掏空下面的填砂,清掉旧皮碗及其残骸,换上新的皮碗;换新皮碗时,应取出冲洗管,将皮碗翻成如图 3.8 中未翻过来的胶皮碗的样子套到冲洗管弯头端上,冲洗管复位,弯头端对准大便器进水口,再将皮碗翻回来套于大便器进水口上,如图 3.8 中翻过来的胶皮碗的形状。最后用 $\phi1.2$ mm 紫铜丝在冲洗管末端外面和大便器进水口外面分别缠绕 5~6 圈后交叉扭紧。缠绕时要用力缠紧,缠好后做冲洗试验,观察皮碗两端是否漏水,若无漏水现象就可回填河砂,然后做水泥沙浆面层。

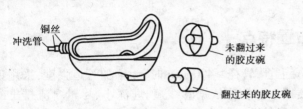

图 3.8　大便器与胶皮碗

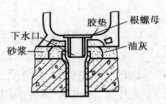

图 3.9　立式小便器排水口

3)小便器常见故障及维修方法

(1)阀门滑扣无法关闭　故障是因使用时间长了螺纹磨损造成的,维修就是换阀门。

(2)挂斗式小便器存水弯堵塞　存水弯堵塞后,小便器会不下水。若用撅子撅不通,需拆下存水弯解体清通。存水弯使用时间较长时,内壁贴有一层尿垢,可倒入尿垢溶解剂浸泡,然后通水冲洗。

(3)挂斗式小便器存水弯漏水　这是使用普通的 S 形和 P 形存水弯存在的漏水现象。这种存水弯的漏水多是因为存水弯"喇叭口"处的接头或活接头漏水,漏出的水顺着存水弯流至丝堵,由丝堵往下滴水。若属喇叭口接口处漏水,就应在喇叭口处加填填料(一般为石棉绳),若属活接头漏水,就应将活接头上紧或更换活接头的垫料。

(4)立式小便器下水栓及其附近漏水　排水管泄水不畅,会使立式小便器排水栓及其附近常有积水现象,污水从不严实的地方渗出,造成楼板润湿或有滴水现象。下水栓装得不紧或胶垫老化变质,以及小便器排水栓与排水支管承口间隙封闭不严,也会产生漏水现象。

检修时,可先打开排水横管的清扫口疏通排水管。当确认排水管畅通而小便器排水栓或其附近仍有滴漏现象时,应将小便器移开。移动前应用榔头和剔錾或平口錾清除底座下的膏灰,然后移动小便器,检查排水栓的密封胶垫有无老化现象(对于使用多年的小便器,即使胶垫未老化,也可换垫),根母是否装得不够紧(指新安装的小便器),根据查出的原因采取相应的修理措施。修理后重新稳固小便器,如图3.9所示。稳固小便器前,需将排水支管承内的旧油灰清除(操作时注意不要让油灰块落入排水支管内),然后将新调好的油灰均匀地抹于支管承口的周边,支管外侧、小便器底座范围内平铺膏灰(加少量水泥混合),将立式小便器稳固在地坪上。

3.3 小区室外排水系统

居住小区也分分流制和合流制,新建小区一般采用雨、污分流制,以减少对水体和环境的污染。

3.3.1 排水管道的布置特点

①小区排水管道主要使用混凝土管,管径≥400 mm 时,为增加管道强度,采用钢筋混凝土管,两种管材均采用承插接口。管道依据管线短、埋深小、尽量自流排出的原则布置。一般沿道路或建筑物平行敷设。铸铁和 UPVC 排水管在夏季会因温差变化发生爆裂现象,因而要避免在小区室外使用这样的管材,或者通过加大埋深予以避免。

②管道与建筑物基础要有一定水平距离。当管道埋深浅于建筑物基础时,最小水平净距应不小于 1.5 m;否则,最小水平间距应不小于 2.5 m。

③小区排水管道的覆土厚度多按经验确定。在车行道下,管道的覆土厚度不小于 0.7 m;不受冰冻和外部荷载影响时,处于小区绿化带以下时,覆盖厚度不小于 0.3 m(多为 0.5 m)。

④小区排水管与室内排出管连接处,管道交汇、转弯、跌水、管径或坡度改变处以及直线管段上一定距离应设检查井,检查井井底应设连接上下游管道的流槽。检查井间距以便于清通维护为宜。

⑤一般情况下生活排水量为生活给水量的 60% ~80% 。但考虑到地下水和雨水的流入,一般认为居住小区内生活排水的流量与变化规律与生活给水基本相同。

⑥为便于清通,小区排水管道的最小管径可由 150 mm 放大为 200 mm。因管道内含有泥沙和杂物,所以管道的最小坡度(0.004)一定要予以保证,以免增大清淤工作量。

在工程验收和维修改造中,要注意居住小区排水接户管管径不应小于建筑物排水管管径,下游管段的管径不应小于上游管段的管径。

3.3.2 小区排水系统的维护与管理

1) 小区排水管道日常养护

疏于养护,小区排水管道易出现堵塞、流水不畅现象。养护的重点在于定期检查和冲洗排水管道。

(1)井室构筑物及养护 在小区排水系统中,井室构筑物有检查井和跌落井。

①检查井。在管道交接和转弯、改变管径或坡度的地方均应设检查井,超过一定的直线距离也应设检查井。检查井一般采用圆形,一般直径在 1 000 mm 以上,以保证井口、井筒及井室的尺寸便于维护检修人员出入和提供安全保障。检查井井底应设流槽,必要时可设沉泥槽,以便清淤。

②跌落井。小区的排水管道和埋深较深的市政排水管网相接时,应做跌落井,一般管道跌水大于 1 m 时应设跌落井。管道转弯处不得设跌落井,见图 3.10。

检查井、跌落井一般宜采用砖砌井筒、铸铁井盖和井座,如井盖设置在草地上,井盖面应高于地面 50 ~ 100 mm;井盖设置在路面上时,应与路面平。应尽量避免把井设在路面上,以便于维修和行车安全。

排水井室的维护管理重点在于经常检查和保持井室构筑物完好,使井盖、井座不缺不坏。

保持井盖、井座的完整性可以防止从井口进入泥石杂物堵塞排水管道,造成排水不畅。雨季因井盖不严或缺损,造成大量雨水进入排水管道,使污水倒灌和淤塞。同时也防止行人和儿童的误人,保证其安全。

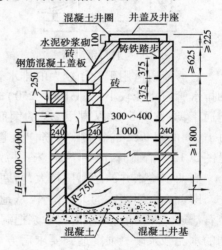

图 3.10 常用的竖管式跌落井

井室内堆积沉积的污泥需要定期检查清理,以保持管道畅通。清淤工作一般与管道养护检查工作同步。暴雨过后一定要检查和清理小区下水道内的淤泥及杂物。

(2)排水管线的日常养护 小区乔木树根能从管道接口处、裂缝处进入管道内吸取排水管道内营养成分,生长快且粗大,在管内形成圆节状根系,使管道堵塞。在排水管道附近有树或长年生植物时,至少每半年应检查一次树根生长情况。另外,排水管道地面上部不能堆放重物或重车压碾。

可利用室外消火栓或设冲洗专用固定水栓,定期冲洗小区下水道,至少一季度一次。

2)堵塞故障的处理

排水管堵塞会出现两种现象:一种是某个检查井向外冒水,则该检查井下游段排水管必有堵塞;另一种是在埋设排水管的地面上及其附近有积水现象。

排水管堵塞,必须清通。清通前应先探明堵塞位置。查探时从下游检查井进行。用比较长的竹劈(一般长约 5 m)从下游检查井送入排水管,如图 3.11 所示。根据两检查井之间的距离和竹劈送入排水管的长度来判别堵塞位置,可以直接来回抽拉竹劈,直至清通。若一节竹劈长度不够时,可将几节竹劈绑接起来使用。

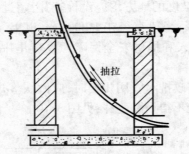

图 3.11　竹劈清通堵塞

图 3.12　钢筋弯钩

竹劈清通适用于管径较大的排水管,市政和小区排水管道养护常用。当被堵塞的排水管道直径较小(如 $\phi100 \sim 250$)时,宜采用钢筋清通。将钢筋做成 3 种规格的清通工具:长度 5 m 以内用 $\phi8$ 的钢筋,长度为 $5 \sim 10$ m 的用 $\phi10$ 的钢筋,长度超过 10 m 的用 $\phi12$ 的钢筋,钢筋伸入管子端煨成小钩,弯曲程度要合适才好使用,见图 3.12。清通时,应在下游检查井放置格栅,将堵塞物拦截取出。

当两个检查井的距离比较大,堵塞严重,采用上述方法无效时,就需要采用开挖法。即首先探明堵塞的大致位置,从地面挖开泥土,将排水管凿一个洞,甚至拆下一节管清通。疏通后,再用水泥砂浆把洞口补好,或更换新管。注意须在接口填料或补洞的水泥砂浆硬凝强度达到要求后方可投入使用。若原检查井间距较大,可在开挖处设置新的检查井。

3.3.3　小区污水处理

物业管理人员,要有防止污染的意识,要懂得生活污水对水体的危害,掌握一定的污水处理的知识。

小区排水系统排入城市排水管道的基本水质要求如下:

①水温不高于 35 ℃。

②不腐蚀管道,pH 值为 $6.5 \sim 9.5$。

③不阻塞管道,易沉固体 $\leqslant 10\text{mL}/(\text{L} \cdot 15 \text{ min})$。

④不产生易燃、易爆和有害气体。

⑤不伤害管理、养护人员。

目前,在小区内的分散处理设施主要是化粪池,由于管理不善,清通不及时,达不到处理效果。今后,将逐步用按二级生物处理要求设计的分散设置的地埋式小型污水处理装置代替化粪池。当几个居住小区相邻较近时,也可考虑几个小区规划共建一个集中的污水处理厂(站)。下面,对目前小区内的污水典型处理方法进行介绍。

1)化粪池

(1)处理效果　设置化粪池的主要目的是去除污水中可沉淀的悬浮物质,将其储存在池底,通过厌氧菌发酵腐化,使之变成无机物和简单有机物混存的污泥,污水则停留一段时间后流走。经过化粪池,粪便污水变清,但仍带有臭味。化粪池的池形有圆形和矩形两种,使用矩形者占多数。在污水量较少或面积受限时,才采用圆形化粪池。

(2)化粪池的选用　化粪池的结构是标准的,如图 3.13 所示。已编入给排水标准图集 S_2,不用设计,只需选用,一般是一幢楼一个化粪池。主要根据使用人数选择。一般,使用人数<120 时,采用 1 号化粪池;使用人数在 120~200 时,采用 2 号化粪池;使用人数在 200~400 时,采用 3 号化粪池。

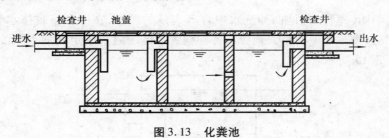

图 3.13　化粪池

(3)管理工作　化粪池应保持良好的通气能力,但在给排水标准图集上,化粪池与进口连接井间未考虑通气孔洞,在工程前期介入和施工验收时,物管企业应注意此点。要制止在化粪池上搭建各种长期或临时居住(活动)场所,保证化粪池检查口井盖完好,其通气孔洞未被堵塞。

化粪池应该半年,至少一年要清掏一次。清掏时,宜保留 20% 的污泥量。清掏出的污泥肥效很好,可有效改善农田土质,不宜直接作为垃圾扔掉。

2)隔油井(池)

①生活水平提高,导致污水中油脂的含量越来越高,排水管道、尤其是塑料管道又特别容易粘附油脂,且不易清除。因而,当油脂质量分数≥400 mg/L 时,需设置隔油回收设施;对于公共食堂和饮食业而言,一般应设置隔油井甚至隔油池,参见图 3.14 所示。小区停车场的排水入口也需考虑设置。

②水量较小的场合,优先考虑采用小型定型隔油产品,甚至可根据实际情况直接向家庭用户推荐使用家用的微型厨用隔油器。

③隔油井(池)要定期撇油,最多不能超过 6 天,搜集的油脂要妥加保管,可作为

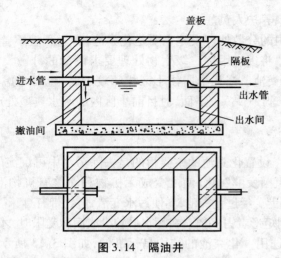

图 3.14　隔油井

工业原料。物管有责任防止这些油脂流入市场成为"潲水油"。

3)沉沙池

广场、车场(库存)的地面冲洗水中含有大量的泥沙,在排入市政排水管道之前,应设沉沙池去除污水中的粗大颗粒。各种物管小区一般采用定期抽水除沙的简易沉沙池,如图 3.15 所示。

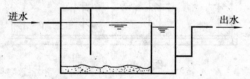

图 3.15　简易沉沙池构造示意

4)降温池

排水温度高于 35℃的污、废水在进入市政排水管道前必须进行降温处理,一般做法是修一个大的水池,在水池中修建一些隔板,有意增长水的流程,让水在其中循环往复,视水温情况保证 10 ~ 30 min 的停留时间。为减少对外干扰,水池应设盖,盖上设有人孔和通往室外的排气管。也可以通入低温废水或自来水强化降温效果。

5)调节池

调节池的功能是调节流量,保持恒定出流并保持小的污染物变化浓度,改善后续处理效果。在水处理流程上位于沉沙池后。当水量较小时,与污水泵站的吸水池结合在一起。其有效容积,据经验可按日平均流量的 4 ~ 6 倍确定。

6)小区小型污水处理装置

当前的小区污水处理技术,按处理程度划分,可分为一级和二级。

（1）一级处理　如化粪池，主要去除污水中呈悬浮状态的固体污染物质，物理处理法大部分只能完成一级处理的要求。经过一级处理后的污水，达不到排放标准。这也是化粪池在城市中最终会被淘汰的根本原因。但可把一级处理看成是进行二级处理的预处理。

（2）二级处理　主要去除污水中呈胶体和溶解状态的有机污染物质，去除率可达90%以上，使有机污染物达到排放标准。目前在有条件的大、中城市，已逐步要求排水达到二级处理后的水质要求。因此，为淘汰化粪池，有关厂家开发了各种小型化的二级处理装置，主要采取生物处理、PLC自控形式，不需专人控制和管理。这种技术称为污水一体化技术，是大多数国家都鼓励发展的。

下面，介绍两种当前已进入实用的生活污水处理设施，如图3.16所示。

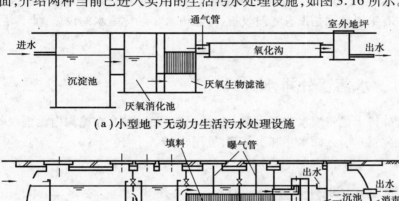

（a）小型地下无动力生活污水处理设施

（b）小型一体化埋地式污水处理装置

图3.16　小型地下生活污水处理设施处理流程示意图

图3.16（a）是利用厌氧-好氧生化作用降解生活污水中有机物质含量（去除率可达90%）。生活污水先进入沉淀池把水中的粗大杂质通过沉淀去除，然后进入厌氧消化池，把复杂的有机物通过发酵转化为简单有机物，如乙醇和甲烷；从厌氧消化池出来，进入厌氧生物滤池，通过生长在滤料表面的厌氧微生物进一步吸收降解水中的有机污染物，最后进入氧化沟，水在氧化沟的停留时间较长，经过沟里好氧和厌氧微生物、甚至水生植物和生物的进一步作用，比较彻底地降解、去除水中的有机污染物。这种水处理设施具有节能、污泥量少，埋于地下不占地面、管理简单等优点。适用于小区所在城镇近期不能建成污水处理厂，或大型公共建筑排出的生活污水中有机杂质含量多等场合。

图3.16（b）为小型一体化埋地式污水处理装置示意，它需要一定的动力，主要通过好氧微生物进行处理。这种装置占地少、噪声低、剩余污泥量小、处理效率高和运

行费用低。处理后出水水质可达到污水排放标准,可用于无污水处理厂的风景区、保护区,或对排放水质要求较高的新建住宅区。

经过二级处理的生活污水经过滤后可以再次使用,如用来浇花、冲洗厕所等,被称为中水。中水工程是小区现代化的一个标志,将在3.5节进一步介绍。

3.4 雨水排放与利用工程

屋面雨水和融化雪水的排除有两种形式:一是无组织排水,让雨水和融雪水沿屋面檐口自由落下,不考虑专门的收集和排除设施,适用于小型和低矮的建筑;二是有组织排水。有组织排水是设有专门收集、排除雨水和融化雪水的设施,使其沿预定路线排泄。

3.4.1 水落管外排水方式

水落管外排水是将雨水和雪水引入屋面檐口处的檐沟,在檐沟内设雨水收集口,将雨水和融化雪水引入雨水斗和水落管,见图3.17。

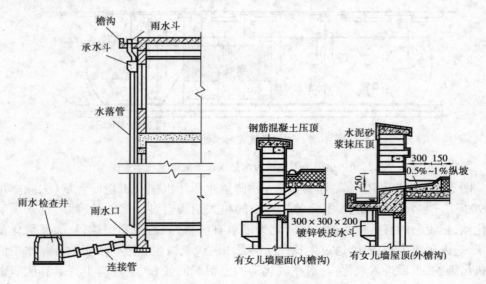

图3.17 水落管外排水系统

1)雨水斗

雨水斗是一种专用装置,分为重力式、虹吸式和堰流式,专门用于整理屋面雨水流态,使其顺利进入水落管。

(1)重力式 国家定型的型号有65型、79型、87型、90型,常用规格有75 mm、

100 mm、150 mm 3 种,主要依靠其整流格栅梳理雨水流态,避免雨水在水落管入口处形成过大的漩涡而吸入大量空气,以便迅速排除屋面雨水,见图 3.18。

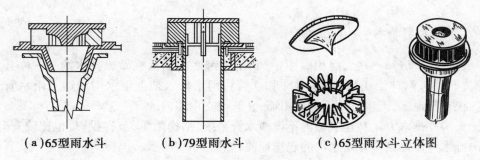

（a）65型雨水斗　　　　（b）79型雨水斗　　　　（c）65型雨水斗立体图

图 3.18　重力式雨水斗

（2）虹吸式　重力式雨水斗在排水时,虽能梳理雨水流态,但还是会因为漩涡而卷入部分空气,形成气水混合流,妨碍迅速排放雨水。虹吸式雨水斗见图 3.19。在雨量较小时,虹吸式雨水斗工作状态与重力式雨水斗相同,都利用重力进行排水;当屋面上的水位达到一定高度时,雨水斗自动隔断空气进入,使得水在水落管中呈满流状态,在雨水流入立管时跌落形成虹吸作用,屋面雨水在管道内负压的抽吸作用下以较高的流速被排至室外。

大面积的屋面,应使用虹吸式雨水斗。

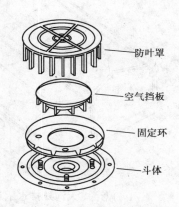

防叶罩

空气挡板

固定环

斗体

图 3.19　典型虹吸式雨水斗的构造

（3）堰流式　将传统的重力式雨水斗由竖装变为横装就成为堰流式。雨水通过雨水斗进入水落管沿着管壁流下,称为附壁流,与雨水斗竖装时的水流状态不同,能够减轻空气与水流相混而引起的流水不畅状况。

2）常用规格

水落管是垂直泄水的管道,它将檐沟内的雨水和雪水引入地面,落水管的断面可以是矩形或圆形,尺寸为 100 mm×80 mm,或 $\phi100$,常用 UPVC 管或镀锌铁皮制作。在高层建筑或大面积屋顶雨水排放过程中因采用虹吸式雨水斗,在落水管内形成压力流,此时采用给水铸铁管作落水管,直径选用 DN100 ~ 150,或根据计算确定。

一般民用建筑选用 DN75 ~ 100 的水落管,间距为 12 ~ 16 m。工业建筑管径为 100 ~ 150 mm,间距为 18 ~ 24 m。

3.4.2 天沟外排水方式

1）基本概念

在多跨厂房和一些大面积屋面中,利用两跨之间的低谷做成排水沟——称其为天沟,并将天沟伸出山墙,用雨水斗和立管将雨水排入地上雨水沟或地下雨水管道内。在寒冷地区,天沟也可不伸出山墙,立管设在山墙内。

天沟外排水方式在建筑物内不设雨水管系统,结构简单,节省投资,也比较安全。天沟排水可以提高室外雨水沟的起端埋深,如图 3.20 所示。

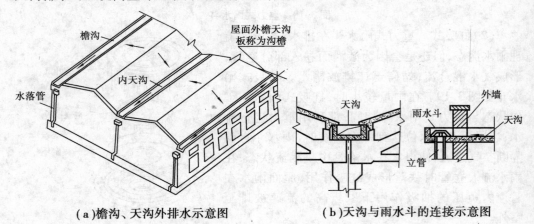

（a）檐沟、天沟外排水示意图　　　　（b）天沟与雨水斗的连接示意图

图 3.20　天沟外排水系统

2）常见规格

天沟不穿越厂房的伸缩缝或沉降缝。当遇到伸缩缝时,应以伸缩缝为界向厂房两端排水。每条天沟的排水长度以不大于 50 m 为宜。天沟的断面大小应根据屋面汇水面积和降雨强度的大小通过水力计算确定。一般天沟的断面尺寸为 500 ~ 1 000 mm 宽,水深为 100 ~ 300 mm,并考虑有 200 mm 以上的超高。天沟的底坡度不宜小于 0.003。为避免天沟内杂物堵塞,雨落管上端的雨水入口处应设雨水斗或雨水栅栏,并在雨季前对天沟进行清理。天沟在山墙、女儿墙处,或在其末端应设溢流口,以免天沟泛水。

3.4.3 屋面雨水的内排水方式

当屋面面积很大,不宜采用水落管外排水方式和天沟外排水方式时,采用内排水方式,如图 3.21 所示。在外墙面装修要求高的建筑中,也可考虑采用屋面雨水内排,将雨水水落管布置在建筑内部。

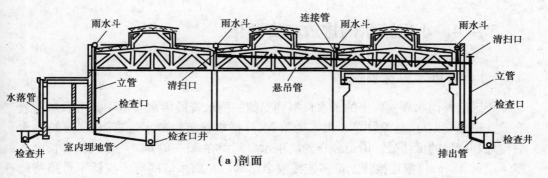

（a）剖面

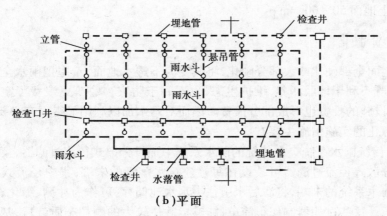

（b）平面

图 3.21　内排水系统

雨水内排水系统有以下组成部分：

（1）雨水斗　布置在檐沟或天沟中。

（2）连接短管　连接雨水斗与悬吊管，其管径与雨水斗的出水口一致。

（3）悬吊管　它是横向输水管道，一般是沿着屋架或梁固定的，并保持一定坡度，它的末端与立管相接。采用铸铁管或塑料管，接口方式多用石棉水泥，塑料管则为粘接。在易受震动的厂房中，采用钢管，通过焊接连接管道。

悬吊管可以是只受一个雨水斗的排水，也可承受多个雨水斗的排水，分别称为单斗和多斗悬吊管系统。悬吊管的管径应不小于连接管管径。悬吊管长度超过 15 m 时，应设检查口，检查口宜设在靠墙或柱的地方，以便于检修。

（4）立管　接收悬吊管的来水，并将其垂直泄入地下管道。立管的管径不应小于接入的悬吊管管径，但也不宜大于 200 mm，立管的下部经排出管接入埋地管。

（5）排出管　排出管是连接立管与埋地管的管段，其管径应不小于立管管径，排出管若比立管放大一号，可以改善水力条件，增加立管的泄水能力。

（6）埋地管　埋地管可以做成暗管或暗沟，埋地管管径不应小于 200 mm，但最大不宜大于 600 mm。埋地管不能穿越设备基础。埋地管的管材可以用钢筋混凝土管，混凝土管或塑料管。

3.4.4 小区雨水的排放与资源化

1）小区雨水的排放

小区室外雨水靠地面上的雨水口接到专门的雨水管或污水管道中。雨水口一般布置在道路交汇处，建筑物单元出入处附近，外排水建筑物的水落管附近，建筑物前后空地和绿地的低洼处。沿道路布置的雨水口间距在 20 ~ 40 m。雨水连接管长度一般不超过 25 m，每根连接管上最多连接两个雨水口。雨水口的算子应低于道路路面 30 ~ 40 mm，土地面 50 ~ 60 mm。

2）雨水资源化

将小区地面全部硬化或大部分硬化，将其变为不透水地面，希望把雨水全部都排入市政管道，既不利于地层涵养，维护生态，也不利于防灾、减灾，更浪费了宝贵的水资源，对基础设施的投资也形成部分浪费。因而对雨水加以利用显得很有必要。

雨水资源化的实施措施主要有：

（1）改造传统雨水系统　在传统的雨水系统中加设分散式径流过滤器、集中径流式过滤器。分散式径流过滤器可装设在每幢建筑水落管的末端，集中径流式过滤器则装在小区雨水系统的末端，将滤后水引往中水水池储存，可作为冲厕、绿化、洗车及景观补充水源。这些过滤器制作很简单，能够拦截住较大的颗粒杂质就行，基本结构就是"短管+格栅+滤网"。

有条件时，可在房屋雨落管下端和小区末端设置初期径流弃流池（见图 3.22），以收集最初降雨形成的受严重污染的初期雨水。这部分水可通过污水排水管排走。

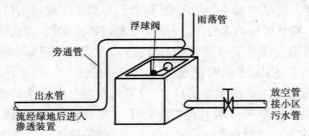

图 3.22　雨水初期弃流装置示意图

（2）充分利用绿地　小区应留有不小于 35% 的绿化面积。通过绿地草坪，最大限度增加雨水的自然渗透，以增大接纳雨水入渗的几率，补给地下水。为增加渗透量，宜在绿地中作浅沟，沟内仍种植植物，平时无水，但在降雨时临时贮水。若有条件，可置换土壤，用人工土壤（50% 的炉渣与 50% 的天然土混合）代替天然土壤，可明显增加渗透量。其做法见图 3.23。

为保证充分利用绿地渗透和贮留雨水，绿地宜低于周围地面 5 ~ 10 cm。

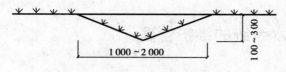

图 3.23　绿地浅沟示意

（3）采用透水地面

①透水混凝土。透水混凝土是一种含级配单一粗骨料、无砂或仅有微量砂、且无足量水泥浆的混凝土材料。主要作为无需压实的回填材料或水工构筑物,抗压强度在 1.5~14 MPa,透水性、抗堵塞性都很好。表层厚度一般为 12~13 cm。

透水混凝土主要用于大面积的开放空间区域,如人行道、广场、停车场等。在下雨时,地面轻易不会积水。国外还将其用于挡土墙回填材料和道路的透水层。韩国于 20 世纪 90 年代研制了彩色透水混凝土,在道路施工中使用,其表层五彩缤纷的化工涂料一方面可以美化城市环境,另一方面可加速水分的渗透。

②透水铺面。把普通的混凝土砖的 4 个侧面做成斜度为 1∶10 的斜面,用于代替传统的不透水地砖,同时在用作粘合层的水泥砂浆中掺和 30% 的细木屑,可以起到透气透水的作用。另外,还有一种嵌草砖,是带有各种形状空隙的混凝土块,开孔率为 20%~30%,孔中可以植草,常用于羽毛球场等类似的小型平整场地的周围。

（4）地表雨水的搜集　对于地表雨水的搜集,可在地面下埋设渗透管（沟）,如图 3.24 所示。渗透管（沟）由无砂混凝土或穿孔管等透水管材制作,四周填有粒径在 10~20 mm 的砾石。为保证水质,渗透管的埋设深度宜在 1 m 以下,间距 5 m 以上。渗透管（沟）搜集雨水后,将其输送到雨水蓄水池单独使用,或将其输送至中水水池作为中水的补充水源。

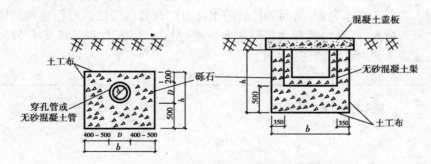

图 3.24　采用渗透管（沟）搜集地表雨水

由于无砂混凝土、穿孔管、土工布等的渗透性强,因此渗透管沟的渗透取决于周围土壤的渗透性。为改善渗透管（沟）周围土壤的渗透性,也可照前述方法,用人工土壤置换天然土。

3.4.5　雨水系统的维护管理

1）目的

雨水系统的维护管理目的是保证雨水管道能够迅速排放屋面、地面积留的雨水，保证人的正常工作和生活。那么就必须定期对雨水系统入口部位的周边环境进行检查、清洁，保证雨水能够顺畅流入雨水管。

2）工作内容

对雨水系统的日常检查一般结合对小区室外排水系统的检查同时进行。类似故障的处理方法基本一致，专门针对雨水系统的管理维护内容有：

①至少每年对屋面进行一次清扫，一般是在雨季来临前，清除屋顶落水口、雨水口的上积灰、污垢及杂物，并清除天沟的积灰、尘土、杂草及其他杂物，对屋面及泛水部位的青苔杂草，均应及时清除。同时，检查雨水口、落水管、雨水管支（吊）架的牢固程度。

②对内排水系统，要做一次通水试验，重点检查雨水管身及其接头是否漏水，并检查检查井、放气井内是否有异物。

③室外地面要定期冲洗，小区较大时，可进行每日冲洗。雨水口箅子及检查井井盖随时都要完好无缺。要做好宣传，制止行人、小孩随手往雨水口扔垃圾、杂物的不良习惯，对雨水口箅子上的杂物要随时清除。

④每次大雨之后，都要对小区室外雨水管道进行一次检查，清除掉入管中的杂物。另外，为便于雨水利用，屋面等处的防水材料应具低污染性。对新建构筑物宜使用瓦质、板式屋面，已有的沥青油毡平屋面应进行技术升级，代以 SBS 等新型防水材料，可以从源头控制雨水的污染。

3.5　中水系统

3.5.1　中水工程的概念

建筑中水工程是指民用建筑物或居住小区内使用后的各种排水如生活排水、冷却水及雨水等经过适当处理后，回用于建筑物或居住小区内，作为杂用水的供水系统；杂用水主要用来冲洗厕所、冲洗汽车、绿化和浇洒道路。

国家住宅与居住环境工程中心提出，建筑面积在 5 万 m^2 以上的住宅小区应设置中水系统，中水回用于冲厕、绿化浇灌、洗车和景观用水等。中水系统的建设应与住区的污水系统、雨水回用系统和景观水系统建设统一考虑，综合布置，统一利用。

3.5.2　中水的来源与水质

1）中水原水

中水原水是指选作中水水源而未经处理的水。建筑中水原水来自生活污水和生活废水。按水质分,分为三类:

①优质杂排水:包括冷却排水、沐浴排水、洗漱排水和洗衣排水。特点是有机物浓度和悬浮物浓度都低,水质好,处理容易,处理费用低,应优先选用。

②杂排水:含优质杂排水和厨房排水。特点是有机物和悬浮物浓度都较高,水质较好,处理费用比优质杂排水高。

③生活排水:含杂排水和厕所排水。处理工艺复杂,处理费用高。特点是有机物浓度和悬浮物浓度都很高。

所以,进行中水水源选择的先后顺序如下:

冷却水、沐浴排水、洗漱排水、洗衣排水、厨房排水、厕所排水。厕所排水由于污染浓度大,处理成本高,较少考虑回用。

2）中水供水水质

我国颁布了《城市污水再生利用　城市杂用水水质》(GB/T 18920—2002),作为中水水质控制指标。

表 3.1　城市杂用水水质标准

序号	项目\指标	冲厕	道路清扫、消防	城市绿化	车辆冲洗	建筑施工
1	pH	\multicolumn{5}{c}{6.0 ~ 9.0}				
2	色/度 ≤	\multicolumn{5}{c}{30}				
3	嗅	\multicolumn{5}{c}{无不快感}				
4	浊度/NTU≤	5	10	10	5	20
5	溶解性总固体/$(mg \cdot L^{-1})$ ≤	1 500	1 500	1 000	1 000	—
6	5 日生化需氧量 BOD_5/$(mg \cdot L^{-1})$ ≤	10	15	20	10	15
7	氨氮/$(mg \cdot L^{-1})$ ≤	10	10	20	10	20
8	阴离子表面活性剂/$(mg \cdot L^{-1})$ ≤	1.0	1.0	1.0	0.5	1.0
9	铁/$(mg \cdot L^{-1})$ ≤	0.3	—	—	0.3	—
10	锰/$(mg \cdot L^{-1})$ ≤	0.1	—	—	0.1	—
11	溶解氧/$(mg \cdot L^{-1})$ ≥	\multicolumn{5}{c}{1.0}				
12	总余氯/$(mg \cdot L^{-1})$	\multicolumn{5}{c}{接触 30 min 后≥1.0。管网末端≥0.2}				
13	总大肠菌群/(个·L^{-1})	\multicolumn{5}{c}{3}				

注:混凝土拌和用水还应符合 JGJ 63 的有关规定。

3.5.3 中水系统类型和组成

1）系统类型

常见中水系统按服务的范围分为建筑中水系统和小区中水系统两种。

（1）建筑中水系统 建筑中水系统是指单幢建筑物或几幢相邻建筑物所形成的中水系统，系统框图见图 3.25。建筑中水系统适用于建筑内部排水系统为分流制，生活污水单独排出进入城市排水管网或化粪池，以优质杂排水或杂排水作为中水水源的情况。水处理设施在地下室或邻近建筑物的外部。建筑内部由生活饮用水管网和中水供水管网分质供水。

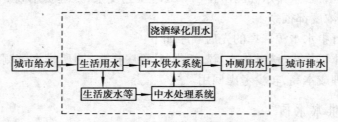

图 3.25 建筑中水系统框图

（2）小区中水系统 小区中水系统的中水原水取自居住小区内各建筑物排放的污废水。多以优质杂排水或杂排水为中水水源。居住小区和建筑内部供水管网分为生活饮用水和杂用水双管配水系统。系统框图见图 3.26。

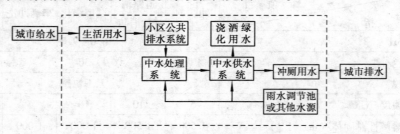

图 3.26 小区中水系统框图

2）中水系统组成

中水系统由中水原水系统、中水处理设施和中水供水系统三部分组成。

（1）中水原水系统 中水原水系统是指收集、输送中水原水到中水处理设施的管道系统和一些附属构筑物。根据中水原水的水质，中水原水系统有污废水分流制和合流制两类。从已有的工程实践看，一般情况下宜采用污废水分流制，当前将杂排水和优质杂排水作为中水水源比较合适。

（2）中水处理过程 中水处理设施的设置一般将整个处理过程分为前处理、主要处理和后处理三个阶段。

①前处理。用于截留大的漂浮物、悬浮物和杂物,包括格栅或滤网截留、油水分离、毛发截留、调方水量、调整 pH 值等。

②主要处理。去除水中的有机物、无机物等。根据采用的处理工艺,构筑物有沉淀池、混凝池、生物处理设施等。

③后处理。是对中水供水水质要求很高时进行的深度处理,采用的方法有过滤、生物膜处理、活性炭吸附等。

(3)常见处理工艺 当以优质杂排水和杂排水为中水水源时,因水中有机物浓度较低,处理目的主要是去除原水中的悬浮物和少量有机物,降低水的浊度和色度,采用以物理化学处理为主工艺流程或采用生物处理和物化处理相结合的处理工艺,见图 3.27。

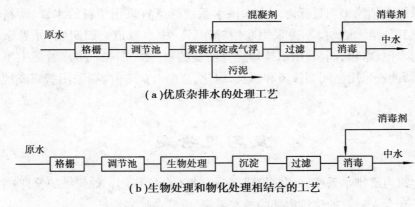

(a)优质杂排水的处理工艺

(b)生物处理和物化处理相结合的工艺

图 3.27 常见的中水处理工艺流程

根据这些处理工艺,市面上出现了很多一体化的中水处理设备产品可供选用。

(4)中水供水系统 中水供水系统是单独设立的,与建筑内部给水系统类似,包括配水管网、中水储水池、中水高位水箱、中水泵站或中水气压给水设备。

3.5.4 中水系统的管理

中水系统的日常检查及故障修复工作类似建筑室内给排水系统,这里介绍两个要点:

1)运行经济性原则

实践证明,中水系统建设和正常运行必须具有一定的经济动力,目前的经验是:

①日处理水量大于 150 m^3,中水供应价格控制在自来水水价的 75% ~ 80% 时,中水系统能够良好发展。

②设计规模不能超前,要尽量与实际处理规模相近,宜分段建设,以控制成本。

③尽可能实现处理工作的自动化。

2）安全防护措施

在日常管理中,特别要注意中水可能导致的误用和污染问题。须注意如下几点:

①水处理设施运行必须安全稳定,出水水质达标。因排水的不稳定性,在主要处理前应设调节池,容量应保证水处理设备能够连续稳定工作;在处理设施后应设中水贮存池,并有补水水龙头。

②严禁中水管道系统与生活饮用水系统连接。中水管道严禁与生活饮用水管道直接连接,补水水龙头应高出中水水箱(池)最高水位0.5~1.0 m。中水管道与生活饮用水管道、排水管道平行埋设时,水平净距不小于0.5 m;交叉埋设时,中水管道在饮用水管道下面,排水管道上面,净距约大于0.3 m。

③系统必须涂饰明显标志。中水供水系统管道宜采用塑料给水管、塑料和金属复合管或其他给水管材,不得采用非镀锌钢管。中水管道一般明装,外表涂绿色标志。中水水池、水箱、阀门、给水栓均应有明显的"中水"标志。中水管道上不得装水龙头,便器冲洗采用密闭型设备和器具,绿化、浇洒、汽车冲洗则采用壁式或地下式给水栓。

复习思考题

1. 建筑内部排水系统有哪些组成部分? 各有什么作用? 如何维护管理?

2. 一套令人满意的建筑内部的排水系统,应具备哪些特征?

3. 哪些生活习惯对室内排水系统是有害的?

4. 列出自己生活中常用的卫生器具,任意举出两种,思考如何正确使用和维护。

5. 教材讲"在排水系统的维护管理工作中,易引发问题的多为排水附件,如地漏和存水弯",究竟会引发什么样的问题,能根据自己的生活经验谈谈吗?

6. 小区排水系统出现堵塞或渗漏,会有什么样的现象出现? 如何解决?

7. 对化粪池和隔油池应该如何管理?

8. 除了化粪池和隔油池,在你所接触的小区里还有些什么样的污水处理设施? 对它们应该如何管理?

9. 请查找有关产品资料,为自己所在的小区或宿舍区选择一种合适的污水一体化处理装置。

10. 常见的雨水排放方式是怎样的? 请说出雨水在这几种方式下的流经过程。

11. 小区如何搜集屋顶雨水和地表雨水? 哪种水质会更好一些?

12. 若我们现在所居住的小区或校区要搜集屋面雨水加以利用,要先解决好哪些问题?

13. 雨水系统的维护管理与污水系统的维护管理有什么异同?

14. 在什么样的条件下才能正常建设和运营中水系统?

15. 请设想一个自己所在小区的中水系统建设方案。查找资料,并确定相应一体化处理装置,越详细越好。

16. 排水系统节能,主要体现在哪些方面?

第**4**章
消防系统

导读:在这一章里,通过学习,要求清楚认识小区消防系统各部分的组成及其功能,掌握消火栓、自动喷淋等常见消防系统及灭火器的工作原理、组成、主要技术规格与参数及维护管理、使用方法,掌握火灾的基本类型及相应的处置手段。学习此章,在教师的引导下,要注意培养起一个物管人员应具备的消防管理和发生火灾时的应急处理能力。

4.1 小区消防系统概述

小区消防系统一般由室外消防设施、室内消防系统、火灾自动报警与联动控制系统、局部特种灭火装置等组成。

4.1.1 室外消防设施

小区室外消防设施主要有消防水池、供水管网、消火栓。

1)消防水池

消防水池解决灭火时水的持续供应问题。消防水池不能与小区生活用水蓄水池合用,须单独设置。如果小区附近有天然水体,如河流、湖泊等,水量、水质能满足消防用水要求,也可作为消防水源。也有的小区把游泳池、景观水池兼作消防水池。

小区应设置专用消防储水池,容量应满足在火灾延续时间内消防用水量的要求。延续时间考虑如下:居住区、工厂及难燃仓库应按 2 h;易燃、可燃物品仓库应按 3 h;易燃、可燃材料的露天、半露天堆场应按 6 h 消防用水量计算。2.5 万人以下的小区消防用水标准量可按 15 L/s,2.5 万~5 万人的小区则可按 25 L/s 考虑。

消防贮水池的消防保护半径不大于 150 m,池内设取水口,与被保护建筑物的距离不小于 5 m,也不宜大于 100 m,要便于消防车取水及消防人员操作,池中吸水高度不超过 6 m。

2)消防供水管网

高层建筑小区应有独立的消防给水管网,在一般的多层建筑小区里,消防管网可与生活、生产给水管网结合设置,为保证供水安全可靠,应采用环状管网,但在建设初期可以采用枝状管网。

小区室外的消防供水管网的供水管管径不能小于 100 mm,专用的小区室外消防供水管管径宜为 150 mm,以满足消防供水的要求。

3)消火栓

在发生火灾时,消火栓既可直接接上消防带灭火,也是消防车消防用水的取水口。消火栓设在街口、路侧等便于使用的地点,间距不超过 120 m,一般沿消防供水管每 80 m 左右安设一个。另外,在确定安装位置时,也宜考虑小区室外消火栓平时能够浇洒绿地和冲洗道路。

消火栓距路边不应大于 2 m,距建筑外墙不应小于 5 m。地上式消火栓距外墙有困难时,可减少到 1.5 m。地上式消火栓应有一个直径为 100 mm 和两个直径为 65 mm 的栓口;地下式消火栓应有直径为 100 mm 和 65 mm 的栓口各一个,并应有明显标志,以便使用。宜在小区室外混合布置地上、地下两种消火栓。

4.1.2 室内消防系统

建筑内部的消防系统主要指消火栓系统和自动喷水灭火系统,还包括消防报警系统和一些局部、小型的灭火设施。主要用于控制和扑灭建筑内部初期火灾。消火栓系统是一种低档灭火系统,反应速度较慢,采用自动喷水灭火系统则可大大提高扑灭室内初期火灾的可靠性。

1)消火栓系统

(1)室内消火栓系统的给水方式

①由室外直接供水的室内消火栓系统,常用在建筑物高度不大,室外给水压力和流量完全满足消防要求的场合。

②设有屋顶消防水箱的消火栓系统,用于水压变化较大的场合。

③设置消防泵和屋顶消防水箱的消火栓系统,用于室外供水压力不足的场合。

一个配备完全的消火栓系统由消防泵、消防给水管、消火栓、水龙带、水枪、水箱和水泵结合器组成。发生火灾时,消防人员把水带装上水枪,接入消火栓,打开阀门,利用屋顶水箱和地下水池蓄备的消防水进行灭火。在事先蓄备的消防水用完时,室外消防车通过水泵结合器向室内消火栓系统供水。

（2）水泵结合器　水泵结合器安装于建筑物底层,分为墙上或地上、地下3种形式,一端与室内消防给水管道相连,另一端伸出室外,供消防车加压用。见图4.1。

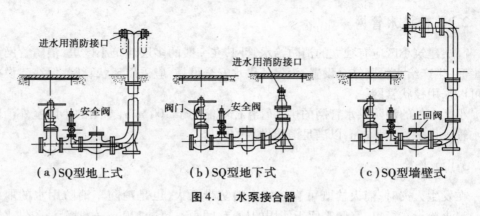

（a）SQ型地上式　　　　（b）SQ型地下式　　　　（c）SQ型墙壁式

图4.1　水泵接合器

2）自动喷水灭火系统

自动喷水灭火系统是一种固定形式的自动灭火系统,由水源、增压设备、管网系统、喷头、阀门、报警阀及火灾控制系统等组成。其喷头适当分布于建筑物、构筑物内部。在发生火灾时,喷头自动开启灭火,同时发出火警信号,启动消防水泵。

自动喷水灭火系统灭火效率高、水渍损失小,是今后建筑内部消防系统的主要形式。根据其组成构件、工作原理及用途,可以分为若干基本形式:湿式系统、干式系统、预作用系统、雨淋系统、水幕系统。其中,自动喷水湿式灭火系统,是本章学习重点。

3）火灾自动报警与联动控制系统

（1）组成　火灾自动报警系统是为了早期发现和通报火灾,并及时采取有效措施、控制和扑灭火灾而设置在建筑中或其他场所的一种自动消防设施。一般由火灾探测器、信号线路、火灾报警控制器三大部分组成,如图4.2所示。

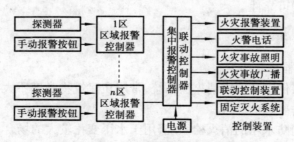

图4.2　火灾自动报警与联动控制系统

（2）工作过程　火灾探测器通过信号传输线路把火灾产生地点的信号发送给火灾报警控制器,火灾报警控制器将接收到的火灾信号以声、光的形式发出报警,显示火灾信号的位置,并向消防控制设备发出信号,启动有关消防设备,对火灾进行扑救。

（3）联动控制内容　火灾自动报警系统一般均设置联动控制器。当火灾报警后，联动控制器控制装置停止有关部位的送风机，关闭防火阀，并启动相关部位的防排烟风机、排烟阀；待火灾确认后，关闭有关部位的防火门、防火帘，发出控制信号，强制电梯全部停位于首层，接通火灾事故照明灯和疏散指示灯，自动切断相关部位的非消防电源，按疏散顺序接火灾报警装置和火灾事故广播。

4.1.3　局部特种灭火装置

常规的消防系统是上述的各种水系统，但在小区里的一些特殊场所，如变压器房、柴油发电机房、燃油（气）锅炉房等地方，采用水灭火就不合适。在这些地方，一般需要单独设置局部的特种灭火装置。这些装置的种类很多，发展很快，不断有新的技术类型出现，常用的有如下几种：

1）水喷雾系统

水喷雾系统是在自动喷水灭火系统的基础上发展起来的，采用特定的喷头将水激发成颗粒极小（$20 \sim 150\ \mu m$）的细水雾粒子，通过直接冷却，窒息并通过水蒸气隔离降低火源周围的辐射热来达到灭火的目的。在传统喷水系统不适用的场所都适合。可用于保护贵重设备、变压器室、自备柴油发电机房及其储油间和燃油、燃气锅炉房，也可用于高、低压配电室，重要的电子通信设备机房等场所。

但水喷雾系统管路、配件及水泵的工作压力较传统自动喷水系统要高得多，且为避免喷嘴堵塞，对水质要求很高，水量也较大，因而一般只在局部应用。目前，已有成熟的便携式水喷雾灭火器产品，可用于火车车厢、家庭防火等小型场所。

2）泡沫灭火系统

泡沫灭火系统（见图4.3）主要用于扑救可燃易燃液体火灾，它通过在液体表面生成凝聚的泡沫漂浮层，起窒息和冷却作用。传统的水灭火系统加设一个泡沫灭火剂与水的混合器，就成为泡沫灭火系统。泡沫灭火剂有化学泡沫、空气泡沫、氟蛋白泡沫、水成膜泡沫和抗溶性泡沫等。

3）二氧化碳系统

参见图4.4。由于二氧化碳不含水、不导电，所以可以用来扑灭精密仪器和一般电气火灾，以及一些不能用水扑灭的火灾。如小区油浸变压器室、高压电容器室、发电机房、档案室等。有全淹没二氧化碳灭火系统和局部二氧化碳灭火系统两种。

（1）全淹没系统　由二氧化碳贮存容器、容器阀、管道、操作控制系统及附属装置等组成。有自动和手控两种操作方式。该系统将装置设置于一个有限封闭空间，当发生火灾时，火灾探测器发出火灾报警信号，并通过控制盘打开二氧化碳容器瓶阀，使二氧化碳喷出，淹没整个防护空间。

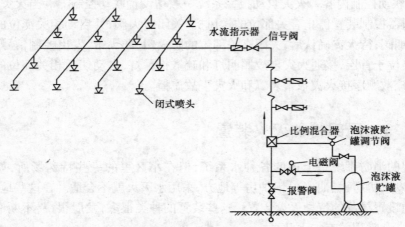

图 4.3　固定式泡沫灭火系统

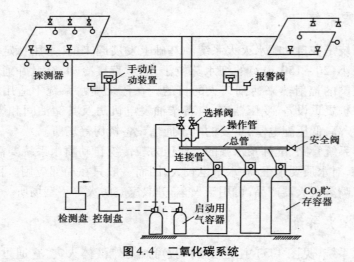

图 4.4　二氧化碳系统

（2）局部系统　局部系统的组成与全淹没类似，但其喷嘴不是均匀布置在需要防护的空间，而是集中对准需要保护的对象上，如小区的自备发电机组。发生火灾时，由自动或手动启动，将二氧化碳灭火剂直接喷射到保护对象上，并持续一定时间，直至大火熄灭。

4）干粉灭火系统

干粉灭火剂（MF）由干粉基料和少量的防潮添加剂，如硬脂酸镁及滑石粉等组成。用干燥的二氧化碳或氮气作动力，将干粉从容器中喷出，形成粉雾抑制燃烧。

干粉灭火剂的种类很多，大致可分为三类：

①以碳酸氢钠（钾）为基料的干粉（BC 类干粉），用于扑灭易燃液体（B 类火灾）、气体（C 类火灾）和带电设备的火灾；

②以磷酸三铵、磷酸氢二铵、磷酸二氢铵及其混合物为基料的干粉（ABC 干粉），

用于扑灭可燃固体(A 类火灾)、可燃液体(B 类火灾)、可燃气体(C 类火灾)及带电设备的火灾;

③以氯化钠、氯化钾、氯化钡、碳酸钠等为基料的干粉(D 类干粉),用于扑灭轻金属火灾(D 类火灾)。

一般的物业管理工作,很少涉及大型干粉灭火系统。但因干粉灭火剂的灭火范围较广,常在小区配备便携式的干粉灭火器,但在使用干粉灭火时,要注意及时冷却降温,以免复燃。

此外,还有其他一些局部特种灭火系统,如卤代烷、蒸气、惰性气体及烟雾灭火系统等。因过于特殊,本书不做介绍。

所有的局部特种灭火装置都有定型产品可供选用,物管企业一般选用这些产品,维护维修工作主要由生产厂家负责。在使用过程中,一般仅需注意消防介质更换和保质期限及放置环境的温度、湿度、压力等参数,若有异常,应及时通知生产厂家。

4.2　建筑内部消火栓系统

4.2.1　消火栓系统组成及布置

消火栓给水系统由给水管网及消火栓组成。常见的消火栓系统如图 4.5 所示。

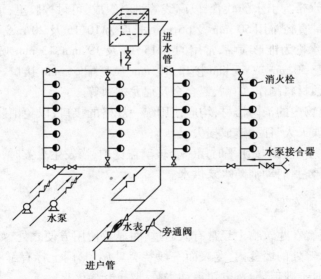

图 4.5　常见的设置水泵、水箱的消火栓系统

1)给水管网

给水管网形成水平或立式环网,设两条进水管并附有水泵及水箱等设备,立管靠

近消火栓,确保供水防火安全。

2)消火栓

消火栓是由消防龙头、水带和水枪组成,并将三者装设于壁龛中,如图4.6,箱侧设有水泵启动及火灾报警按钮。

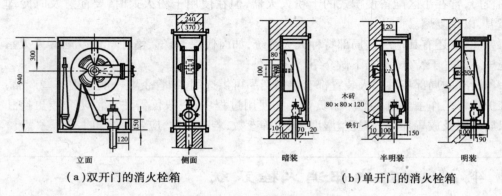

（a）双开门的消火栓箱　　　　　　　　　（b）单开门的消火栓箱

图4.6　消火栓箱及消火栓

（1）龙头　消防龙头为控制水带水流的阀门,装设在距地面1.1 m高度的消防立管上,一般为铜制品,口径为50 mm和65 mm两种,分单出口及双出口龙头,栓口的出水方向宜与墙面成90°角。

（2）水带　水带为引水的软管,以麻线等材料织成,可衬橡胶里,承受高压的可用尼龙丝编织,水带直径常用50 mm及65 mm,长度为10、15及20 m等。

（3）水枪　水枪为锥形喷嘴,常用的有13、16及19 mm,13 mm喷嘴配50 mm接口,16 mm喷嘴配50 mm或65 mm接口,19 mm喷嘴配65 mm接口。为保持喷射效果,水枪用不锈蚀材料制作,如铜、铝合金及尼龙塑料等。

在同一建筑物内的消防器材,均应使用统一规格的接口,以免消防急用时发生器材接装困难,延误灭火时间,造成损失。

（4）应急按钮　应急按钮平时用一个玻璃盖保护,当发生火灾时,敲碎玻璃盖,按下按钮,可以报警,并启动消防水泵供水。

3)消火栓的布置

消火栓应设置在建筑物中经常有人通过、明显及使用方便之处,如走廊、楼梯间、门厅及消防电梯等处的墙龛内,龛表面一般装有玻璃门,门上标有鲜明的"消火栓",平时封锁,使用时击破玻璃,按电钮启动水泵,取枪开栓灭火。

扑救火灾时,火场烟雾弥漫,温度很高,既要使水柱喷到着火点又要防止火焰灼伤消防人员,必须使消防人员距着火点有适当的距离,为此要求水枪喷出的充实水柱有一定长度,一般建筑要求7 m,6层以上的民用建筑和4层的厂房和库房应不小于10 m。此时,消火栓的保护半径≈水带长度(≤25 m)×0.8+消火栓喷出的充实水柱×

0.7。建筑内部布置的消火栓,其保护半径必须到达建筑物的任何位置,覆盖全部建筑面积,不留空白地位。

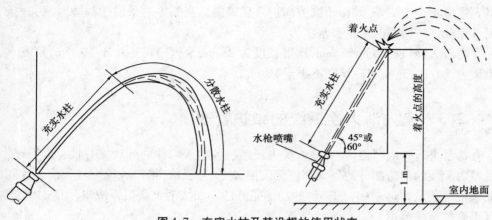

图4.7 充实水柱及其设想的使用状态

4.2.2 高层建筑中的消火栓给水系统

国内一般规定10层及10层以上的住宅建筑及建筑高度超过24 m的其他民用建筑称为高层建筑。这种决定也是基于我国城市消防车的供水能力,超过上述值时,消防车不能扑救火灾,原则上应用建筑消防给水管网供水、通过自救扑灭火灾。

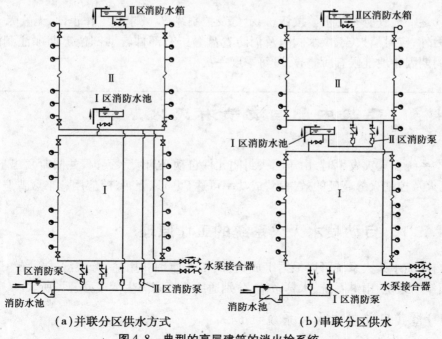

(a)并联分区供水方式 (b)串联分区供水

图4.8 典型的高层建筑的消火栓系统

高层建筑消防给水系统是由消防贮水池、水泵站、消防给水管网,消防灭火设备及存水箱等部分组成,如图4.8所示。给水管网无论在平面上或竖向上都要成环状,其引入管应不少于2条,并由不同方向进入建筑内。当其中一条发生故障时,另一条管仍可保证消防所需的水量和水压力。

室内消火栓口径应为65 mm,水带长度为25 m,水枪喷嘴不小于19 mm,每支水枪流量为5 L/s,充实水柱长度不小于10 m。

4.2.3 室内消火栓系统的维护管理

宜每月进行一次巡检,主要检查消火栓系统各组成部件的外观完好性,如消火栓箱及箱内配装的消防部件的外观都应无破损、涂层无脱落,箱门玻璃完好无缺。并随机抽检占总数量5% ~10%的部件的功能完好性。如按消火栓报警按钮,消防中心就应有正确的报警显示。

消火栓箱平时应保持清洁、干燥,防止锈蚀、碰伤或其他损坏。每半年(或按当地消防监督规定)进行一次全面的检查维修。检查要求为:

①消火栓箱内无渗漏现象。

②消防水枪、水带、消防卷盘及全部附件应齐全良好,卷盘转动灵活。重要部位的消火栓要通水检查。其他部位的消火栓则将水带连接水枪、水栓,展开水带进行检查。所有栓内阀门都要开闭一次,检查灵活性,并清除阀口附近锈渣,对阀杆上油除锈。

③逐一检查所有的报警按钮、指示灯及控制线路,要求其工作正常,无故障。

另外,应对消火栓、供水阀门及消防卷盘等所有部件转动部位定期加注润滑油,这个周期因各地气候有所差异,可每季度一次。

4.3 建筑内部自动喷淋灭火系统

本系统在火灾发生时,由于喷头封闭元件自动开启喷水灭火,并同时发出报警讯号,灭火及控制火势蔓延的效果高,成功率可达95%以上,目前应用愈来愈普遍。

4.3.1 自动喷水灭火系统的工作原理

自动喷水灭火系统可以根据组成构件、工作原理和用途,分成湿式系统、干式系统、预作用系统、雨淋系统、水幕系统,分别适用于不同的生活或办公场所。

1)湿式自动喷水灭火系统

湿式自动喷水灭火系统主要由闭式喷头、管路系统、报警装置、湿式报警阀及其供水系统组成。由于在喷水管网中始终充满有压力的水,称为湿式喷水灭火系统,其组成如图 4.9 所示。适用于室内环境温度不低于 4 ℃和不高于 70 ℃的建筑物和构筑物,应用十分广泛,具有构造简单、经济可靠、维护检查方便等优点。

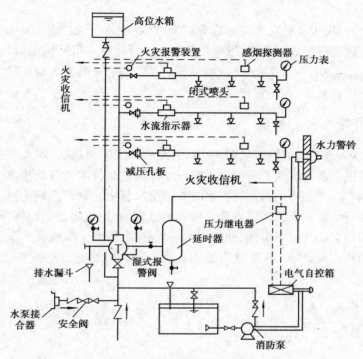

图 4.9　湿式喷水灭火系统

发生火灾时,高温火焰或高温气流使闭式喷头的热敏感元件动作,闭式喷头自动打开喷水灭火。管网中处于静止状态的水发生流动,水流经水流指示器,指示器被感应发出电信号,在报警控制器上显示某一区域已在喷水;不断喷水使湿式报警阀的上部水压低于下部水压,当压力差达到某一定值时,压力水将原处于关闭状态的报警阀片冲开,使水流流向干管、配水管、喷头;同时压力水通过细管进入报警信号通道,推动水力警铃发出火警声号报警。另外,根据水流指示器和压力开关的报警信号或消防水箱的水位信号,控制器能自动启动消防水泵向管网加压供水,达到持续喷水灭火的目的。

2)干式喷水灭火系统

干式喷水灭火系统主要由闭式喷头、管路系统、报警装置、干式报警阀、充气设备及供水系统组成。由于在报警阀上部管路中充以有压气体,故称为干式喷水灭火系统。适用于室内温度低于 4 ℃或高于 70 ℃的建筑物和构筑物。

干式喷水灭火系统的构造与湿式类似,但采用了干式报警阀,阀前管网内充满压力水,阀后的管路内充满压缩空气,平时处于警戒状态。当发生火灾时,室内温度升高使闭式喷头打开,喷出压缩空气,报警阀后的气压急剧下降。降至某一限值时,报警阀前的压力水进入供水管路,将剩余的气体从已打开的喷头处推出,喷水灭火。同时,压力水通过另一管路系统推动水力警铃和压力开关报警,并启动消防水泵加压供水。

因为干式喷水灭火系统在报警阀后充有空气,在喷水灭火之前有一个排气进水过程,使其反应速度较湿式系统慢,影响快速灭火。可在干式报警阀出口管道上安装"排气加速器"来加速排气。另外,干式喷水灭火系统需有一套充气设备,管网气密性能要求高,系统设备复杂,维护管理也较为不便。

3)预作用喷水灭火系统

预作用喷水灭火系统的组成见图 4.10,主要由火灾探测系统、闭式喷头、预作用阀、报警装置及供水系统组成。它结合火灾自动探测控制技术和自动喷水灭火技术,平时处于干式状态,在预作用阀前至喷水龙头的配水管中充以有压或无压气体;发生火灾时,安装在现场的火灾探测器发现火情发出报警信号,控制器则在将报警信号做声光显示的同时,自动开启雨淋阀,使压力水进入管路,使整个喷水灭火系统在 3 min 内、闭式喷头动作前充满水,迅速成为湿式系统,当温度继续升高,喷头就会受热开

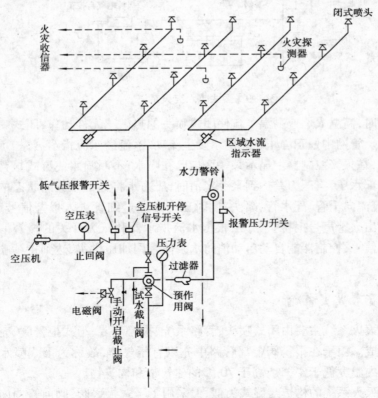

图 4.10　预作用喷水灭火系统

启、喷水灭火。

预作用喷水灭火系统是通过火灾探测器的敏感元件启动,因此较干、湿灭火系统的启动速度更快。预作用喷水灭火系统兼有干、湿式喷水灭火系统的优点,并且适用范围广。但系统组成结构较复杂,自动化元件多、造价高、技术要求高,对系统的维护管理提出了较高要求。只有在不允许有水渍损失的场所,才适合采用预作用喷水灭火系统。

4)雨淋喷水灭火系统与水幕系统

雨淋喷水灭火系统是由开式喷头(用于开式空管系统)、闭式喷头(用于闭式充水系统)、雨淋阀、火灾探测器、报警控制系统、供水系统组成。当建筑在系统保护区内任一处发生火灾时,系统的火灾探测器会把火灾信号及时传输到自动灭火控制器,自动灭火控制器及时开启系统雨淋阀,压力水立即充满管网,使全部开式喷头同时喷水灭火,而闭式充水雨淋系统其反应更快,实现迅速灭火。整个系统出水迅速,喷水量大,覆盖面大,降温效果好,灭火效率显著,适于控制来势凶猛、蔓延快的火灾。但系统启动完全由控制系统操纵,因而对自动控制系统的可靠性要求比较高。

而水幕系统不直接扑灭火灾,而是喷出水帘幕状的水,阻挡火焰热气流和热辐射向邻近保护区扩散,起到防火分隔作用。水幕系统由开式喷头、雨淋阀、控制设备、供水系统组成。工作原理与雨淋自动喷水灭火系统基本相同,也强调控制系统的高可靠性。

4.3.2 自动喷水灭火系统的组件

1)喷头

喷头是自动喷水灭火系统的关键部件,起着探测火灾、喷水灭火的重要作用。喷头由喷头架、溅水盘和喷水口堵水支撑等组成。根据系统的应用可将喷头分为闭式喷头、开式喷头、特殊喷头。

①闭式喷头:主要应用于湿式、干式、预作用自动喷水灭火系统。闭式喷头带有热敏感元件,其上具有释放机构。正常温度时,喷口呈封闭状态,达到一定温度时,感温元件解体,释放机构自动开启、喷口呈开放状态。

②开式喷头:主要应用于水幕系统和雨淋喷水灭火系统。开式喷头的喷口无堵水支撑,也无释放机构,呈常开状态,主要有洒水、水幕和喷雾喷头 3 种,又有直立型和下垂型之分。

③特殊喷头:根据喷头灭火特殊要求,又分为自动启闭喷头、快速反应喷头、扩大覆盖面喷头和大水滴喷头。

(1)玻璃球喷头 玻璃球喷头由喷头架、溅水盘、玻璃球、密封垫、喷水口等组成,如图 4.11 所示。玻璃球喷头的热敏感元件是玻璃球,球内装有一种受热会发生高膨胀的彩色液体,球内留有一个小气泡。平时玻璃球支撑住喷水口的密封垫。当发生火灾、温度升高时,球内液体受热膨胀,压力达到某一值时,玻璃球炸裂,喷水口的密封垫脱落,压力水冲出喷口灭火。

图 4.11 玻璃球洒水喷头

玻璃球喷头按额定动作温度分成 9 档,每一档设定一种颜色。喷头的额定动作温度比环境最高温度高 30 ℃,玻璃球喷头的额定动作温度、充液颜色见表 4.1。适用于各类建筑物、构筑物内。但在环境温度低于−10 ℃的场所、受油污或粉尘污染的场所、易于受机械碰撞的部位不能采用。

表 4.1　常见闭式洒水喷头的公称动作温度和颜色标志

玻璃球洒水喷头		易熔元件洒水喷头	
公称动作温度/℃	工作液色标	公称动作温度/℃	轭臂色标
57	橙	57～77	本色
68	红	80～107	白
79	黄	121～149	蓝

(2)易熔合金片喷头　易熔合金片喷头的热敏感元件为易熔金属合金,平时易熔合金片支撑住喷水口,当发生火灾时,环境温度升高,直至使喷头上的锁封易熔合金熔化,释放机构脱落,压力水冲出喷口喷水灭火。

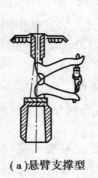
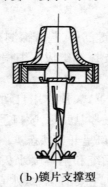
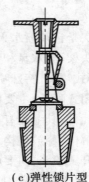

(a)悬臂支撑型　　　　(b)锁片支撑型　　　　(c)弹性锁片型

图 4.12　弹性锁片型易熔合金喷头

易熔合金片喷头的种类较多,主要有三种,外形见图 4.12。目前选用较多的是弹性锁片型易熔元件喷头。

这种喷头可安装于不适合玻璃球喷头使用的任何场合。它的额定动作温度为 7 档,其色标涂刷于轭臂上。同样,喷头的额定动作温度比环境最高温度高 30 ℃,

见表4.1。

（3）标准型喷头　标准型喷头（图4.13）是指公称直径为15 mm,流量系数 $K=80$ 的喷头,一般用于无特殊装饰要求的地方。喷头溅水盘向上安装为直立型洒水喷头,适用于管道明装及有灰尘和其他粉尘物较多的场所。喷头溅水盘向下安装为下垂型洒水喷头,适用管道暗装的场所。两者的溅水盘均呈平板状,喷出的水流成半球体。直立型喷头的大部分水量向下喷洒,很小部分水向上喷向天棚。下垂型喷头的水量几乎全部洒向地面。还有一种普通型喷头,其特点是喷头可朝上或者朝下安装。这种喷头的溅水盘呈倒伞型,喷出的水流呈球状,水流一部分洒向地面,一部分喷向天棚,同时保护地面和天棚。

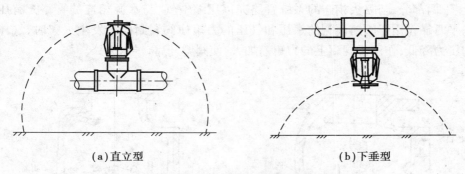

(a)直立型　　　　　　　　　　　　　　(b)下垂型

图4.13　标准型喷头结构示意

在实际应用中,还有一些有别于上述标准喷头的喷头,如装饰型喷头,只有热敏感元件位于吊顶下暴露在外,喷头及供水管则隐蔽安装。还有一种边墙型喷头,适用于房间的顶部中央安装喷头有困难时采用。为了在火灾得到控制时不至于引起局部水灾,还可采用自动启闭洒水喷头,利用双金属片的物态变化功能,使喷头在发生火灾时能自动开启,扑灭火灾以后能够自动关闭。

（4）喷头的选用与布置

①根据需保护场所的环境温度,确定喷头的公称动作温度,一般要求喷头的公称动作温度比环境最高温度高30 ℃。

②根据被保护场所的用途,选择喷头类型。在存在腐蚀性介质的场所使用能够抗腐蚀或经防腐处理的喷头,如不锈钢喷头。

③根据保护场所建筑物结构的不同,选择喷头安装型式。

喷头可根据环境布置成任何形式,但一般布置成正方形、长方形、菱形等规则形状,以便能够均匀布水。原则上应满足需进行消防防护的每一处位置。

2）报警阀

报警阀是自动喷水灭火系统的关键组件之一,具有控制供水、启动系统及发出报警的作用。不同类型的喷水灭火系统必须配备不同功能和结构形式的专用报警阀。一般按用途和功能不同分为湿式报警阀、干式报警阀和雨淋阀3类。

（1）湿式报警阀　湿式报警阀用于湿式喷水灭火系统。它的主要特点是在未发生火灾时，报警阀前后管充满压力水。湿式报警阀类型较多，图4.14为导阀型湿式阀。通过阀瓣将阀腔分为上、下两部分，平时靠自重关闭。当发生火灾，喷头开启灭火，阀瓣以上的水流出使阀瓣前后所承受的压力不同，阀瓣在压差的作用下被抬起，接通水流，水源不断补充管网灭火。同时水流经密封环槽内的小孔流入延迟器，经5～90 s延迟后，冲动水力警铃发出连续响亮的报警声；压力开关动作，向报警控制系统发出报警，同时启动消防泵开始向管网供水。

（2）干式报警阀　干式报警阀用于干式喷水灭火系统。它的特点是报警阀前后的管道内分别充以压力水压缩空气。图4.15为差动型干式阀。它的阀瓣将阀腔分成上、下两部分，与喷头相连的系统管路充以压缩空气，与水源相连的管路充有压力水。平时靠作用于阀瓣两侧的水压和气压的力矩使阀瓣封闭。发生火灾时，气体一侧的压力降低，作用于阀瓣上的力矩差加大，使阀瓣开启，供水灭火。

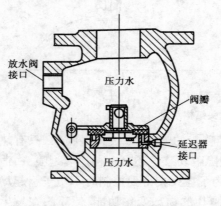

图4.14　导阀型湿式阀

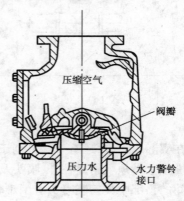

图4.15　差动型干式阀

（3）雨淋阀　雨淋阀主要用于雨淋系统、预作用喷水灭火系统、水幕系统和水喷雾灭火系统。它仍是靠水压力控制阀的开启和关闭，如图4.16为隔膜型雨淋阀。阀体内部分成A、B、C 3室，A室接于供水管上，B室接雨淋配水管，C室与传动管网相

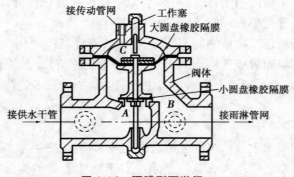

图4.16　隔膜型雨淋阀

连。平时 A、B、C 3 室均充满水。而由于 C 室通过一个直径为 3 mm 的小孔阀与供水管相通,使 A、C 两室的水具有相同的压力。B 室内的水具有静压力,其静压力是由雨淋管网的水平管道与雨淋阀之间的高差造成。位于 C 室的大圆盘隔膜的面积是位于 A 室小圆盘面积的两倍以上,因此处于相同水压力下,雨淋阀处于关闭状态。当发生火灾时,火灾探测控制设备将自动使 C 室中的水流出,水压释放,C 室内大圆盘上的压力骤降,大圆盘上、下两侧形成大的压力差,雨淋阀在供水管的水压推动下自动开启,向雨淋管网供水灭火。

报警阀的安装高度距地面一般为 1.2 m,两侧距墙不小于 0.5 m,正面距墙不小于 1.2 m。安装报警阀的室内地面应采取排水措施,无冰冻且方便操作。

一个报警阀可带多个喷头,为保证发生火灾时能及时报警和喷水灭火,喷头的数量不宜太多,湿式喷水系统一般不要超过 500 个,干式喷水系统则一般不超过 250 个。

每个报警阀应配备的附件见图 4.17 及表 4.2。

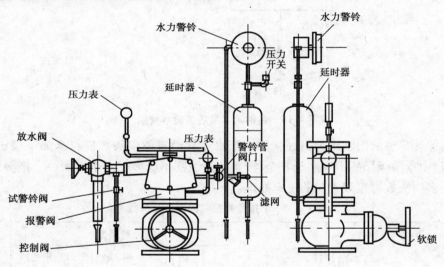

图 4.17　湿式报警阀系统的外观及组成附件

表 4.2　报警阀的附件

名　称	用　途	位　置
控制阀	检修管网灭火后更换喷头时关闭水源	报警阀前
水力警铃	发出火灾报警铃	靠近报警阀
延迟器	可防止由于给水管道内水压波动使报警阀开关只开启一半的气压装置	报警阀与水力警铃之间
压力继电器	向消防控制室发出报警信号、直接启动消防泵	延迟器后
排水阀	系统检修用	
压力表	系统检修用	

3）管网系统

自动喷水灭火系统的管网由供水管、配水立管、配水干管、配水管及配水支管组成（见图4.18）。管材一般采用内外热镀锌管或镀锌无缝钢管，配水支管的管径不应小于25 mm。系统管网的工作压力应控制在1.2 MPa之内。

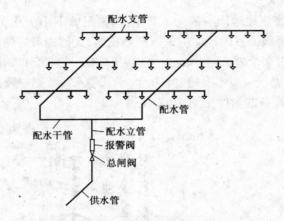

图4.18　自动喷水系统的给水管网

为保证足够的出水压力，每侧、每根配水支管设置的喷头数应符合如下规定：轻危险级、中危险级场所不应多于8个；严重危险级则不应多于6个。而一个报警阀控制的最多喷头数可按表4.3的规定处理。

表4.3　一个报警阀控制的最多喷头数

系统装置		危险级别		
		轻 级	中 级	严 重 级
		喷头数		
湿式喷水灭火系统		500	800	1 000
干式喷水灭火系统	有排气装置	250	500	500
	无排气装置	125	250	—

4.3.3　自动喷水灭火系统的维护管理

1）状态检查

对组成系统的喷头、报警控制阀、闸阀、报警控制器、附件、管网接头等所有部件，每日均应做外观巡视检查,看有否损坏、锈蚀、渗漏、启闭位置不当等情况存在,一经发现应立即采取适当的维修、校正措施,使其恢复完好状态。这种检查也不仅仅针对自动喷水系统,对各种消防系统都应如此。

巡视检查需要注意的是,系统的一切室内外给水控制阀门应用铅封固定在开启或规定的状态,且阀门应编号,挂上标牌。保证阀门不被误关闭,供水管路随时畅通。

2）功能检查

功能检查是指应按照各类系统的自身特性,在不同的时间段内进行系统功能动态模拟测试。包括:

①每年对水源供水能力进行一次测定,保证消防所需水量、水质、水压。贮存消防用水的水池、消防水箱、气压水罐,每月检查一次,主要核对水位和气压罐的气体压力,每年维修一次,对渗漏进行修补和重新油漆。

②消防水泵及水泵接合器及其附件应每月使用运行一次。若采用自动控制时,应模拟自动控制参数进行启动运转,每次运转时间宜为 5 min。并利用报警控制阀旁的泄放试验阀进行一次供水试验,验证系统供水能力。

③每 2 个月应对水流指示器进行一次功能试验,利用管网末端试水装置排水,此时,水流指示器应动作,消防控制中心应有信号显示。

④每月对喷头进行一次细致的外观检查。

喷头外表应清洁,尤其是感温元件部分,对轻质粉尘可用空气吹除或用软布擦净;对含油污垢的喷头应将其分批拆换,集中清理。对破损者及时更换。

各种喷头应保持一定的备用量,建筑物内喷头数量小于 300 个时,喷头备用量不少于 6 个;装有 300～1 000 个时,不少于 12 个;装有 1 000 个以上时,不少于 24 个。

⑤每个季度应对报警阀进行一次功能试验。检查时,打开系统放水阀放水,报警阀瓣开启,延时器底部有水排出,并延时 5～90 s 内报警;水力警铃应发出响亮的报警声,压力开关应接通电路报警,消防控制中心有显示,并应启动消防水泵。

⑥每年应对消防系统进行一次模拟火警联动试验,以检查火灾发生时喷水消防系统能否迅速开通投入灭火作业。试验过程如下:

通过有意设置局部火源,引发试验区域内自动喷水灭火管网喷头喷水,该区水流指示器应动作并发出信号,继而系统报警阀动作,压力开关发出信号,水力警铃发出铃声,自动喷水灭火系统消防水泵应迅速投入正常运行,由此做出对自动喷水灭火系统的可靠性评价,对施工验收、日常管理维护、修理情况进行总结。

发现故障,需拆卸系统、断水进行修理时,应向所在社区消防部门通报,由企业主管批准,并设计应急预案后,方可动工。

3）使用环境检查

使用环境及保护对象在使用过程中,被人为改变,往往成为对系统功能的损害因素。如:

①在仓库内货物堆高不适当地增大而阻挡了喷头的喷洒范围。

②喷头被刷漆或包扎而延迟了动作灵敏度,从而改变了喷洒特性。

③可燃物数量和品种的改变或环境性质的改变,致使原喷头的功能和数量不符合实际的危险性等级要求。

所以,对使用环境和条件要定期检查、评价,对不合理的改变,要予以纠正;对环境的正常变化,要通过更换合适的喷头,加设新的自动喷水系统进行调整。

4.4   建筑火灾的防排烟系统

建筑内部发生火灾,不可避免地要产生烟雾。火灾丧生因素,绝大部分是因为烟雾引发的窒息死亡。在现代建筑中,必须考虑发生火灾时适当的防烟排烟措施。

4.4.1   建筑防烟、排烟设施设置的范围

防排烟设施的设计理论依据是对烟气控制的理论。当建筑物内部某个房间或部位发生火灾时,对火灾区域实行排烟控制,使火灾产生的烟气和热量能迅速排除,以利于人员从火灾区域迅速疏散,当火灾区域内温度达到 280 ℃,人员无法进行疏散时,排烟设备在其所属的防火分区内应部分停止运行,防止风助火势。对于非火灾区域及疏散通道等,应迅速采用机械加压送风的防烟措施,提高空气压力,阻止烟气的侵入,在此基础上,再辅以紧急广播和事故照明与疏散指示系统,尽快疏散人群,降低火灾对人的生命的危害。

凡建筑高度超过 24 m 的新建、扩建和改建的高层民用建筑(不包括单体高度超过 24 m 的体育馆、会堂、剧院等公共建筑,以及高层民用建筑中的防空地下室)及其相连的且高度不超过 24 m 的裙房设有防烟楼梯及消防电梯,均要考虑防烟和排烟功能。

从当前国情出发,防、排烟设施的设置具体分为以下 2 个部分考虑:

①防烟楼梯间及其前室、消防电梯前室和合用前室、封闭避难层按条件设置人工强制防排烟设施。

②走廊、房间及室内采用可开启外窗的自然排烟措施。

4.4.2   自然排烟

自然排烟,是指利用高层建筑相对于风向的位置引起的风压和室内外温差产生的热压,让室内外空气对流而达到排烟目的,参见图 4.19 和图 4.20。

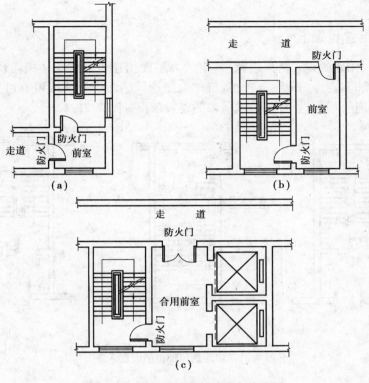

图 4.19　利用可开启的外窗自然排烟

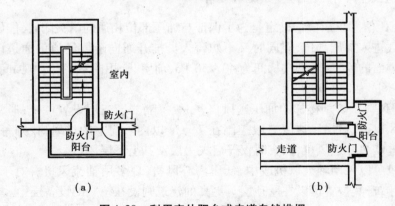

图 4.20　利用室外阳台或走道自然排烟

4.4.3　机械加压送风防烟

设置机械加压送风的目的,是为了在建筑物发生火灾时提供不受烟气干扰的疏散路线和避难场所,使关闭的门对着火楼层保持一定的压力差,同时保证在打开加压部位的门时,门洞断面有足够大的气流速度,能有效阻止烟气的入侵,保证人员的安全疏散。

1）加压送风部位

《高层民用建筑设计防火规范》规定："高层民用建筑的防烟楼梯间及其前室、消防电梯前室和两者合用前室，应设置机械加压送风的防烟设施或设有可开启外窗的自然排烟措施"，根据这个规定，送风口的设置部位见图4.21。

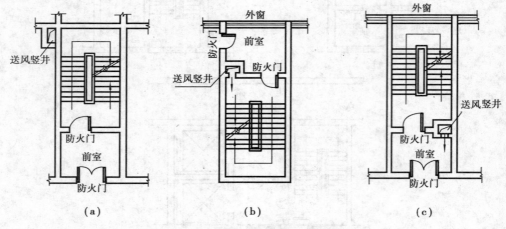

图4.21 加压送风部位的设置示意

2）加压送风系统的主要技术要求

（1）正压值　正压值的确定是为了保证与加压部位相通的门关闭时，能够阻止着火区的烟气进入加压部位，但同时又不妨碍人员推开通向疏散通道的通道门。综合考虑这两方面的因素，防烟楼梯间为40～50 Pa，前室、合用前室、消防电梯间前室、封闭避难层（间）为25～30 Pa。

（2）送风口　防烟楼梯的加压送风口，一般每隔二至三层设置一个；通常采用自垂式百叶风口，风口出风速度一般控制在7 m/s以内。前室的送风口，则每层一个；通常采用电动多叶送风口，火灾时仅开启失火层及其上下层风口。

送风机可以采用轴流风机或中、低压离心风机，现多用轴流风机。对于25层以下的高层建筑，其位置可设在屋顶层。更高的建筑则设在统一的设备层中。

4.4.4　机械排烟

机械排烟是利用排风机强制排烟。由挡烟壁、排烟口、防火排烟阀门、排烟风机和出口组成。良好的排烟系统能排出火灾时的绝大部分热量。

一类建筑和高度超过32 m的二类建筑的下列走道和房间需设置机械排烟装置：

①长度超过20 m，且无直接天然采光和固定窗的内走廊。

②虽有直接采光和固定窗,但长度超过 60 m 的内走廊。

③面积超过 100 m² 及长度 12 m 以下,不具备自然排烟条件的室内中庭。

④地下室各房间总面积超过 200 m² 或一个房间超过 100 m²,且经常有人停留或可燃物较多的房间(设有窗井等可自然排烟者除外)。

1)挡烟壁

设置排烟的房间、走廊和地下室,用隔墙和从顶棚下突出不小于 500 mm(地下室则不小于 800 mm)的挡烟垂壁、梁划分防烟分区,如图 4.22 所示。挡烟垂壁起阻挡烟气,改善吸烟效果的作用,采用非燃材料制作,视房间高度,采用固定式或活动式。若是活动式,则受消防设备(探测器、排烟口、消防控制器等)控制,也可手动控制。落下时,其下端至少离地 1.8 m。在安全要求高的场合,也可将挡烟垂壁加长成为挡烟墙。

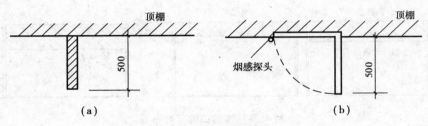

图 4.22 挡烟壁示意

2)排烟风机

排烟风机一般采用离心式风机,排烟风量范围控制在 7 200 ~ 60 000 m³/h。一般,风机负责一个防烟分区时,风量按每 m² 不小于 60 m³/h 考虑;负责更多分区时,按每 m² 不小于 120 m³/h 考虑。

确定风机规格时,按上述统计总量再乘以 1.10 ~ 1.30 的漏风系数得到风量参数。

3)排烟口

每个防烟分区都必须要有一个排烟口,其位置应尽量位于分区的中心部位,排烟口至防烟分区最远点的水平距离不能超过 30 m,设置在距离顶棚 0.8 m 以内的高度,如图 4.23 ~ 图 4.25 所示。当顶棚超过 3 m 高时,排烟口可设在距地面 2.1 m 的高度上,或设置在 1/2 以上的墙面上。排烟口的风速通常控制在 10 m/s 以内。

4)排烟风道及烟气出口

排烟风道多用混凝土等材料做成,末端采用铸铁等金属管,与排烟风机通过法兰连接;若是金属排烟道,在与建筑物非耐热部位的接触处要考虑隔热,多用石棉或玻璃纤维。

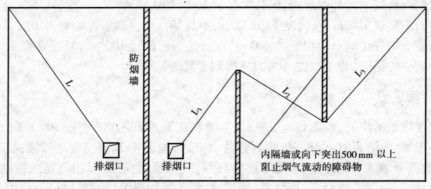

L 与 $L_1+L_2+L_3 < 30$ m

图 4.23　排烟口的水平布置

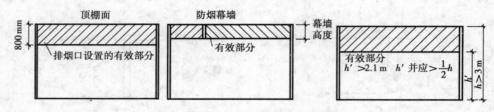

图 4.24　排烟口的竖向布置

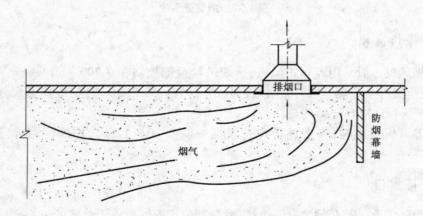

图 4.25　排烟口工作示意

　　烟气排出口一般采用 1.5 mm 厚的钢板或混凝土,因为不能让排出的烟气再被吸入,因此放置在建筑的背风面。

　　火灾时为了防止其在防火或防烟分区间蔓延,通常在管道穿越防火分区或防烟分区处设置防火阀。防火阀一般设置成 70 ℃关闭。在排烟风机入口前设置排烟防火阀,280 ℃关闭。

5）对机械防排烟系统的日常维护

为保证防排烟系统能够在紧急状态下发挥应有的作用，对机械防烟、排烟系统的风机、送风口、排烟口等部位应经常维护，如扫除尘土、加润滑油等，并经常检查排烟阀等手动启动装置和防止误动的保护装置是否完好。

另外，每隔 1～2 周，由消防中心或风机房启动风机空载运行 5 分钟。每年对全楼送风口、排烟阀进行一次机械动作试验。此试验可分别由现场手动开启、消防控制室遥控开启或结合火灾报警系统的试验由该系统联动开启。排烟阀及送风口的试验不必每次都联动风机，联动风机几次后应将风机电源切断，只做排烟阀、送风口的开启试验。

4.4.5　防排烟系统的配套装置

1）防火门

防火门能防止火势通过建筑物内部的通道蔓延，保证消防疏散通道的安全。

防火门按使用状态可分为常开和常闭式两种。常开式防火门平时呈开启状态，火灾时自动关闭。在疏散楼梯间，应设置常开式防火门，平时呈开启状态，发生火灾时，通过各种传感器控制闭门器关门。

完整的防火门配件包括闭门器、顺序器和释放器。闭门器能够随时关闭门扇，顺序器能让双扇和多扇防火门按顺序关闭，若防火门与消防报警联控器连接，则需要安装释放器。发生火灾时，联动系统控制释放器动作，让防火门处于常闭，当人员通过后又将门自动关闭。

随时保证防火门的完好和可用性是物管的责任，一旦发现开闭不严或受到破坏就要及时修理，但相当多的物管企业对防火门认识不足。常有一些建筑内部疏散通道上设置的防火门不符合规范：如有的没有闭门器，有的防火玻璃破裂损坏，有的零部件已严重缺损，甚至有的被其他物品卡死。一旦发生火灾，这些防火门就不能发挥防火挡烟的作用。

特别注意用于疏散通道的防火门应具有在发生火灾时迅速关闭的功能，且向疏散方向开启，不能装锁和插销。

2）事故照明与紧急疏散指示

有了完善的防排烟系统和防火门系统，为逃生、救生提供了良好条件。救生通道上必须安装事故照明与紧急疏散指示系统，并在火灾发生后，及时进行消防应急广播。因电气部分在后续章节有专门叙述，这里仅介绍事故照明与紧急疏散指示系统的基本构造和故障处理办法，以保持学习消防系统知识的完整性。

（1）应急照明、疏散指示灯具的结构及配件　一个应急照明、疏散指示灯具由光源、充电器、转换器、电池、镇流器、灯具 6 部分组成,如图 4.26 所示。其中应急转换器的作用是把电池提供的低压直流电,变换成足够高的交流电源,使灯顺利的启动和正常地工作。目前应急转换器都采用晶体器件使直流供电的变压器的初级绕组反复地接通和断开以获得交流电压,工作频率通常在 20 kHz 以上。

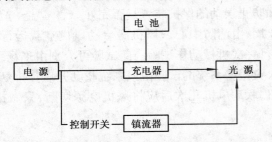

图 4.26　应急照明、疏散指示灯具的结构及配件

（2）系统故障及处理

①应急照明、疏散指示灯具不能提供应急照明。造成这种情况的原因主要有两种,即光源损坏、电池损坏。

a. 光源损坏。主要是由于光源材料寿命的因素,损坏时只能更换原规格的光源。但对于疏散标志灯中,选用场致发光膜是取代白炽灯和小型荧光灯等发光器件的理想发光材料。

场致发光膜是一种新型的发光材料,它是利用某种适当的固体与电场相互作用而发光的现象做成的。它的厚度和形状能随意的变换,在发光过程中不产生热量,亮度可随电压和频率的改变而改变,寿命长达 5 000 h 以上,可工作在环境比较严酷的地方,有较宽的温度范围（-30 ~ +60 ℃）,功率消耗极低。

b. 电池损坏。电池损坏的因素较多,如电池保险断、寿命到期、充放电不当等。但对于配置时间不长的应急照明、疏散指示灯具,充放电不当是主要因素。

镍镉电池,正极为镍,负极为镉,镉有记忆效应,需先放完电才能充电。出厂时电池一般处于放空状态,使用前应先充电约 20 h,新电池一般须经 2 ~ 3 次充放电过程,才能达到最佳容量,否则会影响电池寿命。为延长电池组使用寿命,还应在使用过程中隔一段时间对电池进行一次放电。

②应急照明、疏散指示灯具提供应急照明亮度达不到国家规定的要求。

主要原因也是电池的充放电维护不到位,平时缺乏检查造成。

多数物业利用原有的照明电路安装应急照明、疏散指示灯具,灯具放置位置较高,多在 2 m 以上,平时难以触及灯具设置的"试验"等按钮,导致灯具缺乏维护。为解决此问题,宜采用三线制接线方式。

三线制接线方式,如图 4.27 所示。

三线制接法能在平时对应急灯具进行开关控制,当外电路断电时不论开关处于何种状态,应急灯立即点亮应急。K 为平时照明开关。将 K 设置在合适位置,方便维护及检查操作。

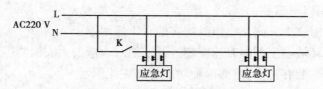

图 4.27　应急照明三线制接线

（3）应急照明、疏散指示灯具的养护

①灯具不宜安装于潮湿、易腐蚀性、易燃易爆及有震动和碰撞的场所。

②应急照明电池使用前必须进行 20 h 的充电，才可进行放电。

③储备的应急灯具每两个月必须进行一次充、放电，以防灯具电池损坏。

④使用中的应急灯具每月必须进行性能检查，通过连续 10 次开关试验，以检查电路转换及电池的应急功能，并进行放电，以延长电池使用寿命。

⑤灯具出现故障及电池寿命终结应及时维修更换。

4.5　火灾自动报警与联控系统

　　自动喷水灭火系统能够在火灾时自动喷水灭火，但缺乏早期发现和通报功能，不便于物业管理人员集中监控和及时采取有效措施。因此，现代小区一般会设置一个消防控制中心。在这个中心里，安装火灾自动报警系统，设立专职人员 24 h 值班，对火情进行集中监控。

　　火灾自动报警系统由火灾探测器、信号线路、火灾报警控制器（台）3 大部分组成。

4.5.1　火灾探测器

　　火灾探测器用于探测火灾产生的物理和（或）化学现象。根据探测对象，探测器分感烟型、感温型、感光型和复合型几大类。

　　探测器把感受到的火灾参数转变成电讯号，通过信号线传输到控制器。根据探测器送来的电讯号的情况，控制器作出相应的反应。当控制器识别出火灾信息，发出规定声响警报和灯光警报，并指示出报警地址后，火灾的探测与报警功能完成，然后控制联动装置动作，自动喷水、启动消防泵等，尽可能地控制火灾的发生与发展，将火灾的损失减到最低限度。

1）感温式火灾探测器

　　（1）原理　火灾时物质的燃烧产生大量的热量，使周围温度发生变化。某些物体的物理性质会随温度变化而发生变化，被称为热敏材料，可做成热敏元件，如：双金属片、热电偶、热敏电阻等，将其装入探测头，能及时将温度的变化转换为电信号，达到报警目的。常用以下三种：

①定温式：温度上升到预定值时响应的火灾探测器。

②差温式：环境温度的温升速度超过一定值时响应的火灾探测器。

③差定温：兼有定温、差温两种功能的火灾探测器。

（2）应用　定温、差定温式探测器各级灵敏度探头的动作温度分别不大于 1 级 62 ℃、2 级 70 ℃、3 级 78 ℃。使用环境温度再加 30 ℃就是探头的动作温度。适宜安装于起火后产生烟雾较小的场所。平时温度较高的场所不宜安装感温式火灾探测器。

2）感烟式火灾探测器

（1）原理　火灾初期，物质处于阴燃阶段，产生大量烟雾，成为早期火灾的重要特征。感烟式探测器将探测部位烟雾浓度的变化转换为电信号，从而实现报警。最常用离子感烟式和光电感烟式，其原理如下：

①离子式感烟探测器：利用放射性元素镅（Am^{241}）释放的 α 射线将空气电离，使检测腔室内的空气电离，有一定的导电性。当烟雾进入后，因离子吸附其中的带电离子，使空气电流发生了变化，这种变化与烟雾浓度直接有关，可用电子线路加以检测，实现报警。这种探测器的特点是灵敏度高、不受外面环境光和热的影响及干扰、使用寿命长、构造简单，价格低廉。

②光电式火灾探测器：探测器内部灯泡发出的光，通过透镜聚成光束照射到光敏元件上转换为电的信号，电路保持正常状态。当有一定浓度的烟雾挡住了光线时，光敏元件立刻把光强变弱的信号传给放大器放大，电路得电动作而发出报警信号。

（2）应用　感烟式火灾探测器适宜安装在发生火灾后产生烟雾较大或容易产生阴燃的场所；它不宜安装在平时烟雾较大或通风速度较快的场所。尤其是光电式，灵敏度很高，适用于火灾较大的场所，如有易燃物的车间、电缆间、计算机机房等。

3）感光式火灾探测器

物质燃烧时，在产生烟雾和放出热量的同时，也产生可见或不可见的光辐射。感光式火灾探测器又称火焰探测器，探测火灾的光特性，即火焰燃烧的光照强度和火焰的闪烁频率，然后将其转化为电信号，进行报警。根据火焰的光特性，目前使用两种：一种是对波长较短的光辐射敏感的紫外探测器，另一种是对波长较长的光辐射敏感的红外探测器。

感光式火灾探测器适宜安装在可能会在瞬间产生爆炸或燃烧的场所，如石油、炸药等化工制造品的生产及存放场所等。

4）可燃气体探测器

可燃气体探测器是对单一或多种可燃气体浓度响应的探测器。装有对可燃气体敏感的元件,遇到可燃气体,其物理特性、主要是电阻发生变化,从而产生报警的电信号。适用于因天然气、煤气、液化石油气泄漏或因酒精、汽油、煤油挥发等会产生可燃气体积聚的场所。

5)火灾探测器的选择与使用

(1)火灾探测器的选择　对火灾探测器的选择包括两个方面:一是探测器的种类和规格;二是探测器的质量。

探测器的种类和规格应根据使用场合进行谨慎选择。对火灾形成特征不可预料的部位或场所,可根据模拟试验的结果选择探测器。从物业管理的角度看,选用火灾探测器,还存在对价格和质量两个因素的考虑。如智能型探测器要比普通型探测器价格贵一些,但技术含量高。这就需要综合考虑建筑物的防火级别、管理水平、是否做到不间断值班等实际情况加以确定。

探测器的质量好否,一是看产品是否得到国家相关认证,二是考察产品产量,产品产量是衡量制造商能否生产出高质量探测器的基本标准。

(2)探测器的安装要求　点型火灾探测器宜水平安装,并符合下列规定:

①探测器周围 0.5 m 内,不应有遮挡物,至墙壁、梁边的水平距离,不应小于 0.5 m。

②探测器至空调送风口边的水平距离,不应小于 1.5 m;至多孔送风顶棚孔口的水平距离,不应小于 0.5 m。

③在宽度小于 3 m 的内走道顶棚上设置探测器时,宜居中布置。感温探测器的安装间距不应超过 10 m;感烟探测器的安装间距不应超过 15 m。探测器距端墙的距离不应大于探测器安装间距的1/2。探测器的确认灯应便于观察。

(3)探测器的维护保养

①每天进行一次外观检查。

②每年应用专用检测仪器对所安装的探测器检测一次。

③火灾探测器投入运行两年后,应每隔 3 年全部清洗一遍,并作响应阈值及其他必要的功能试验,合格者方可继续使用,不合格者严禁重新安装使用。

④废弃的离子型探测器因含有放射性物质,须集中收集交环保部门处理。

上述②和③两点可委托具有维护保养清洗维修资质许可证的消防专业管理公司进行。

根据分析,一只火灾探测器的 MTBF(平均寿命)为 30 年。运行中的火灾探测器,如不进行清洗维护,平均使用寿命则只有 5 年左右。

4.5.2　火警信号传输线路

探测器的线路应采用不低于 250 V 的铜芯绝缘导线。导线的允许载流量不应小于线路的负荷工作电流,其电压损失一般不应超过探测器额定工作电压的5%;当线路穿管敷设时,导线截面不得小于1.0 mm²;在线槽内敷设时,导线截面不小于0.75 mm²。连接探测器的信号线多采用双绞线,一般正极线"+"为红色,负极线"-"为蓝色。

敷设室内传输线路应采用金属管、硬质塑料管、半硬质塑料套管或敷设在封闭线槽内。对建筑内不同系统的各种类别强电及弱电线路,不应穿在同一套管内或线槽内。火灾自动报警系统横向线路应采用穿管敷设,对不同防火分区的线路不要在同一管内敷设。同一工程中相同线别的绝缘导线颜色应相同,其接线端子应标号。

对通过施工验收的传输线路,主要的日常维护保养工作就是定期巡视,保证线路的外观完好性。当线路中断,火灾报警控制器的相关探测器巡检指示灯不亮或故障灯显示,则应及时修复线路或更换探测器。

4.5.3 火灾报警控制器

1)火灾报警控制器的类型

按其用途不同,可分为区域火灾报警控制器、集中火灾报警控制器和通用火灾报警控制器三种基本类型。

①区域火灾报警控制器:直接连接火灾探测器,处理各种报警信号。

②集中火灾报警控制器:一般不与火灾探测器相连,而与区域火灾报警控制器相连,处理区域级火灾报警控制器送来信号,常使用在较大型系统中。

③通用火灾报警控制器:兼有区域、集中两级火灾报警控制器的双重特点。通过设置或修改某些参数(可以是硬件或者是软件方面)即可作区域级使用,连接探测器;又可作集中级使用,连接区域火灾报警控制器。

随着火灾探测报警技术的发展和模拟量、总线制、智能化火灾探测报警系统的逐渐应用,在许多场合,火灾报警控制器已逐渐不再分为区域、集中和通用3种类型,而统称为火灾报警控制器。

2)火灾报警控制器的功能

火灾探测器通过信号传输线路把火灾产生地点的信号发送给火灾报警控制器,火灾报警控制器将接收到的火灾信号以声、光的形式发出报警,显示火灾信号的位置,向消防联动控制设备发出指令,对火灾进行扑救,阻止火势蔓延,为疏散人群创造条件。

火灾报警控制器一般具有报警、显示、记录和联网功能。一般设有联动装置,所以也称为火灾自动报警与联控系统。联动装置与消火栓系统、自动灭火系统的控制装置、防烟排烟系统的控制装置、防火门控制装置、报警装置,以及应急广播、疏散照明指示系统等相连。在火灾发生时,通过自动或值班人员手动发出指令,启动这些装置进行相应动作。

3)通用火灾报警器实例

JB—QB—GST 32 火灾报警控制器是一种联网型总线制火灾报警控制器,它既可单独使用,在现场报警的同时,将报警信息通过普通电话线进行远传;也可以联网使用,组成城市火灾自动报警监控管理网络系统。适用于探测器总点数不超过 32 个的小型消防工程的使用。其联网功能,能将各种信息实时传送到城市火灾自动报警监控管理中心或巡检维护中心,并具有系统自检测功能。

(1)主要技术指标　控制器壁挂式安装,容量为 32 个编码点,控制器与探测器采用无极性二总线连接,能在 $-10 \sim +50\,^{\circ}\mathrm{C}$ 和相对湿度 $\leqslant 95\%$($40\,^{\circ}\mathrm{C}\pm2\,^{\circ}\mathrm{C}$)的环境下正常使用。电源为 AC220($1\pm15\%$) V,直流两块 12 V/4 Ah 密封铅酸蓄电池串联,功耗 $\leqslant 3$ W。

(2)功能简介

①自检和设备注册:控制器开机后自动检测键盘、指示灯和显示数码管,逐点注册在役设备,最后通过数码管显示注册设备总数。系统在监控状态下也可随时按"自检"键进行自检。设备注册完毕,控制器可将注册信息传至当地城市火灾自动报警巡检维护中心备案。

②火警信息现场提示并远传:控制器检测到探测器的火警信号后,点亮"报警"指示灯和监视盘上与报警点相对应的报警灯,"总数"窗口显示当前报警总数,"首警"窗口显示首次报警探测器的编码,现场发出报警声响。同时控制器可将此报警信息迅速传至城市火灾自动报警监控管理中心和巡检维护中心。

③探测器故障信息现场提示并远传:控制器检测到探测器发生故障后,点亮"故障"指示灯和监视盘上与故障点相对应的故障灯;在无报警状态下,"总数"窗显示故障总数,"首警"窗显示首次故障号码,现场发出报警声响。同时控制器将此报警信息迅速传至城市火灾自动报警巡检维护中心。

④设备的隔离和释放:控制器提供设备隔离功能,将不能及时处理的故障探测器从系统中隔离出来,使故障设备不影响系统的正常运行。故障设备恢复正常后,用释放功能将被隔离的设备释放,使其恢复正常工作状态。控制器可将此设备隔离或释放信息迅速传至城市火灾自动报警巡检维护中心。

⑤系统时钟及设置:系统设有时钟显示和日历查询功能。内部硬件时钟可提供精确的同步时钟,在断电情况下也可以连续工作 10 年。同时,时钟和日历可手动设置,以保持与当前时间同步;并且可以通过自动对时功能保持其与当地巡检维护中心系统时钟的统一性。

⑥注册设备信息浏览:按下工作检查键,输入正确的密码后,可浏览在役设备及其工作状态。

⑦运行记录器：本控制器设有运行记录器,掉电信息不丢失。

⑧打印机(选配功能)：报警或故障发生,打印机自动打印信息发生的日期、时间、设备号和信息类型。

⑨键盘锁：键盘可被锁定,防止无关人员操作,键盘的解锁必须通过密码。

⑩设备定义：可现场定义设备类型。

⑪报警输出：具备一对常开输出触点,当有火警发生时,触点闭合,可以外接其他声光报警设备或联动设备。

⑫主备电监测：实时监测主备电电源,当出现主备电故障时,发出提示声响,相应指示灯点亮,同时联网控制器将此故障信息迅速传至城市火灾自动报警巡检维护中心。

⑬智能循环拨号：控制器检测到火警或故障信号后,立即摘机拨号,自动检测信号音,遇占线或无人接听,挂断重拨,保证与中心系统的可靠通信。

⑭定时报名：可以设定控制器的报名间隔和时间,到达预设的时间后自动向巡检维护中心报告其工作状态,并传送未成功传送的旧记录。

⑮电话线监测：控制器实时检测电话线,当出现电话线故障时,发出不同于火警及其他故障的报警声响,数码显示窗显示 error。

(3)显示操作面板　显示操作面板见图 4.28,显示面板指示说明如下：

①故障指示灯：黄色,任意一个探测器故障或主、备电故障时点亮。

②报警指示灯：红色,任意一个探测器报警时点亮。

③键盘锁定灯：红色,键盘被锁住时亮,此时只有消音键、确认键和键盘锁定键有效。

④主电故障灯：黄色,主电故障时亮。

⑤备电故障灯：黄色,备电故障时亮。

⑥消音指示灯：红色,有报警或故障声音时按下消音键,系统关闭声音,点亮此灯。

⑦隔离指示灯：红色,任意一个探测器被隔离时亮。

⑧工作指示灯：绿色,控制器工作时点亮。

⑨探测器报警指示灯：红色,共 32 个,本号探测器报警时亮。

⑩探测器故障指示灯：黄色,共 32 个,本号探测器故障时亮。

⑪首次报警显示：两位数码管,正常情况下显示时间的小时信息,探测器报警时显示首次报警的探测器编号,探测器故障且无报警时显示首次报故障的探测器编号。

⑫报警总数显示：两位数码管,正常情况下显示时间的分钟信息,探测器报警时显示报警总数,探测器故障且无报警时显示故障探测器总数。

⑬探测器编号：非发光显示,探测器实际地址编号。

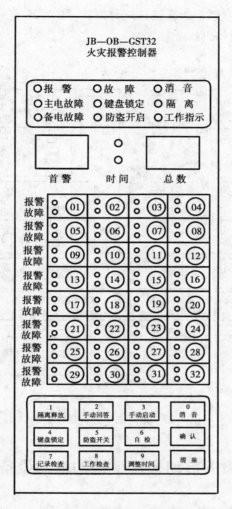

图 4.28　火灾报警控制器的显示操作面板

4.5.4　集中报警系统实例

集中报警系统分为传统和新型两种。传统集中报警系统由火灾探测器、区域火灾报警控制器和集中火灾报警控制器等组成。新型集中报警系统采用了总线制编码传输技术,是由火灾报警控制器、区域显示器(层显示)、声光报警装置及带地址模块的火灾探测器、控制模块、消防联动控制设备等组成的总线制编码传输的集中报警系统。

集中报警系统应设有一台集中报警控制器和 2 台及 2 台以上区域火灾报警控制器,或设置 1 台集中火灾报警控制器和 2 台及 2 台以上区域显示器。主要用于建筑高度不超过 100 m 的一类高层民用建筑和建筑高度不超过 24 m、每层建筑面积在 3 000 m² 以上的商业楼、高级宾馆、办公楼等。图 4.29 是一种新型集中报警系统的实例,图中有相关图例说明。

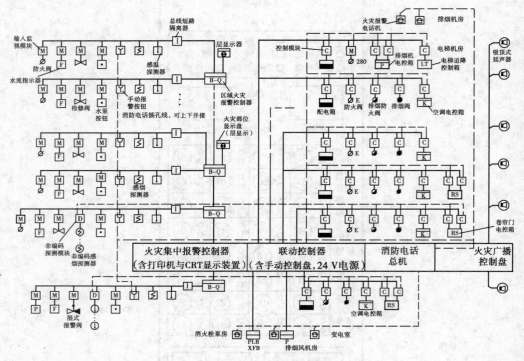

图 4.29　新型集中报警系统实例

4.5.5　常用火灾自动报警系统的辅助设备

1)手动火灾报警按钮

手动火灾报警按钮是用来向火灾报警控制器传输火灾信号的手动开关。在建筑每个报警区域内的每个防火区不得少于 1 只手动火灾报警按钮。安装位置应设在其防火区内明显和便于操作的场所,即防火区内任何地点到手动火灾报警按钮的距离不应大于 30 m。通常是安装在消火栓箱内或容易看到的旁边。

2)警　铃

警铃一般安装在建筑内公用场所,如大厅、走廊等处,属于报警系统的外接负载,一旦其控制回路接通电源,警铃即发出声响报警。

3)辅助指示装置

主要是火灾自动报警系统中的光中继设备。常见的有消防控制室内模拟显示器,此显示器可将建筑内发生的火灾信息,用灯光模拟展现在显示盘上,使消防值班人员及时、准确了解发生火灾地点。此外,辅助指示装置还包括消防通道上的应急照明及疏散指示灯。

4)中继器和隔离器

中继器是把火灾报警系统中各种电信号进行远距离传输、放大或隔离的设备。

隔离器为火灾报警系统中用于断开系统发生局部故障,使系统保持正常工作。当前常用的总线隔离器可使火灾自动报警系统中并联于各自总线上的探测源,在其总线发生故障时,能及时切断局部故障点,保证其他部分正常工作。

5)监测器

常见有包括水流指示器、压力监测器和水位监测器等,其功能是对管网中的水流、消防系统中水压、水池和水箱中水位等进行监测,并将监测信号传输到报警控制器。图 4.30 是常用的浆片式水流指示器,其工作原理是通过水流的冲击力引起浆片动作,并转换成电信号传输到消防控制器,以声、光信号显示管中水的流动。它只能水平安装。

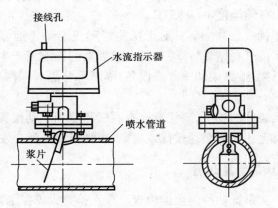

接线孔
水流指示器
喷水管道
浆片

图 4.30　常用的浆片式水流指示器

6)系统供电电源

火灾自动报警系统的主电源应有 2 个或 2 个以上电源供电,在消防控制室能够进行自动切换。同时还有 24 V 直流备用电源。直流备用电源宜采用火灾报警控制器的专用蓄电池或集中设置的蓄电池。

当直流备用电源与消防系统备用电源合用蓄电池时,火灾自动报警控制器应采用单独的供电回路,合用蓄电池功率应能保证在消防系统处于最大负载时报警控制器也能正常工作。

4.5.6 系统的维护管理

1)建立系统技术档案

在火灾自动报警系统安装调试,通过验收后,应将设计、施工、安装单位移交的有关系统的施工图纸和技术资料,安装中的技术记录、系统各部分的测试记录、调试开通报告、竣工验收情况报告等加以整理,建立技术档案,妥善保管,以备查询。同时,在系统开通运行前还应建立相应的操作规程、值班人员职责、值班记录、显示系统在所保护建筑物内位置的平面图或模拟图、系统运行登记表、设备维修记录等,以使管理人员在工作中有章可循。

2)随时检查使用环境

①探测器因环境条件的改变而不能适用时,应及时更换。如原库房改为厨房、锅炉房、开水房、发电机房时就应将感烟式探测器改为感温式探测器。据测定,感烟式探测器的环境使用温度一般在 50 ℃左右,否则有可能出现故障;而定温探测器动作的额定温度应要高出环境温度 10～35 ℃。

②要防止外部干扰或意外损坏。对于探测器不仅要防止烟、灰尘及类似的气溶胶、小动物的侵入、水蒸气凝结、结冰等外部自然因素的影响而产生的误报,而且还要防止人为的因素如书架、贮藏架的摆放或设备、隔断等分隔对探测器和手动报警按钮的影响。

③对于进行二次装修的场所,要注意检查原探测器和手动报警按钮等是否完好,线路是否畅通。如有上述问题必须重修或更换,否则报警器就会发生故障。

3)定期检查自动报警功能

至少每年进行一次系统功能的全面检查。重点检查火灾探测器。

在进行检查时,可对某一火灾探测器用专用加烟(温)工具进行实际操作检查。当火灾探测器正常响应后,报警确认灯会亮;同时,探测器向火灾报警控制器发出火灾信号,控制器上信号显示的位置应无误。还要检查时钟是否走动,有无发生火警的时间记录。检查后,值班人员应及时对设备进行消音、复位,以防时间过长而使设备元件被破坏。

4)定期检查电源

一般每季度要对备用电源进行 1 或 2 次充、放电试验,1～3 次主电源和备用电源自动切换试验。同时检查:

①火灾自动报警系统的交流电源是否因与大型设备电源连在一起而产生电压波动。否则应采取措施分开设置,保证火灾自动报警系统单独回路供电。

②检查火灾自动报警系统的电压偏移是否在允许范围内，否则应采取稳压措施。

5）定期检查联动功能

每季度检查一次系统联动功能。在检查时如果联动系统动作正常，信号就会反馈至消防控制室，若是没有信息反馈，说明设备发生故障，应及时采取措施加以排除。

检查联动功能时，特别注意以下几点：

①报警控制器能够强制消防电梯停于首层。

②在试验事故广播时，不论扬声器处于何种工作状态，都应能将其切换到火灾事故广播通道上。

③应急照明和疏散指示灯要在规定的救生通道里接通。

另外，所有切换开关如电源转换开关、灭火转换开关、防排烟、防火门、防火卷帘等转换开关、警报转换开关、应急照明转换开关等都应进行符合规定的动作。

▋ 4.6　灭火器的选择与使用

在物业消防管理工作中，除了采用前面几节所介绍的消防系统外，也离不开使用灭火器进行初起火灾的人工扑救。能够正确地选择、使用和保养灭火器，是物业管理人员应该具备的基本技能。

灭火器是由筒体、器头、喷嘴等部件组成，借助压力将所充装的灭火剂喷出灭火的器材。本节主要介绍两种物管工作常用灭火器的选择、使用和保养知识。

1）二氧化碳灭火器

（1）灭火原理　二氧化碳灭火器罐内装有液态二氧化碳，使用时，二氧化碳从储存容器中喷出，排除空气、包围在燃烧物体的表面或分布于较密闭的空间中，同时通过窒息与冷却灭火。主要用于扑救贵重设备、档案资料、仪器仪表、600 V以下电气设备及油类的初起火灾。

（2）使用方法　二氧化碳灭火器在使用时，应首先将灭火器提到起火地点，放下灭火器，拔出保险销，一只手握住喇叭筒根部的手柄，另一只手紧握启闭阀的压把。对没有喷射软管的二氧化碳灭火器，应把喇叭筒往上扳70°～90°。使用时，不能颠倒使用或直接用手抓住喇叭筒外壁或金属连接管，最好戴上手套，以防冻伤。使用时，注意连续喷射，防止余烬复燃。在室外使用时应顺风喷射，不可逆风；在室内窄小空间使用，灭火后操作者应迅速离开，以防窒息。

（3）维护保养

①二氧化碳灭火器应放置在明显、取用方便的地方，不可放在采暖或加热设备附近和阳光强烈照射的地方，存放处环境温度不要超过55 ℃。

②每半年用称重法检查一次质量。称出的质量与灭火器钢瓶底部打的钢印总质

量相比,如果低于钢印所示质量 50 g 的,应送维修单位检修。

③在搬运过程中,应轻拿轻放,防止撞击。在寒冷季节使用二氧化碳灭火器时,阀门(开关)开启后,不得时启时闭,以防阀门冻结。

④灭火器每隔 5 年送请专业机构进行一次水压试验,并打上试验年、月的钢印。

2)干粉灭火器

(1)灭火原理 干粉灭火器内充装的是干粉灭火剂。干粉灭火剂是用于灭火的干燥、易于流动的微细粉末,由具有灭火效能的无机盐和少量的添加剂经干燥、粉碎、混合而成微细固体粉末组成。主要通过化学抑制和窒息作用灭火。

除扑救金属火灾的专用干粉灭火剂外,常用干粉灭火剂一般分为 BC 干粉灭火剂(扑灭 B/C 类火)和 ABC 干粉灭火剂(扑灭 A/B/C 类火)两大类,如碳酸氢钠干粉、改性钠盐干粉、磷酸二氢铵干粉、磷酸氢二铵干粉、磷酸干粉等。

不同干粉灭火器的适用的范围通过其成分就可看出来,主要缺点是对于精密仪器火灾易造成污染。

(2)使用方法 干粉灭火器最常用的开启方法为压把法,将灭火器提到距火源适当距离后,先上下颠倒几次,使筒内的干粉松动,然后让喷嘴对准燃烧最猛烈处,拔去保险销,压下压把,灭火剂便会喷出灭火。另外还可用旋转法。开启干粉灭火器时,左手握住其中部,将喷嘴对准火焰根部,右手拔掉保险卡,顺时针方向旋转开启旋钮,打开贮气瓶,滞时 1~4 s,干粉便会喷出灭火。

(3)维护保养

①平时应放置在干燥通风的地方,还要避免日光曝晒和强辐射热,以防失效。

②存放环境温度宜在 -10~55 ℃。

③灭火器应按制造厂规定的要求和检查周期,进行定期检查。如发现干粉结块或气量不足(罐内充有喷粉的压缩空气),应及时送检维修。

④一经启用,必须进行再充装,充装时不变换品种。

⑤灭火器每隔 5 年或每次再充装前,应进行水压试验,以保证耐压强度,检验合格后方可继续使用。

以上主要是以手提式灭火器为例进行介绍。灭火器还有推车式、背负式等形式,其使用与保养方法类似。

3)配置与使用灭火器的一些注意事项

在物业管理工作中,配置灭火器不是为了应付消防检查,而是要在发生火灾时起到作用。除了正确选择灭火器的类型,进行良好的维护保养工作外,还要注意出现火警时的可操作性。可操作性需要两方面的保证,一是物业管理人员和小区业主必须正确掌握使用方法,二是要配置适当规格的灭火器。这是因为:

①一般手提式灭火器内装药剂的设计喷射灭火时间在 1 min 之内,实际有效灭火时间可能只有 10~20 s,如果平时对灭火器的操作不正确、不熟悉,实际使用起来,不

仅灭不了火,还可能贻误时机、甚至出现伤亡。

②灭火器的质量不等,小的只有 0.5 kg,大的可达几十千克,配置灭火器时应考虑其使用人员的年龄、性别、体力等。使用人员以青壮年为主的场所可配置较大规格的灭火器,有助于迅速灭火;而在学校、医院、老年公寓、福利工厂等场所应配置较小级别的灭火器,使其能够灭火。

③各种灭火器的操作方法不尽相同,为了方便用同一操作方法使用多具灭火器顺利灭火,同一场所最好采用同一类型的灭火器,或选用同一操作方法的灭火器。

复习思考题

1. 小区室外的消防设施主要有哪些? 主要起什么作用?

2. 小区室内的消防设施主要有哪些? 如何使用?

3. 考虑自己所在的校区或居住的小区应设置多大容量的消防储备水池,应放置在哪里?

4. 某校教学楼并未达到国家规定必须设置消防灭火系统的标准,但它不仅设置了消火栓系统,还计划装置自动灭火系统,有这个必要吗?

5. 高级宾馆在住宿区一般配备什么样的自动喷水系统? 请说明它的各个组成部分和工作过程。

6. 有一个功能非常完善的生活小区,最低的建筑也有 23 层,小区里还设有电影院、俱乐部、超市、餐厅等,在这样的一个环境里,若要配置完善的消防设施,需配置哪几种? 如何进行维护管理工作?

7. 某物业公司计划把小区变电所的卤代烷灭火系统进行更新改造,那么采用什么样的消防系统替代它为宜,请说出你的观点和依据。

8. 防排烟系统的工作过程是怎样的? 如何保证防排烟系统在火警情况下能够正常工作。火灾探测器有哪些类型? 各适合于什么样的探测场合?

9. 火灾联动系统是对哪些系统进行联动? 请说出参与联动的系统在发生火灾时是怎么工作的。

10. 在自己所在的校区或居住的小区里,若有人建议全部配备 5 kg 规格 BC 干粉灭火器,请思考妥否。

第 5 章
热水、供暖与燃气供应系统

导读:学习本章,应对热水供应、供暖系统及燃气供应系统的工作原理、常用类型与规格有一个清楚的认识,对保证这些系统正常、高效、安全工作的措施能够正确理解和执行。

5.1 热水供应系统

5.1.1 热水供应系统的组成及供水方式

热水供应系统由水加热器、热水管网及其附属设备等组合而成,如图5.1所示。水加热器可以是锅炉(直接加热水),也可以是热交换器(利用蒸汽或热水等加热水);热水管网包括热媒管道及放热后的回水管、从加热器到用水点的配水管和回水管等;附属设备有控制阀门、水泵、膨胀及放气设备等。

由图5.1中可以看出,热水由加热器通过配水管,供应龙头出水。但当不用热水或用量极少时,管内热水散热而冷却,再次使用时必须将管内冷水放尽,才能得到热水,这样使用不便且浪费。可在配水管侧装设回水管,利用管内冷热温差而造成密度差,使管中冷热水循环流动,以保持管内热水水温,这种

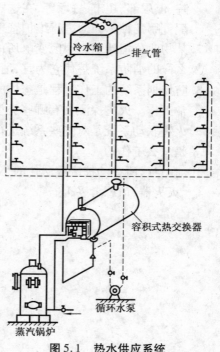

图5.1 热水供应系统

循环称为自然循环。如果自然循环力不足，即需装置循环泵辅助循环，称为机械循环。机械循环系统供水方便，但构造较复杂，造价较高，适合全日制供应热水。在定时供应热水时，通常只在干管上装设回水管。

　　实际上，图 5.1 表示的是集中热水供应系统，多用于大型宾馆、高级住宅等。对于家庭、食堂等用热水量较小的建筑，采用局部热水系统，加热器用炉灶、煤气热水器、电热水器或太阳能热水器等，简单、方便，但应注意安全。

　　热水的供应方式按加热方法分，可分为直接加热和间接加热法，前者利用锅炉烧制热水，后者利用热媒经热交换器制备热水；按管网布置形式分，可分为下行上给和上行下给式管网；按有无循环管分，可分为全循环、半循环及无循环热水系统。图 5.1 就是一种全循环系统，如将回水管接在供水干管底部，热水仅在系统下部能够循环，则全循环系统变为半循环系统。

5.1.2　保证热水供应系统正常工作的技术措施

　　热水系统除保证一定水量和水压外，还必须满足水温要求。水温使热水系统产生一些与冷水系统要求不同的问题，例如管道的腐蚀、热胀冷缩，析出气体，水体膨胀及管道结垢等。这些都要解决，以保持系统供水的安全可靠。

1）防腐蚀

　　热水管材应具有良好防腐蚀性能，其选用顺序宜如下：薄壁铜管、薄壁不锈钢管、塑料及其复合管。塑料类管材多用于住宅户内，如 PP-R、PB 和 PEX 管。若热水干管采用塑料类管材，需注意：

①PP-R 管应采用公称压力不低于 2.0 MPa 等级的管材。

②PVC-C 管：多层建筑使用 S5 系列，高层建筑使用 S4 系列。

③塑料类管材不宜见光，且不耐振动，使用时应避开类似的环境。

2）热胀冷缩

　　物体有热胀冷缩的性质，在热水系统中必须对管道进行补偿，以免扭损。补偿可通过伸缩器及管道自身转弯等方式，伸缩器有用管道弯成的 n 形及金属波纹形伸缩器等（见图 5.2）。

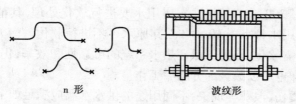

n 形　　　　　　波纹形

图 5.2　伸缩器

此外水体受热后膨胀力很大,可能破坏管道和加热设备,常用膨胀管,膨胀水箱及安全阀等设备,以消除水受热后的膨胀压力。锅炉上设安全阀,加热水箱设膨胀管,其上通进屋顶水箱,管上不设闸门。

3)保温

为减少散热,在加热设备、热水箱及配水管道(主要是指立管和立管的供水管道)应设置保温层,但每户进户给水支管及以后管道嵌墙敷设一般不必保温。热水供、回水管及热媒水管常用的保温材料为岩棉、超细玻璃棉、硬聚氨酯、橡塑泡棉等材料,其保温层厚度多为 40 mm。

热水设备,如水加热器、热水分集水器、开水器等采用岩棉制品、硬聚氨酯发泡塑料等保温时,保温层厚度应为 35 mm。

4)防结垢

水中含钙、镁盐类多的水称为硬水,硬水受热容易在加热器或管道内结垢,降低传热效率,又腐蚀损坏加热设备。热水供应系统一般不投加化学除垢剂,为减少积垢,常在加热器的进水口上装设适当的除垢器,请参见本节后续介绍。

5)其他措施

热水系统的专用设备还有促进热水循环的回水泵、排除管道中积气的排气阀、排除蒸汽凝结水的疏水器以及温度调节器等。

在上行下给式热水管网的最高点应设置排气阀,以免阻碍热水流行;而下行上给管网中,析气可由龙头放出,则不设置排气阀等。泄水阀一般设于管网最低处或向下凹的管段处以利泄空管网存水,并方便检修。

疏水器的作用是自动阻止水蒸气逸漏,但要迅速排出用热设备及管道中的凝结水,同时排除系统中积留的空气及其他不凝气体。在热水系统,尤其是供暖系统中多见。一般靠近用汽设备(如水加热器、开水器等)凝结水管末端处或蒸汽管下凹敷设的下部位置,水平安置。但当凝结水管末端出水温度小于 80 ℃时,可不设疏水器。

6)供应热水的水质和水温要求

生活热水的水质应符合生活饮用水质卫生标准的要求;当日用水量 ≥10 m³、原水碳酸钙硬度超过 300 mg/L 时,洗衣房用水要进行软化处理,其他建筑用水也宜进行水质处理;如日用水量小于 10 m³ 时,其原水可不进行软化。南方地区广泛采用地表水源,一般也不需软化,但为了保证热水系统的可靠性和效率,仍宜考虑采用静电/电子除垢仪。这样也可以减轻部分除垢工作量。

为避免出现烫伤、浪费等现象,不同用途的供水水温应满足如下要求:
①盥洗用热水包括洗脸、洗手等用的热水,供水温度为 30～35 ℃。
②沐浴用热水供水温度为 37～40 ℃。

③洗涤用热水包括洗衣用水、洗餐具用水等，供水温度为 50 ℃。

5.1.3　高层建筑热水供应

高层建筑集中热水供应系统（见图 5.3）包括热源、加热器（或换热器）、管网和热水使用设备。加热设备一般设在地下室或设备层，热水由管道送向各楼层并送到各用水设备。也分为上行下给和下行上给两种。与高层建筑给水系统类似，高层建筑热水供应系统也需要进行分区供给，而且为了使热水和冷水在用水点上水压保持平衡，热水供应管网的分区应和本幢建筑内的给水管网的分区一致，并应力求各用水点处的冷、热水水压基本相同。

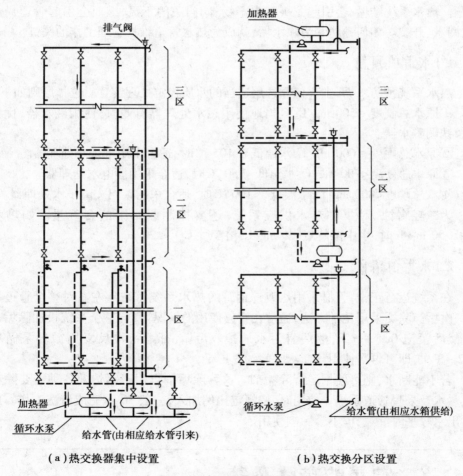

（a）热交换器集中设置　　　　　　　（b）热交换分区设置

图 5.3　高层建筑热水系统

5.1.4　热水系统的维护管理

热水锅炉(中央热水机组)是热源设备,热源的维护管理工作,在本章热源一节介绍。

热交换部分的维护重点在于保证计量仪表、指示和安全仪表的正常工作,如热媒(蒸气或高温热水)流量计、温度表、压力表、安全阀、温度调节器、疏水器和各类阀门。实行每天巡查,定期检查、维修、更换制度,发现故障,及时报修,也可更换易损件解决简单故障。

热水管道的维护管理基本类似于室内给水管道,但因为其输送热水,会产生结垢问题。热水系统结垢,会引起龙头流水不畅,阀门关闭不灵,继而会引起管道局部腐蚀、漏水、开裂。如何预防和清除水垢,就成为热水管道维护管理工作的关键。

1)水垢的预防

热水系统预防水垢,主要依靠选用适当的水质稳定处理装置。选择原则如下:

①原水总硬度≤500 mg/L,且当地使用磁水处理器有效时,使用磁水器,优先选用钕铁硼磁水器。

②原水总硬度≤600 mg/L,水温低于105 ℃时,适合采用电子水处理器。

③原水总硬度<700 mg/L,水温低于80 ℃时,适合采用静电水处理器。

④水总硬度<800 mg/L,水温低于100 ℃时,适合采用碳铝式离子水处理器。

为减轻腐蚀,对集中热水供应系统,还要控制原水中的含气量。如热水供应量>50 m^3/h 时,水中溶解氧≤5 mg/L,溶解性 CO_2 ≤20 mg/L。

2)水垢的清除

在系统运行正常,管材采用热镀锌钢管的热水系统每5年左右对整个管道系统除一次垢。除垢采用化学方法,通常在暂停使用的情况下,向整个系统投加除垢剂溶液,然后浸泡 0.5～1 h,然后将污水放掉。污垢清除后,再反复用循环泵循环冲洗 2～3 次,即可再次使用。断水时间约 3 h。

若不能断水,则可使用运行除垢剂。这种除垢剂可用于锅炉及各种需要除垢的冷、热水及采暖管道系统。使用时,按规定比例加入,一般 30 天完成清洗工作。此期间,出水较平时混浊,但不会影响使用。

5.2　常用的供暖系统

在冬季,室外温度低于室内温度,房间的围护结构(墙、屋顶、地板、门窗等)不断向室外散失热量,使房间温度变低,为使室内保持所需要的温度,就必须向室内供给相应的热量。这种向室内供给热量的工程设备叫做供暖系统。

5.2.1　供暖系统的组成

1）自然循环热水供暖系统

图 5.4 是自然循环热水供暖系统工作原理示意。在这种系统中不设水泵，依靠锅炉加热和主要依靠散热器散热冷却造成供、回水温度差形成水的密度差，密度差导致压强差维持系统水的循环，这种循环作用压力称为自然压头。

这种系统由于自然压头很小，因而其作用半径（总立管到最远立管沿供水干管走向的水平距离）不宜超过 50 m，否则系统的管径就会过大。若有可能在低于室内地面标高的地下室、地坑中安装热源，较小的独立建筑，如别墅，可以采用自然循环热水供暖系统。

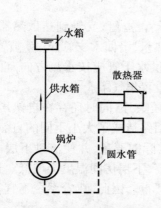

图 5.4　自然循环热水供暖系统

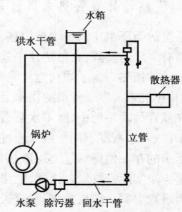

图 5.5　机械循环热水系统

2）机械循环热水供暖系统

如图 5.5 所示，这种系统由锅炉、输热管道、水泵、散热器以及膨胀水箱等组成。在这种系统中，水泵装在回水干管上，水泵产生的压头促使水在系统内循环。

为排出管道内的积存空气，在供水干管的最高点设有集气罐排气，并在系统的最高点设有膨胀水箱。膨胀水箱依靠膨胀管连在水泵吸入端，一是容纳水受热后所膨胀的体积，二是维持管道系统内部始终处于一定的恒定压力（高于大气压力），由于系统各点的压力均高于此点的压力，所以整个系统处于正压下工作，保证了系统中的水不致气化，避免了因水气化而影响系统正常工作。

3）蒸汽供暖系统

图 5.6 表示了蒸汽供暖系统的组成。在这种系统中，锅炉产生蒸汽，经蒸汽管道输送到散热器中，在散热器中凝结放出热量供给房间，以保证室内温度达到供暖要

求。凝结水沿凝水干管流入凝结水箱,经凝结水泵送回锅炉再加热成所需要的蒸汽。

为保证散热器正常工作,及时排除散热器中所存有的空气,蒸汽供暖系统的散热器上必须安装自动排气阀,其位置在距散热器底 1/3 的高度处。还必须在散热器后装设疏水器,防止蒸汽进入凝结水管道。

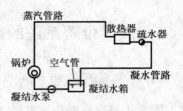

图 5.6　蒸汽供暖系统

蒸汽供暖系统主要用于工业和大型商业场所,民用建筑应采用热水供暖系统。常用的低温水供暖系统的供水/回水温度为 95/70 ℃,高温水供暖系统的供水/回水温度为 110/70 ℃。

5.2.2　机械循环热水供暖系统

1)机械循环双管热水供暖系统

系统的循环水在锅炉中被加热,通过总立管、干管、立管、支管到达散热器,沿途散热而有一定的温降,在散热器中放出大部分所需热量,沿回水支管、立管、干管重新回到锅炉被加热。为了顺利地排除系统中的空气,供水干管应按水流方向有向上的坡度,并在最末一根立管前的供水干管的最高点处设置集气罐。

在双管供暖系统中,除了水泵造成的机械循环压头外,同时还存在自然压头,它是由于供、回水密度不同所致。通过各层散热器的回路造成了大小不同的自然压头,自然压头的存在使得流过上层散热器的水量多于实际需要量,并使流过下层散热器的水量少于实际需要量。这样,上层房间温度会偏高,下层房间温度会偏低。这种现象称为垂直失调。楼层愈多,垂直失调的现象就愈严重。因此,双管系统不宜在 4 层以上的建筑物中采用,如图 5.7 所示。

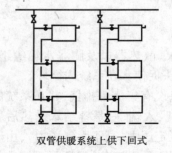

双管供暖系统上供下回式

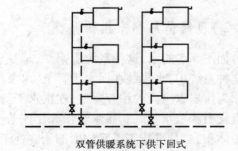

双管供暖系统下供下回式

图 5.7　机械循环双管热水供暖系统

2)机械循环单管热水供暖系统

在单管式系统中散热器以串联方式连接于立管,来自锅炉的热水顺序地流经各层散热器,逐层放热后返回到锅炉中去。单管顺流式系统因为和散热器相连的立管只有一根,比双管式系统少用立管,立、支管间交叉减少,因而安装较为方便,不会像双管系统那样产生垂直失调,造成各楼层房间温度的偏差。缺点是经单管立管流入各层散热器的水温是递减的,因而下层散热器片数多,占地面积大。若在散热器支管上安装三通温度控制阀,成为垂直单管可调节跨越式系统,使每组散热器可单独调节,就可以解决这个问题,如图5.8所示。

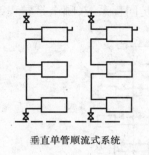
垂直单管顺流式系统

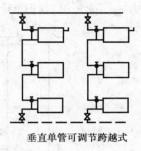
垂直单管可调节跨越式

图 5.8　机械循环单管热水供暖系统

3)同程系统和异程系统

前面两种系统,通过各立管的循环环路的总长度不相等,这种系统称为"异程系统"。由于各环路总长度有可能相差很大,各立管环路的压力损失就难以平衡,造成水平失调,即靠近立管所在房间温度偏高,远离立管所在房间温度偏低。为了消除或减轻这种现象,可通过管网布置,有意识地使经过各立管的循环环路的总长度近似相等,称为"同程系统",如图5.9所示。同程系统的管道长度较大,管径稍大,因而会比异程系统多耗管材。

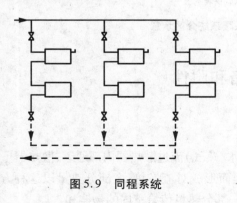

图 5.9　同程系统

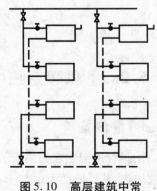

图 5.10　高层建筑中常
用的单双管混合采暖系统

4)高层建筑热水供暖系统

目前,国内高层建筑供暖系统以单、双管混合式系统最为常用,如图5.10所示。单、双管混合式系统在垂直方向上分为若干组,每组为若干层,每一组均为双管系统,而各组之间用单管连接。这种系统中的每一组为双管系统,只对2~3层房屋供暖,形成的自然压头仅在此2~3层中起作用,避免了严重的垂直失调,且支管管径都比单管系统中的支管管径小,也能节省造价。

除了避免严重的垂直失调,高层建筑的热水供暖系统还必须避免静水压力过大,因而与高层给水系统一样,常每隔8~10层分一个供暖区。图5.11表示了一种高层供暖分区方式。读者可自行思考,Ⅰ区与Ⅱ区,哪个是同程系统,哪个是异程系统。

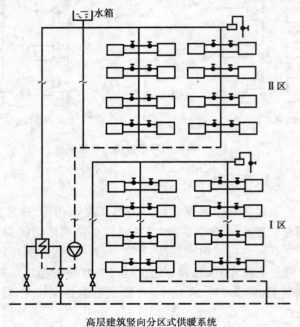

高层建筑竖向分区式供暖系统

图5.11 高层建筑中采暖系统分区示意

5.2.3 供暖系统中的主要设备和附件

1)散热器

供暖管道把热媒提供给散热器。热媒(热水/蒸气)流过散热器内部通道,散热器壁面被加热,其外壁面温度高于室内空气温度,因而形成对流换热,大部分热量以这种方式传给室内空气。另外,散热器也靠辐射把另一部分热量传给室内的物体和人。

散热器的材质传统上是铸铁或钢,近年出现了新型的铜、铝(铜管铝片、铜铝复合)散热器。朝着传热效率高、装饰性好、防蚀防垢、经济性好的方向发展。

(1)柱型散热器 柱型散热器(图5.12)是呈柱状的单片散热器,外表光滑、无肋片,传热性能好,易于清扫,还可以做成各种美观的工艺形状。但施工安装较复杂,铸铁散热器的承压能力也较低。

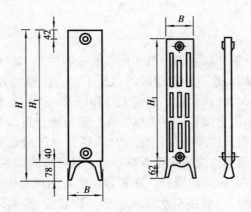

图 5.12　柱型散热器

（2）翼型散热器　翼型散热器（图 5.13）分圆翼型和长翼型两种。

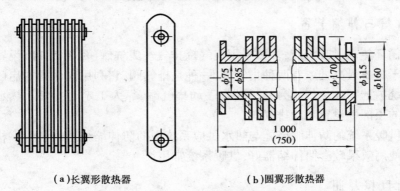

（a）长翼形散热器　　　　　　（b）圆翼形散热器

图 5.13　柱型散热器

圆翼型散热器是一根管子外面带有许多圆形肋片的铸件。通常有内径 D50 和 D75 两种规格。每根管长 1 m，两端有法兰，可以把数根组成平行或叠置的散热器组或与管道相连接。

长翼型散热器是一个在外壳上带有翼片的中空壳体。翼型散热器的主要优点是：制造工艺简单，耐腐蚀，造价较低。它的主要缺点是：承压能力低，易积灰，难清扫，外形也不美观。由于单片散热面积大，不易恰好组成所需要的面积。

翼型散热器散热效果好于柱型，多应用于一般民用建筑和无大量灰尘的工业建筑中。

散热器一般在房间内明装，宜布置在外窗下。为了保持楼梯间上下温度较为均匀，楼梯间内散热器应尽量放在下面几层，下层的散热器所加热的空气上升，使上层的温度不致过高。这种布置散热效果好，投资少，也易于清扫。当建筑、工艺方面有特殊要求时，可采用装饰性散热器。为防止散热器冻裂，两道外门之间不能设置散热器。

139

2）膨 胀 水 箱

热水供暖系统中应设置膨胀水箱。其作用主要是容纳热水供暖系统中水受热而增加的体积,补充系统中因漏水等因素造成的水量不足。按形状分方形和圆形;按是否与大气相连接分为开式和闭式水箱。水箱上有膨胀管、循环管、信号管、溢流管、排污管。膨胀水箱内设有水位自动控制装置,水箱上安装液位自动控制传感器。若设置在非采暖房间,膨胀水箱就应有保温措施。开式膨胀水箱应设置在供暖系统的最高处,水箱底部距系统的最高点应不小于 600 mm,它还可以排除系统中的空气。

连接水箱与系统的管道称为膨胀管。膨胀管在重力循环系统时接在供水总立管的顶端;在机械循环系统时,一般接至水泵入口前。膨胀管、溢水管和循环管上严禁安装阀门,而排水管和信号管上应设置阀门。设在非供暖房间内的膨胀管,循环管、信号管均应保温。一般开式膨胀水箱内的水温不应超过 95 ℃。

3）排 气 与 伸 缩 装 置

机械循环热水供暖系统,多数采用集气罐排气。集气罐(见图 5.14)设置在供暖系统水平干管的最高处。有两种集气罐,一种是排气阀,它利用阀体内的启闭机构自动排除系统内的积存空气。另外一种是手动集气罐,靠人工定时排气。热水系统中的散热器的顶部则设置手动排气阀。

热水供暖系统的防伸缩措施与热水供应系统中的防伸缩构造或装置一样。波纹管伸缩器使用效果较套筒伸缩器好,供暖系统常用。

4）温 度 控 制 阀

在供暖系统中,为保持房间温度的恒定,在有条件时,宜在散热器进水管上装设温度控制阀(见图 5.15)。控制阀手柄中有一个充满介质的温包,不需要外部能量,

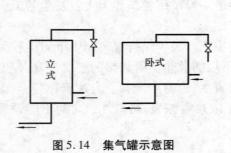

图 5.14　集气罐示意图

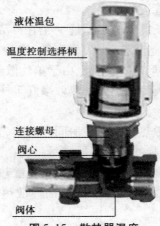

图 5.15　散热器温度
控制阀结构

由室内温度按比例控制。当室温升高时,介质热膨胀,会推动阀芯,逐渐关闭阀门,减少进入散热器的热水流量,冷却时收缩,阀芯打开,增大流入散热器热水水量。

5.2.4　低温地板辐射供暖

低温地板辐射采暖是以 50 ℃左右的低温热水为热源,通过盘卷在地板砂浆层下的加热管道,将整个地板表面加热,基本不占用室内空间,只有 1 个尺寸约 60 cm×80 cm×10 cm 的分水器,将进水分到各室,且分水器可嵌入墙内或装在壁橱、暗柜里。如图 5.16 所示。

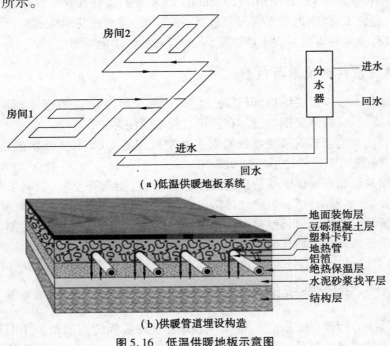

（a）低温供暖地板系统

（b）供暖管道埋设构造

图 5.16　低温供暖地板示意图

1）低温地板辐射供暖系统的特点

低温地板辐射供暖系统中除分水器连接处外,无任何接口,且完全封闭,基本不需日常维修,大大减少了暖气片漏水维修给住户带来的烦恼,节约维修费用。如无人为破坏,使用寿命达 50 年以上,可与建筑物达到同等寿命。

与普通散热器相比,虽然地板采暖直接造价较高,但若考虑可以节省建筑空间和散热器的费用因素,综合经济分析结果并不处于劣势。南方冬季最冷期虽短,但从提高住宅生活舒适性看,冬季采暖是一个趋势,地板采暖应当是物业开发的一个选择。从使用上看,地板采暖所需的热水,除了集中供应,也可用容积式燃气热水器或电热器局部生产,比较灵活。

从提高管理效率和节省能源这个角度看,集中供暖收费低但是节能差,分户供暖浪费能源、费用太高。因此,集中供暖、分户计量就成为当前供暖方式发展的趋势。本系统可方便地实行分户计量。采用分户计量时,每个住户都有一个温控阀,温控阀在暖气上,并有 5 个刻度,每格 5 ℃,最高 25 ℃,住户可以自行调节,还可以关闭。每月由物管公司按照每户的热量表收费。为解决拖欠供暖费的问题,在热量表上配有一个闭锁阀,住户拖欠供暖费时物业公司可以将这一住户的供热管道强行单独关闭。

2）地暖系统的施工

低温采暖地板在施工时,先要清理楼地面基层、找平,然后铺设保温板(一般为聚苯板),再铺设供暖水管(常用 16～20 mm 的 PEX 或铝塑复合管),调正间距、固定管材,接着安装分水器,将地暖水管与分水器系统连接,灌水进行水压试验,然后浇细石混凝土垫层,浇完后再做一次水压试验,试验合格后做楼地面面层。

3）地暖系统的使用与维护

低温地板一般不需要维护,但要防止管道内部积聚污垢,应在分水器前装设一个过滤器,以滤掉杂质,并定期清洗。在使用过程中要注意:

①低温热水地板辐射采暖系统的供水温度不宜超过 60 ℃供回水温差不宜大于 10 ℃,供热系统的工作压力不超过 0.8 MPa。

②地暖系统在开始供水或使用过程中,管道中可能积存空气,影响采暖效果,这时需打开分、集水器的放气阀,将气体排出。

③系统各支路的几何长度要大致相等。为调节室温,可转动球阀控制温水流量,但调节时应慎重以免影响其他支路。

5.2.5　供暖系统的管理

供暖系统的管理和维修应严格按照《供热采暖系统管理规范》(DB11/T 598—2008)和《供热采暖系统维修管理规范》(DB11/T 466—2007)的要求进行。在这里,简要介绍热水供暖系统的几种常见故障及其处理方法。

1）局部散热器不热

①供暖系统的水力计算不准确,系统失去平衡,应重新计算,进行复核,对不合理的管径进行改造。

②阀门失灵,阀盘脱落于阀座内,堵塞了热媒,可更换阀门。

③除污器未及时清洗,导致严重堵塞,可定期清洗或更换新的除污器。

④集气罐未及时排气,堵塞管路,开启集气罐的排气阀、散热器上的手动跑风门可解决。

⑤供暖管道坡度安装不合理,出现倒坡或"鼓肚"现象,产生气塞,此时,须调整管段坡度,使其符合设计坡度和坡向。

⑥管道接口处施工不规范、保护不及时,导致异物堵塞管道,可借助流量检测器或观察放水来查找,确定堵塞位置,重新施工,取出异物。

2）系统回水温度过高

①热用户入口装置处送回水管道上的循环阀门没关闭或关闭不严,关严循环阀可解决。

②系统热负荷小,循环水量大,此时应调整总进、回水阀,增加系统阻力。

③锅炉供热能力过大,采暖系统的消耗量小,此时应控制送水温度上限。当送水温度达到一定值时,在锅炉房可停开引、鼓风机。

3）系统回水温度过低

①锅炉产热量小,送水温度达不到设计要求,此时应增设或改造锅炉,提高送水温度。

②循环水泵的流量小或扬程低,系统热媒循环慢,送回水温差大,此时应更换泵。

③外网保温工程质量差、维护保养质量不佳,导致送、回水管直接换热,此时应加强管理,或者改造外网保温工程,防止送回水管直接换热。

④循环水量过小,此时应检查循环水泵是否反转,管线、阀门是否堵塞或未全打开,并对管线进行彻底的清理。

4）热力失调

①通过上下层散热器的热媒流量相差较大。排除这种故障的方法是关小上层散热器支管上的阀门,以减少其热媒流量。或者在支管上安装三通温度控制阀,有效控制进入散热器的流量。

②支管下端管段被氧化铁屑、水垢等堵塞,增加了该循环系统的阻力,破坏了系统各环路压力损失的平衡。对于这种情况应及时清除管段中的污物或更换支立管,减少阻力损失,恢复系统各环路间的压力损失平衡关系。

③当多层建筑中采用下供式系统,出现下层散热器过热,上层散热器不热的情况时,原因可能是上层散热器中存有空气,应该检查散热器上的放气阀或管路上的排气阀,将空气排除;也有可能是系统缺水,应进行补水。

④在同一系统中有几个并联环路时,有时会出现有的环路过热,有的环路不热的水平失调现象,这时应调节各环路上的总控制阀门,使各环路间的压力损失接近平衡,从而消除各环路间冷热不均现象。

⑤异程系统末端散热器不热,接近热力入口处散热器过热,属水平热力失调现象。产生这种现象的原因是前面阀门开大,各环路的作用压力与该环路本身所消耗的压力之差不平衡所致。这时应关小系统入口端环路支立管上的阀门,同时打开末端集气罐上的放气阀或检查自动排气阀,排除系统中残有的空气。

⑥若个别散热器不热,而周边散热器正常,应对其拆卸检查,若发现水垢较多,用

水垢清洗剂将其浸泡清洗去除即可。

5.3 热 源

热水供应系统和热水供暖系统的传统热源是锅炉。由于环保要求,很多城市已不允许使用燃煤锅炉,多改用燃油燃气锅炉。低压的燃油燃气锅炉,再加上一些自动监测控制设备,也被称为中央热水机组,为热水供应、采暖和中央空调提供热量。

5.3.1 燃油燃气锅炉

1)构成

燃油燃气锅炉可以是蒸气锅炉,也可为热水锅炉,但多为热水锅炉。图 5.17 是典型燃油燃气热水锅炉的原理图。锅炉由炉体、燃烧器、控制电路等组成,与进出水系统、供油系统相连接,便组成了热水供应系统。

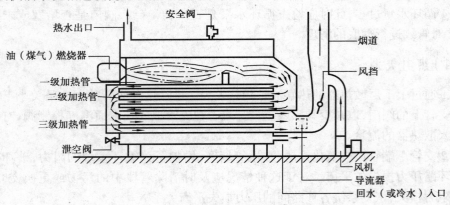

图 5.17 燃油燃气热水锅炉

2)工作原理

燃油燃气热水锅炉炉体多采用不锈钢制造,以保证水质清洁、经久耐用。燃烧器一般用轻质柴油作燃料,根据不同需要也可用重油或天然气作燃料。燃烧器内的高压泵及送风机将柴油雾化后送至燃烧室,自控电路自测油雾浓度,当符合风油比例后,延时 $2 \sim 4$ s 送 10 000 V 高压电点燃油雾。油雾点燃后,由自动电眼感应一定温度后停止高压送电,燃烧器投入正常工作。

低压的燃油燃气热水锅炉的压力很小,也称为常压或无压。在热媒回水进锅炉之前设置一回水箱,就使锅炉变成开式。锅炉水承受的只是水池与锅炉间的水位差,从根本上消除了蒸气锅炉存在的爆炸隐患,安全可靠。需要注意的是,一般常压系统在锅炉进口都应装自动启闭阀。如果未装,在停泵时又没断开和热力网的连接,系统中的水就会从常通管中泄出。无压和有压 2 种锅炉对应的系统布置形式如图 5.18。

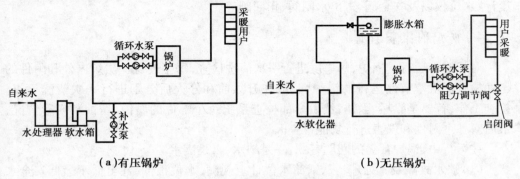

（a）有压锅炉　　　　　　　　　　（b）无压锅炉

图 5.18　供暖系统示意图

3）工艺系统

燃油燃气锅炉房的工艺系统如图 5.19 所示。除了锅炉本体,包括了燃油燃气供应系统、汽水系统及安全控制系统。

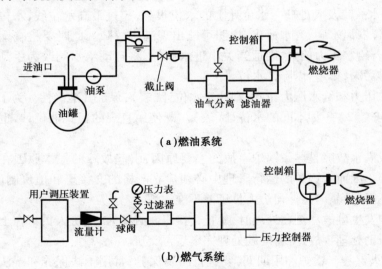

（a）燃油系统

（b）燃气系统

图 5.19　燃油燃气锅炉系统

（1）燃油燃气供应系统　燃油供给系统由贮油罐、输油管道、油泵、室内炉前油箱组成。

燃气供给系统由单独设置的气体调压装置,经输气管送入燃气锅炉。

（2）汽水系统　汽水系统包括锅炉给水、蒸汽的引出（蒸汽锅炉才有）、锅炉排污系统。

锅炉给水系统主要由给水泵、离子软化器、软水箱组成。

锅炉要定时排出锅内水,称为锅炉排污水。因具有一定的温度和压力,需要进入降温池降温后才能排入市政下水道。

（3）安全控制系统　主要是对锅炉的运行进行监控的仪表和阀门。如压力表、温度计、水位仪以及安全阀、进出水闸阀、止回阀等。

4）锅炉的维护管理

对于终年运行的锅炉，每季度进行一次清洗检查，每年进行一次炉内外和附件的全面检查。对季节性运行的锅炉，一般在升火前和停火后分别进行一次清洗检查。检查工作，首要是除垢、除锈，然后全部检查系统每个部件的腐蚀、锈蚀和变形情况，最后对各个附件和仪表进行功能检查。

在运行中，锅炉常见的问题有二：一是缺水，二是满水。

（1）缺水故障及其处理　从锅筒水位计上观测，水位很低，甚至低于最低安全水位线。有水位警报器时警报器报警。此时，开启水位计底部的放水阀（旋塞），若无炉水流出，则可确定出现缺水。

发现缺水，首先加大进水量，待水位上升后，检查锅炉所有的排污阀是否紧闭、无泄漏；沿锅炉进出水管线（包括加热管）检查有无漏水现象，发现明显漏水部位，应紧急停炉。

（2）满水故障及其处理　水位计上的水位很高，超过最高水位线，水位警报器报警，打开水位器泄水阀，有水泄出，说明可能出现满水故障。此时要检查锅炉气压和给水压力，若给水压力偏大，则适当关小进水阀门，将自动给水阀改为手动调节。并开启锅炉排污阀，排水，以降低水位。

若锅炉压力和给水压力正常，则冲洗水位计（表），保证其准确性。为了正确反映水位，最好安装2~3种不同的水位计（表）。既使用直观的板式液位计，也使用电接点水位计。

缺水或满水故障是导致锅炉事故的主要原因，引起故障的根本原因在于司炉人员的责任心。因而在锅炉的运行管理中必须建立严格的交接班和值班制度，在锅炉运行期间不得脱岗、离岗。司炉人员班前不准饮酒。

当锅炉发生事故和正在处理时，禁止交接班。必要时，接班人员可在上班人员指导下积极帮助处理事故，待将问题处理完毕后再交班。

（3）停火保养　锅炉停用期间，要进行防腐保养，常用干法保养和湿法保养。干法保养用于长期停炉或在停炉期间炉水可能冻结时。湿法保养适用于停运时间在1个月以内的短期停炉。

①干法保养的做法。先将锅筒内的水垢、铁锈等清洗干净，用微火将锅炉烘干，然后将盛有干燥剂的无盖容器放进锅筒。放好后，将全部气门、水门、进入孔门和手孔关闭严密，使空气进不去，这样，锅筒内表面就可以保持干燥。

干燥剂一般采用无水氯化钙或生石灰，用量为2~3 kg/m³，按锅炉容水量算。干燥剂放入锅筒后，每月应检查数次，及时更换失效的干燥剂。为防止锅筒外表面因水气凝结而产生外部腐蚀，可每隔一段时间用微火烘干。

②湿法保养的做法。关闭锅炉进出水阀,将锅炉内部加满水,加入 NaOH(约 2 kg/m³),生小火,一边保持外部干燥,一边将炉水加热到 80 ~ 100 ℃,使锅筒内各处溶液浓度相等,在金属表面产生碱性水膜保护层,使金属稳定不受腐蚀。每隔 5 天化验一次炉水,用 pH 试纸检查,如果碱性小,再加些碱,保证锅水 pH = 10。

备用或停运锅炉生火前,应先将碱性溶液放掉,用凝结水清洗干净。

5.3.2　中央热水机组

为降低管理成本,现趋向于采用全自动运行的、无需有人长期值守的改进后的热水锅炉,即中央热水机组。在此介绍其使用特点。

1)直接加热式中央热水机组

如图 5.20 所示,机组通过直接加热方式产生热水,为开式结构,在常压下工作,消除了压力锅炉爆炸的危险因素,设备系统简单可靠,投资省,热效率高,能显著降低管理成本。

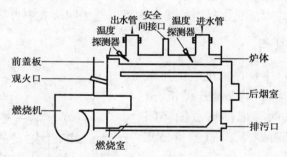

图 5.20　直接加热式中央热水机组

但由于机组处于低压运行(<0.1 MPa),并需设高位水箱增压稳压,不能采用闭式热水系统,因此多为机组上置的上行下给式热水供应方式;供应生活热水时,随着冷水的不断加入,机组本体结垢会日益严重;当热水用量大时,水温波动大,一般需设热水储罐,因此较适合于定时用水或用水均匀、耗热量较小,且机组只能放在建筑物顶部的用户。

2)间接加热式中央热水机组

如图 5.21 所示,该机组采用间接加热方式,即在直接加热机组基础上,增加了一台内置式水-水热交换器,由直接加热高温热媒水通过内置的热交换器加热生活热水。该机组同样在常压下工作,但由于其内置的热交换器可承压,克服了直接加热式热交换器不能承压的缺点,可置于建筑物内的任何位置,给设计和管理带来方便。

但机组内置的热交换器生活热水走管程,管内不可避免地会结垢而严重影响热水供应和热交换效率;热水水头损失大,在用水点冷热水压力平衡会很困难;虽机组

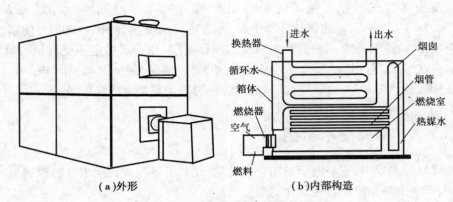

| （a）外形 | （b）内部构造 |

图 5.21　间接加热式中央热水机组

内设有热媒水循环泵,但热媒水对流循环仍不充分,热交换效率不会很高;内置的热交换器相当于快速热交换器,需另设一相当容量的热水储罐,才能保证水温波动不大,使用时应注意这一点。

　　因为间接式中央热水机组能够承压,适用于闭式热水或热水供暖系统。或者说,不适合于使用直接式中央热水机组的场合均可以选用间接式中央热水机组。

3）热泵热水机组

　　（1）工作原理　热泵热水机组由热泵热水器和热水箱组成,机内装有压缩机、蒸发器、冷凝器、膨胀阀等部件形成循环闭路,在循环闭路中充有制冷工质(氟里昂替代物),见图 5.22。

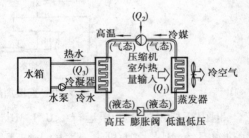

图 5.22　热泵工作原理图

　　低温低压的液态冷媒经过蒸发器(空气热交换器)吸收空气中的 Q_1 热量蒸发,由液态变为气态。吸收了 Q_1 热量的冷媒变为低温低压气体,再通过压缩机进行压缩,压缩功转化的热量为 Q_2,使原本处于低温低压气态的冷媒处于高温高压状态。高温高压的气态冷媒与冷水进行热交换,冷水吸收 Q_3 热量,冷媒释放出 Q_3 热量后,冷凝为液态。换热后的高压液态冷媒通过膨胀阀减压,冷媒又回到比外界温度低的低温低压的液态,具有了再次吸热蒸发的能力。如此重复循环工作,使冷水的温度不断升高,直到获得所需温度的生活热水,储存在热水箱中。

　　热泵由于能将热量从低位提升至高位,因而仿照水泵的说法,称为热泵。其工作过程实际上是压缩式制冷的逆循环。压缩式制冷的原理及热泵式空调参见第 6 章。

　　（2）工作特点

　　① 节省能源。从理论上分析,由能量守恒定律得: $Q_3 = Q_1 + Q_2$。由此可见,热泵热水机组的制热量 Q_3 始终大于 Q_1,即最终用来加热冷水的热量要大于压缩机工作

消耗的电能,因为热水过程使用了冷媒自周围环境中吸收的热量 Q_2。所以热泵热水机组与传统的燃油、燃气、电锅炉或热水器相比,高效节能,成本较低。

②安全环保。由于采用的是环境能和电能等绿色能源,不产生任何污染物,不会对环境造成破坏,符合环保的要求。而且热泵热水机组由热泵热水器和热水箱组成,是一个开式系统,不属于"压力容器"或者"锅炉"的概念范畴,安全性较好。

但热泵热水机组加热水的热媒不是蒸汽或者高温水等高温介质,主要靠制冷剂吸收空气中的热量加热水,生产热水的时间相对较长,使热水箱的储水容积要比传统的换热器大,为热水最大小时用水量的 1.5 ~ 2 倍,否则会导致用水高峰时热水供应不足。

热泵热水机组除能从空气中吸收热量加热水外,也可以从深层水或地层中吸收地热。当前空气型热泵机组使用的最低空气温度不能低于−5 ℃。在冬季室外温度较低,湿度较大的地区,机组冷凝器的翅片上容易结霜,应选用带除霜功能的机组。

5.3.3 其他加热器

1)直接热水加热器

(1)汽水混合加热器   将清洁的蒸汽通过喷射器喷入储水箱的冷水中,使水气充分混合而加热水,蒸汽在水中凝结成热水,热效率高,设备简单、紧凑,造价较低,但喷射器有噪声,需设法隔除。

(2)家用型热水器   在无集中热水供应系统的居住建筑中,可以设置家用热水器来供应热水。现市售的有燃气热水器及电力热水器等,通常设置在生活阳台上。家用容积式热水器中容积最大者已达 500 L,能够多点、同时、大量供应热水,满足小型商用和高层次的家庭的热水需求。

(3)太阳能热水器   利用太阳能加热水简单、经济。常用的有管板式、真空管式等加热器,其中以真空管式效果最佳,使用最为广泛。真空管系两层玻璃抽成真空,结构类似被拉伸后的热水瓶胆,管径常用 $\phi47$ mm,但内管表面涂有吸热膜,集热后热量不易损失。质量较好的定型产品一般都有电辅助加热、水温水位显示控制仪、自动断水阀等,以保证热水供应。

在我国北纬 40°以上的地区都可以使用太阳能热水器。一般三口之家太阳能热水器规格不小于 18 支管,可根据家庭生活习惯按人均 6 ~ 10 支 $\phi47$ mm 管的标准确定太阳能热水器的规格。

2)间接热水加热器

间接热水加热器是热媒通过器中的加热管将水加热的设备。按有无储存水量,分为容积式、半容积式、即热式和半即热式等。

(1)容积式热水加热器   容积式加热器内储存一定量的热水,用以供应和调节热水用量的变化,使供水均匀稳定,它具有加热器和热水箱的双重作用。器内装有一组加热盘管,热媒由封头上部通入盘管内,冷水由器下进入,经热交换后,被加热水由器上部流出,热媒散热后凝水由封头下部流回锅炉房,如图 5.23 所示。容积式加热器供水安全可靠,但有热效低、体积大、占地大的缺点。可在器内增设导流板,加装循环设备,提高热交换效能。

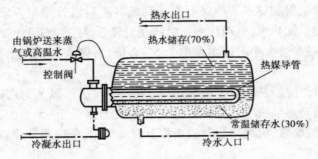

图 5.23　容积式热水加热器

闭式加热器有卧式和立式之分,一般多用卧式,因其高度较小,易于安置。

(2)半容积式加热器　如图 5.24 所示,其构造的主要特点是将一组快速加热设备安装于热水罐内且有热水的循环,加热面积大,水流速度较容积式加热器的流速大,传热效果好,增大了热水产量,容积却减小。一般只需储存 10～20 min 的热水量。体积小,节省占地面积,运行维护工作方便,安全可靠。使用效果远优于标准容积式加热器,是一种较好的热水加热设备。

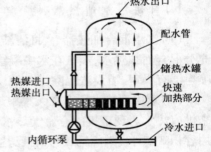

图 5.24　半容积式加热器

(3)快速热水器　这种加热器也称为快速式加热器,即热即用,不储存热水,体积小,加热面积较大,被加热水的流速较容积式加热器的流速大,提高了传热效率,热水产出快。此种加热器适用于热水用水量大而均匀的建筑物。由于利用不同的热媒,可分为以热水为热媒的水-水快速加热器及以蒸汽为热媒的汽-水快速加热器两类。

图 5.25 为水-水快速加热的装置图。加热器由不同的筒壳组成,筒内装设一组加热小管,管内通入被加热水,管筒间通过热媒,两种流体逆向流动,水流速度较高,提高热交换效率,加速热水。可根据热水用量及使用情况,选用不同型号及组合节筒数,满足热水用量要求。如果将其换热管"压扁",就变成了板式加热器。板式加热器体积更小,调节传热面积也更灵活。还可由此变通出很多具体构造不同的板式加热器:如翅片式、螺旋板式、板翅式等,但基本原理一样。这种加热器热媒温度不能过高,结垢后也难以清洗。

为了保证热水加热器能够高效正常的工作,在停止供应热水或热水系统的工作间歇,宜用除垢剂溶液(兑水比例据产品说明)浸泡,以及时除垢,降低热阻。另外,由

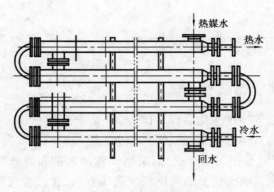

图 5.25　快速热水器

于长期处于高温条件,法兰盘的橡胶热片老化很快,约一季度就需更换一次。

5.4　燃气供应

气体燃料利用管道和瓶装供应,对改善生活条件,减少空气污染和保护环境,都具有十分重要的意义。但当燃气和空气混合到一定比例时,即易引起燃烧或爆炸,火灾危险性较大;同时,人工燃气具有强烈的毒性,容易引起中毒事故。因此,物管必须注意安全管理工作。

5.4.1　燃气的种类

根据来源,燃气可分为人工燃气、液化石油气和天然气 3 大类。

人工燃气,是将矿物燃料(如煤、重油等)通过热加工而得到的一种燃气。通常使用的燃气有干馏燃气和重油裂解气,分别由煤和重油在一定的温度和压力下分解得到。一般焦炉燃气的低发热量为 17 585 ~ 18 422 kJ/m³;重油裂解气的低发热量为 16 747 ~ 20 515 kJ/m³。

液化石油气,是在对石油进行加工处理过程中(如减压蒸馏、催化裂化、铂重整等)所获得的副产品。它的主要组分是丙烷、丙烯、正(异)丁烷、正(异)丁烯、反(顺)丁烯等。这种副产品在标准状态下呈气相,而当温度低于临界值或压力升高到某一数值时则呈液相。液化石油气的低发热量通常为 83 736 ~ 113 044 kJ/m³。

天然气是指从钻井中开采出来的可燃气体,主要成分是甲烷。天然气的最低发热量为 33 494 ~ 41 868 kJ/m³。天然气通常没有气味,故在使用时需要混入某种无害而有臭味的气体(如乙硫醇 C_2H_5SH),以便于发现漏气,避免发生中毒或爆炸燃烧事故。

5.4.2 城市燃气的供应方式

1）天然气、人工燃气管道输送

天然气或人工燃气经过净化后，即可输入城市燃气管网。

城市燃气管网通常包括街道燃气管网和小区燃气管网两部分。

（1）街道燃气管网　在大城市里，街道燃气管网大都布置成环状，只是边缘地区才采用枝状管网。燃气由街道高压管网或次高压管网，经过燃气调压站，进入街道中压管网。然后，经过区域的燃气调压站，进入街道低压管网，再经小区管网而接入用户。临近街道的建筑物，也可直接由街道管网引入。在小城市里，一般采用中低压或低压燃气管网。

（2）小区燃气管网　小区燃气管路是指自小区燃气总阀门井以后至各建筑物前的户外管路。

当燃气进气管埋设在一般土质的地下时，可采用铸铁管，青铅接口或水泥接口，也可采用涂有沥青防腐层的钢管，焊接接头。若燃气进气管埋设在土质松软及容易受震地段，则应采用无缝钢管，焊接接头。阀门应设在阀门井内。为了满足各用户不同的压力要求，通常在用户引入管后增加调压箱。根据燃气的性质及含湿情况，需排除管网中的冷凝水时，管道应具有不小于 0.003 的坡度坡向凝水器。凝结水应定期排除。

2）液化石油气瓶装供应

液态液化石油气在石油炼厂生产后，可用管道、汽车或火车槽车、槽船运输到储配站或灌瓶站后，再用管道或钢瓶灌装，经供应站供应给用户。

①对个人用户，采用单瓶供应，常用 15 kg 钢瓶。

钢瓶一般置于厨房，瓶内液态液化石油气靠室内温度可自然气化。供燃气燃具及燃烧设备使用时，需经钢瓶上的调压阀减压到(2.8±0.5)kPa；为保持瓶内余压，禁止将钢瓶放于热水盆上加热使瓶内剩余的液化石油气气化。

②对公共建筑或小型工业建筑的用气户，常用钢瓶并联供应。

瓶组供应系统的并联钢瓶、集气管及调压阀等应设置在单独房间。钢瓶无论人工或机械装卸，都应严格遵守操作规定，禁止乱扔乱甩。

③居民小区、大型工厂职工住宅区或锅炉房适于采取管道供应方式。

管道供应方式，是指液态的液化石油气，经气化站或混气站生产的气态的液化石油气或混合气，经调压设备减压后，经输配管道、用户引入管、室内管网、燃气表输送到燃具使用。

5.4.3　室内燃气系统

1）室内燃气管道

用户燃气管由引入管进入房屋后,到燃具燃烧器前都算为室内燃气管道。这一套管道是低压的。管材多为热镀锌钢管,采用丝扣连接,用四氟乙烯生料带作缠口材料。埋于地下部分常涂沥青,并用玻纤布缠裹。明装于室内的管道,管径不宜小于 25 mm,以便清通。室内燃气管系统的组成如图 5.26。图 5.26(a)所示的系统直接连接在城市的低压管道上,由用户引入管、干管、立管、用户支管、燃气计量表、用具连接管和燃气用具所组成;图 5.26(b)所示的系统直接与城市中压燃气配气管相连,在用户引入管和立管之间,有一调压箱,调压箱通常安装在楼房外墙下面,在非采暖地区的天然气和液化石油气管道供应系统中常见。

2）燃气表

燃气表是计量燃气用量的仪表。目前,我国常用的室内燃气表是一种干式皮膜(囊)燃气流量表,其计量范围通常为 2.8 ~ 260 m³/h,一般每 5 ~ 7 年进行一次检定。为保证安全,小口径燃气表一般挂在室内墙壁上,表底距地面 1.6 ~ 1.8 m,燃气表到燃气用具的水平距离不得小于 0.8 ~ 1.0 m。

3）燃气用具

燃气用具最典型的是以下两种:

（1）厨房燃气灶　厨房燃气灶,由炉体、工作面及燃烧器 3 个部分组成。目前使用最多的是自动打火燃气灶。燃烧器表面为网格或网眼状的热效率最高,因为此时喷出的都是燃烧充分的微小火焰,热损失很小。

从使用安全考虑,燃气灶应靠近不易燃的墙壁放置。灶边至墙面要有 50 ~ 100 mm 的距离。大型燃气灶则应放在房间的适中位置,以便于四周使用。

（2）燃气热水器　燃气热水器是一种局部热水供应的加热设备。根据构造的不同,燃气热水器可分为容积式和快速直流式两类。

容积式燃气热水器是一种能储存一定容积热水的自动加热器。其工作原理是借调温器、电磁阀和热电偶联合工作,使燃气点燃和熄灭。可用作小型集中热水供应和家庭供暖热源。根据经验,当家庭的日用水量能够达到水箱容积的 1.5 倍时,选用容积式热水器比较恰当。热水用量小时,则采用快速直流式热水器,但需注意,这种热水器应采用强制通风以保安全。

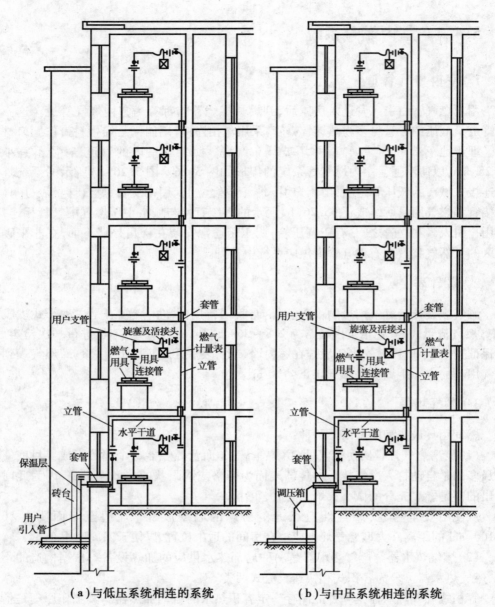

（a）与低压系统相连的系统　　　（b）与中压系统相连的系统

图 5.26　室内燃气管道系统

5.4.4　燃气系统的管理与维护

燃气系统（包括使用瓶装气）的日常管理，主要是安全管理，首先应对用户进行使用安全的常识宣传。内容包括：

①液化气气瓶必须经技术监督部门检验合格，未经检验的不能充装使用。

②已充气的液化气瓶不能存放在卧室内,人更不能在放有液化气瓶的房内就寝。

③已充气的液化气瓶要远离明火和高温,严禁液化气与煤火灶同处一室使用。

④点燃液化气之前,先拧开储气罐上的阀门,再用火接近液化气灶,同时打开灶具上的开关,即可将液化气点燃。使用完毕先关闭储气罐的阀门,再关闭灶具上的开关,不能图省事只关闭 1 个开关,否则易发生漏气事故。

⑤如发现液化气瓶漏气,可将肥皂水涂在储气瓶的阀门,灶具开关和胶管上检查。如果涂抹处产生气泡,即为该处漏气。胶管漏气应更换新管,用具漏气送供气(供货)单位修理。

⑥使用燃气具的室内应保证通风良好,防止烟气中的一氧化碳中毒。

⑦发生煤气灶回火应立即关闭气阀,再重新点火以免烧坏灶具;在装有煤气设施的屋内不准住人。

⑧不得擅自拆、迁、改和遮挡,封闭煤气管道设施。

⑨使用管道煤气的燃具不能和其他气体的燃具互相代替;使用管道煤气的房间不得同时使用其他火源。

⑩连接管道煤气燃具的胶管长度不应超过 2 m,严禁用胶管过墙或穿门窗用气。要经常查看胶管有无脱落,老化,如有应及时更换,以免漏气。若发现漏气,正确的检漏方法是:用肥皂水涂抹在可能漏气的地方,连续起泡,就可以断定此处是漏点,绝对禁止用明火检漏。

⑪不得在煤气设施上搭挂物品,不得将煤气管道作为家用电器接地线。

⑫当发现煤气设施泄漏时,应立即通知物管和供气单位。

⑬有煤气或液化气的家庭最好安装可燃气体泄漏报警器,当周围出现煤气或液化气泄露时,可以及早采取避险措施。

燃气系统的维护与维修自然是针对系统的故障进行。燃气系统运行中常见故障有三个方面:一是灶具、热水器、煤气表出故障;二是系统中有漏气现象;三是管道堵塞。

灶具、热水器、煤气表的故障修理,不属于物业管理的工作范围,但有条件的物管企业可做这方面的延伸服务,以增加效益。对漏气和堵塞的处理,物管企业一般协同燃气公司进行,且宜配合燃气公司每年全面检查一次燃气供应管线,平时发现问题应及时报修。

(1)漏气的处理　漏气的原因主要有二:一是管道接头漏气;二是管道本身漏气。对这两种情况的处理,与室内给水管道出现类似情况时的处理相同。但在修理接头漏气时,注意缠裹材料只能用聚四氟乙烯生料带而不能用麻丝。

(2)堵塞的处理　天然气管一般不会堵塞,煤气管则有堵塞的可能。因为煤气会携带有少量的轻质煤焦油和微尘。清通时,先判断是家庭管道堵塞还是立管被堵塞(若是立管,则被堵不止一户),若是家庭内管道堵塞,拆卸下来用油垢清洗剂(用家用抽油烟机免拆洗除垢剂即可)或沸水冲洗,必要时可在钢筋、木棍上绑扎布团协助清通。

若是煤气立管堵塞,则先卸开立管顶上的丝堵,在上端向立管喷油垢清洗剂,拧下下端丝堵放出污物。若底端流出污物,即说明已经清通。由于清洗剂下流较慢,用量也比较大,使用这个方法持续时间较长,但清通效果彻底。

复习思考题

1. 集中热水供应系统由哪些部分组成? 它是怎么工作的?
2. 热水供应的方式有很多种,请讨论其优缺点和适用场合。在你所居住的环境里适合采用什么样的热水供应方式?
3. 热水供应系统会用到什么样的材料和主要设备?
4. 主要的加热器有哪几种? 你推荐什么样的加热器?
5. 水垢是怎么产生的? 如何预防和清除水垢?
6. 自然循环和机械循环系统的工作原理是怎样的?
7. 什么叫垂直失调? 如何避免?
8. 同程系统与异程系统相比,有什么优点?
9. 高层建筑采暖,常用什么样的管道布置形式? 为什么?
10. 观察图 5.16 中房间 1 和房间 2 的管道布置,思考哪一种供暖效果更好。
11. 为什么要在供暖系统上安装放气和泄水装置?
12. 供暖系统中主要使用哪些阀门? 各安在什么部位、起什么作用?
13. 常用的散热器有哪几种? 通常将其布置在什么地方?
14. 散热器出现不热,应怎么处理?
15. 恒温控制阀起什么作用? 为什么能起这样的作用?
16. 常用什么锅炉作为热源? 如何保证其正常运行?
17. 如何选用中央热水机组? 它们的维护管理工作与普通锅炉有什么相同与不同?
18. 燃气有哪几种? 假如能够选择使用种类,你会选择哪一种? 为什么?
19. 燃气管道在哪些情况下要满足坡度要求?
20. 物管公司应如何做好燃气管道的管理工作?
21. 自己观察一下家里的室内燃气系统,识读燃气表的读数,再结合自己的生活经验谈谈如何保证安全用气。
22. 在热水供应、供暖系统及燃气使用过程中,如何节能?

第6章
通风与空气调节系统

导读:对通风与空调系统进行维护和运行管理的目的,是及时排除室内影响生活和工作的污浊空气,引入新鲜空气,并加以适当的人工措施,控制和调节室内空气环境,使生活质量更加健康舒适、工作更有效率。学习本章,一是要加深对室内空气环境品质的认识,掌握一些主要的改善室内空气品质的方法,二是对通风与空调系统的工作原理、特点和运行管理工作形成清楚的认识,三是理解通风空调系统的节能措施、方法和原理。

6.1 通风系统概述

通风是把充满有害物质的污浊空气从室内排出去,将符合卫生要求的新鲜空气送进来,以保持适于人们生产或生活的空气环境。通风的任务除了创造良好的室内空气环境外,还要对从室内排出的有害物进行必要的处理,使其符合排放标准,以避免或减少对大气的污染。

通风包括从室内排出污浊的空气和向室内补充新鲜空气两个过程。前者称为排风,后者称为送风。为实现排风和送风,所采用的一系列设备装置总称为通风系统。

按工作动力的不同,通风方式可分为自然通风和机械通风两种。

1)自然通风

(1)原理 自然通风是借助于风压和热压来使室内外的空气进行交换。

风压是由空气流动所造成的压力,也是由室外气流(风力)形成室内外空气交换的一种作用力。在风压作用下,室外空气通过建筑物迎风面上的门,窗孔口进入室内,而室内空气则通过背风面及侧面上的门、窗孔口排出。通常所说的"穿堂风"就是利用风压所形成的。这种自然通风的效果取决于风力的大小。

热压作用是指室内外空气因密度不同而形成的室内外空气流动作用。冬夏季热压作用引起的空气流动方向常相反。

（2）类型

①有组织的自然通风，是按照空气自然流动的规律，利用人为设置的通风管道控制和调节进、排气的地点和数量，如图6.1所示。有组织的自然通风对小区内部或旅游宾馆的地下停车场，是一种行之有效而又经济的通风方法。

②无组织的自然通风，指依靠门窗及其缝隙，或在屋顶上设置通风口自然进行的通风过程。

为了充分利用风力的作用，从室内向室外排出污浊或高温空气时，可采用"风帽"装置。风帽通常安装在屋顶上。

为了充分利用自然通风，人们对"风帽"做了很多研究工作。研究出被称为自然通风器的新型

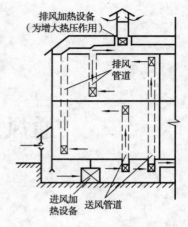

图6.1 管道式通风

"风帽"。这些通风器既可与通风管相连，也可不连，防风防雨。利用温差形成空气流推动涡轮叶片24 h不断旋转，抽排出室内受污染空气，让新鲜空气补充进来，很好地起到降温和改善空气品质的作用。

2）机械通风

机械通风就是利用通风机所产生的动力，并借助于通风管网进行室内外空气交换的通风方式。由于有通风机，往往可以和一些阻力较大、能对空气进行加热、冷却、加湿、干燥、净化等处理的有关设备用风管连接起来，组成一个空调系统，把经过处理达到一定质量和数量的空气送到指定的地点。

按机械通风系统的作用范围，可将其分为局部通风和全面通风。

局部通风是为了保证某一局部地区的空气环境，将新鲜空气直接送到这个局部地区，或者将污浊空气或有害气体直接从产生的地方抽出，防止其扩散到全室，这种通风方式称为局部通风。前者称为局部送风，后者称为局部排风（见图6.2）。

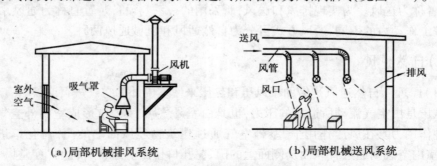

（a）局部机械排风系统　　　　　　　（b）局部机械送风系统

图6.2 局部机械排风与局部机械送风

全面通风(图6.3)就是在整个房间内,全面地进行空气交换。这种通风系统适用于那些在房间内很大范围中产生有害物并且不断扩散的情况。利用全面通风排出有害气体或者送入大量的新鲜空气,将空气中有害物的浓度冲淡到允许的范围之内。

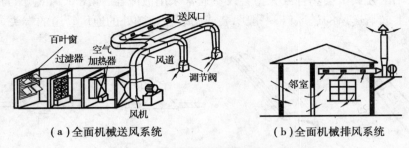

（a）全面机械送风系统　　　　（b）全面机械排风系统

图6.3　全面机械送风与全面机械排风

6.2 通风系统的主要构件及设备

在有组织的通风方式中,有较多的构件和设备组成。一般的机械排风系统,由有害物收集和净化除尘设备、风道、通风机、排风口或伞形风帽等组成;机械送风系统由进气室、风道、通风机、送风口组成。在机械通风系统中,为了开关和调节进排气量,还设有阀门。

6.2.1 室内送、排风口

室内送风口是送风系统中的风道末端装置,其任务是将各送风口所要求的风量,按一定的方向,一定的流速均匀的送入室内。

①在办公室、宾馆建筑中常用的室内送风口为百叶风口,如图6.4所示。

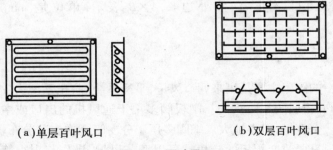

（a）单层百叶风口　　　　　　（b）双层百叶风口

图6.4　百叶风口

②在小区地下停车场或大型超市,送风口多做在水平风道上。常采用如图6.5

（a）（b）所示的形式，这种送风口大都直接开在风道的侧面或下面。风口可以连续，也可以分开。在连续的风口上，为了使气流均匀，常安装导风板。在分开的风口上多装有插板，用于调节风量。

③在小区公共聚会场合或大型会议室通常采用散流器，如图6.5（c）（d）所示，这是一种由上向下送风的送风口，一般明装或暗装在顶棚处的通风管道的端头。

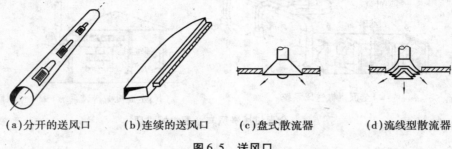

（a）分开的送风口 （b）连续的送风口 （c）盘式散流器 （d）流线型散流器

图6.5 送风口

④室内被污染的空气经由排（回）风口进入排（回）风道。室内排（回）风口的形式较简单，一般做成百叶风口。

6.2.2 通风设备设施

1）风道

风道一般采用镀锌或不镀锌薄钢板制作，对洁净度有特殊要求时，采用铝板或不锈钢板制作；有防腐要求时，采用硬聚氯乙烯、玻璃钢及其他非金属管材。目前，可采用玻璃纤维、无机硅酸盐等制作复合型风道，兼具防火、防腐、吸声或保温等多种功能。

常用的通风管道的断面有圆形和矩形2种。同样截面积的风道，以圆形截面最节省材料，而且其流动阻力小，但圆形管道加工及安装受到限制。考虑到美观和穿越结构物或管道交叉敷设时便于施工，较多地采用矩形风道或其他截面风道。圆形风道和矩形风道分别以外径 D 和外边长 $A \times B$ 表示，单位是 mm。风道管件如图6.6所示。

2）阀门

通风系统中的阀门主要是用来调节风量，平衡系统、防止系统火灾。常用的阀门有闸板阀和蝶阀、止回阀和防火阀。闸板阀多用于通风机的出口或主干管上。这种阀门的特点是严密性好，但占地大。蝶阀多用于分支管上或空气分布器前，作风量调节用。这种阀门只要改变阀板的转角就可以调节风量，操作起来很简便。由于它的严密性较差，故不宜作关断用。

当风机停止运转时，止回阀阻止气流倒流。有垂直式和水平式两种。止回阀必

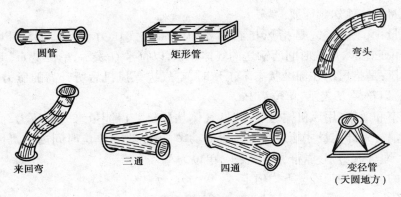

图 6.6　通风管件

须动作灵活,阀板关闭严密。

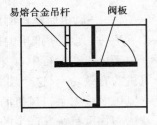

防火阀的作用是当发生火灾时,能自动关闭管道,切断气流,防止火势蔓延。防火阀是高层建筑空调系统中不可缺少的部件。图 6.7 所示为一种常用的、比较简单的防火阀。比较高级的防火阀通过风道内的烟感探测器控制,在发生火灾时,可在瞬时自行关闭。

图 6.7　风管防火阀

3）风机

风机是通风系统中的重要设备,其作用是为通风系统提供使空气流动的动力,以克服风道和其他部件、设备对空气流动产生的阻力。

在通风和空调工程中,常用的风机有离心式、轴流式、贯流式、混(斜)流式等类型。

（1）离心式风机　离心式风机的构造如图 6.8 所示,它主要由叶轮、机壳、机轴、吸气口、排气口以及轴承、底座等部件组成。

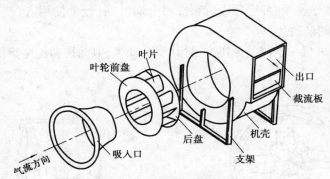

图 6.8　离心式风机的构造

离心式风机的叶轮在电动机带动下随机轴一起高速旋转,叶片间的气体在离心力作用下由径向甩出,同时在叶轮的吸气口形成真空,外界气体在大气压力作用下被吸入叶轮内,以补充排出的气体,由叶轮甩出的气体进入机壳后被压向风道,如此源源不断地将气体输送到需要的场所。

①风量:又称流量,是指风机在标准状态(大气压力 $P = 1.325$ kPa,温度 $t = 20\ ℃$)下工作时,单位时间所输送的气体体积,以符号 Q 表示,单位是 m³/h。

②风压:是指风机在标准状态下工作时,空气进入风机后所升高的压力(包括动压和静压)以符号 H 表示,单位为 Pa。

③功率和效率:用风机输送气体时,气体从风机获得能量来升高压力,而风机本身则需要消耗外部能量才能运转。风机的功率,就是指在单位时间内风机传递给气体的能量,即有效功率,以符号 N_y 表示,单位为 W。

风机的有效功率,可按下式确定:

$$N_y = QH/3\ 600$$

式中　N_y——风机的有效功率,W;

　　　Q——风机所输送的风量,m³/h;

　　　H——风机所产生的风压,Pa。

由于风机在运行中自身要损失一部分能量,因此电动机传给风机轴的功率要大于风机的有效功率,这个功率称为风机的轴功率。以符号 N_z 表示。

风机的效率是指风机的有效功率与轴功率之比,以符号 η 表示。

离心式风机按其产生的压力不同,可分为三类:

①低压风机——风压 ≤1 000 Pa,一般用于送排风系统或空气调节系统。

②中压风机——风压在 1 000~3 000 Pa,一般用于除尘系统或管网较长,阻力较大的通风系统。

③高压风机——风压>3 000 Pa,用于锻造炉、加热炉的鼓风或物料的气力输送系统。

离心式风机的风压一般小于 15 kPa。

离心式通风机应安装减震器,与出口风道的连接要用柔性连接,以降低机械振动噪声。平时在运行过程中,注意清洁和按时上润滑油,经常使用者,至少半年拆修一次,以保证风机的高效运行。

(2)轴流式风机　轴流式风机主要由叶轮、外壳,电动机和支座等部分组成,如图6.9所示。

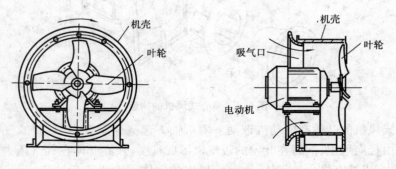

图6.9　轴流式风机

轴流风机叶轮与螺旋桨相似,当电动机带动它旋转时,空气产生一种推力,促使空气沿轴向流入圆筒形外壳,并沿机轴平行方向排出。多用作地下室或食堂简易的散热设备,产生的风压较小,很适合无需设置管道的场合以及管道的阻力较小的通风系统,而离心式风机常用在阻力较大的系统中。若将轴流式风机叶片根部偏转一定角度,则成为混(斜)流式风机。它是介于离心式和轴流式风机之间的一种风机,兼具两者的特点,常用作高层建筑防烟风机。

贯流式风机(见图 6.10)具有小风量、中压头,安装简易的特点,它不像离心式风机在机壳侧板上开口使气流轴向进入风机,而是将机壳部分敞开,使气流直接沿径向进入风机,气流横穿叶片两次,且进、出风口均为矩形,与建筑物的配合十分方便。

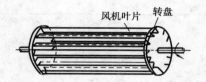风机叶片　转盘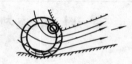

图 6.10　贯流式风机构造示意

由于安装使用要求因场合、系统构造不同,根据上述原理,风机可以做成多种形状,如地下停车场常使用箱形风机、屋顶排风常用蘑菇形风机。

4)通风管件的维护保养

对通风管件的维护保养工作,首先要根据使用环境和管理水平制订一个定期检查和保养制度。特别应该注意送、排风口和风道的除尘保洁工作。定期检查和保养的内容如下:

(1)风阀

①排风口、送风口有无变形、损伤,周围有无影响使用的障碍物。

②风管与排风口连接部位的法兰有无损伤,螺栓是否松动。

③阀件是否完整,易熔片是否脱落,进行手动、远程启闭操作,风阀能否关闭自如。

④旋转机构是否灵活,每年对机械传送机构加适量润滑剂。

⑤制动机构、限位器是否符合要求。

(2)送、排风机

①风机房周围有无可燃物。

②安装螺栓是否松动、损伤,叶轮是否与外壳接触。

③电源供电是否正常(检查电压表或电源指示灯),电动机的接线是否松动,电动机的外壳有无腐蚀现象。

④轴承部分润滑油是否清洁、液位是否正常。

⑤传动机构是否变形、损伤,传动皮带是否松动,联轴器是否牢固。

⑥启动电机后,电机有无异常振动、杂音。

⑦操作手动或自动启动装置,观察:手动或自动能否正常启动,运转电流是否正

常,运转中是否有不规则杂音及异常振动,动作设备的区域是否符合设计。

(3)风机控制柜

①控制柜是否设在便于操作、检查、维修的位置。

②控制柜有无变形、损伤、腐蚀。

③线路图及操作说明是否完整、齐全。

④电压、电流表的指针是否在规定范围内。

⑤开关是否有变形、损伤、标志脱落。

⑥操作开关,并检查开关性能是否正常。

⑦继电器是否脱落、松动,接点是否烧损,转换开关能否正常切换。

6.3 空调系统概述

在机械通风系统上加设一些空气处理设施,通过除尘系统,净化空气;通过加热或冷却,加湿或去湿,控制空气的温度和湿度,通风系统就成为空气调节系统,简称空调系统。空调系统一般分为工艺性空调和舒适性空调两种,工艺性空调为生产或科研过程服务,满足人体舒适性要求的称为舒适性空调。物业管理主要涉及舒适性空调的运行和维护。

6.3.1 衡量空气环境的指标

1)温度

温度是衡量空气冷热程度的指标,是衡量空气环境的重要指标,通常以摄氏温度(℃)表示,有时还以开氏温度(K)表示,也叫绝对温度。两者的换算关系如下式:

$$开氏温度 = 摄氏温度 + 273$$

空气温度的高低,对于人体的舒适和健康影响很大,也直接影响某些产品的质量。如第1章所述,人体舒适的室内温度冬季宜控制在 20 ~ 24 ℃,夏季控制在 22 ~ 27 ℃。

2)湿度

空气的湿度是指空气的潮湿程度,通常用相对湿度来表示。相对湿度是指单位容积空气中含有水蒸气的质量,与同温度下,单位容积空气所能包含的最多的水蒸气的质量之比,用 φ 表示。φ 值越小,说明空气越干燥,吸收水蒸气的能力就越强;φ 值越大,表示空气越潮湿,吸收水蒸气的能力就越弱。具体表现是,φ 值大,空气温度即使不高,人也会感到闷热;φ 值过小,人体过度蒸发水分,就会感觉口干舌燥。

通常令人舒适的相对湿度为 40% ~ 60%,但这个范围在不同地方对不同人群有所变化。

3）清洁度

（1）空气的新鲜程度　空气的新鲜程度是衡量空气中含氧比例的技术指标。在不易通风、人多的室内环境中，必须采用通风方式不断地以室外的新鲜空气来更换室内的污浊空气。

部分民用建筑房间的通风换气次数要求见表6.1。

表6.1　民用建筑的通风换气次数

房间类型	换气数/（次·h^{-1}）	房间类型	换气数/（次·h^{-1}）
厨房	10～40	配电室	3～4
盥洗室、卫生间	5～10	变电室	8～15
浴室（无窗）	5～10	蓄电池室	10～15
洗衣房	15～20	油罐室	4～6
空调、制冷机房	4～6	汽车修理间	3～4
电梯机房	8～15	地下修车库	5～6

（2）空气的洁净程度　空气的洁净程度是指空气中的粉尘和有害物的浓度。对物业管理涉及的舒适性空调系统，可采用下列标准进行判断：空调房间的绝大多数人对室内空气表示满意，并且空气中没有已知的污染物达到了可能对人体健康产生严重威胁的程度（美国ASHRAE：可接受的室内空气品质标准）。

4）气流速度

房间里空气的流动用气流速度来表示。如果空气流动过慢，人们会感到闷气，但是，如果空气流动过快，人们又会有吹风感。人对空气流动的感觉不仅取决于空气流速的大小，而且与气温的高低、人的工作活动量、人体暴露在流动空气中的面积以及空气流动是否变化有关。当空气温度较高或活动量较大时，空气流速需要大一些。进行紧张体力劳动的人们能承受0.5 m/s的空气气流，而不太活动的人在气流仅为0.1 m/s时就会感到不舒适。

一般规定舒适性空调的室内平均流速为：夏季，≤0.3 m/s；冬季，≤0.2 m/s。

6.3.2　空气调节系统

空调系统的组成分为4个部分：空气处理设备、空气输配系统、冷（热）源和空调房间。

①空气处理设备：是空调系统的核心。它完成对混合空气（室外新鲜空气和部分返回的室内空气）的除尘、温度调节、湿度调节工作。

②空气输配系统：将空气处理设备处理好的空气，送至空调房间。空气输配系统包括风机、风道、风阀、风口、末端装置等。

③冷(热)源系统:空气处理设备处理空气,需要冷(热)源提供冷(热)媒,冷(热)媒与空气进行热交换,使空气变冷(热)。夏季降温时,使用冷源,一般是制冷机。冬季加热时,使用热源,热源通常为热水锅炉或中央热水机组。为节省能源,有条件时应使用天然的冷源,如深井水、地道风。

根据空气处理设备的集中程度,空气调节系统可以分为集中式、局部式和半集中式空气调节系统。

1)集中式空调系统

图6.11为一种集中式空调系统示意,它的特点是所有空气处理设备如过滤器、加热、加湿、冷却器及通风机等都集中设置在一个专用的空调机房内,空气经过处理后,由风道送入各空调房间。送入的空气由设在空调房间上部的送风口送入室内,回风口设在房间的下部,空气由回风口进入回风道,通过回风机,一部分排出室外,另一部分回到空调机房。

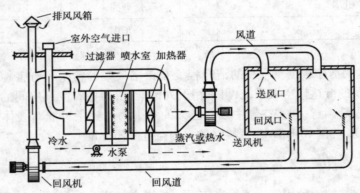

图6.11 集中式空调系统

为帮助完整理解集中式空调系统的全部组成,图6.12进一步表示了空调机的辅助设施,如制冷机、锅炉和冷却塔等。

为了减少处理空气的能量消耗,应尽量减少室外进风(新风),而利用一部分室内回风,但要注意新风量的大小不能低于10%,以保证室内卫生要求。

2)局部式空调系统

如果在一个较大的建筑物中,只有少数房间需要空调,或者需要空调的房间虽较多,但很分散,距离又远,不适于设置集中式空调系统。因此需要考虑设置局部空调机组。将空气处理设备、风机、冷热源等整体地组合在一个箱体里的设备称为空调机组,即常见的空调器,见图6.13所示。

空调器可按容量大小和供热方式两种方式分类。按容量大小可分为:

①窗式空调器:容量较小,冷量一般在7 kW以下,风量在1 200 m³/h以下。

②分体式空调器:由室外机和室内机两部分组成。将运转时产生较大噪声的压

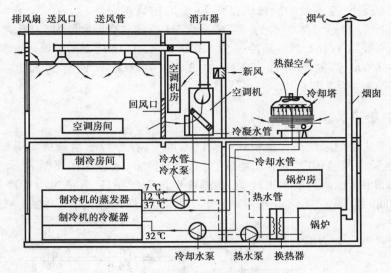

图 6.12 集中式空调系统的辅助设施

缩机及冷凝器安装在一个箱体内,装在空调房间外,称为室外机;将蒸发器及自动控制部件安装在一个箱体内,装在空调房间内,称为室内机。室内机和室外机中的制冷部件用管道连接起来。

③立柜式空调器:容量较大,冷量一般在 70 kW 以下,风量在 20 000 m³/h 以下。

按供热方式划分,可分为:

①普通式空调器:有 2 种,一种是单冷型,夏季供冷,冬季不供热;一种是冷暖型,冬季也可用来加热空气。

②热泵式空调器:此种空调器在冬季时仍由制冷机制冷,只是通过一个四

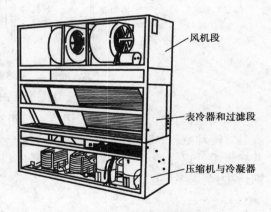

图 6.13 柜式空调机组

通换向阀使制冷剂作供热循环。这时,原来的蒸发器变为冷凝器,空气通过冷凝器时被加热。

在冬季向建筑物供热时,采用热泵空调器比采用电加热器直接加热更节省电能的消耗。热泵空调热效比(COP,指输入能量与产生的热量之比)为 3.4,说明消耗 1 kW 的电能可以向室内供给 3.4 kW 的热量。而对于电加热,消耗 1 kW 的电能只能向室内供应 1 kW 的热量。

选购空调的主要依据有二:一是制冷量(功率),二是能效比。

制冷量一般按 150～180 W/m²×房间净面积进行计算。

空调机组的经济性能效比(EER)评价,计算公式为:

EER＝机组在名义工况下的制冷量(W)/整台机组的耗功率(W)。

正常情况下,空调器的能效比在 2.5 ~ 3.5,越高越好。

社会上常用一个不太准确的"匹"的概念。1 匹的制冷量大致为 2 000 大卡,换算成国际单位应乘以 1. 162,1 匹制冷量为 2 000 大卡×1. 162 = 2 324 W。空调的制冷量为 2 200 ~ 2 600 W 时都可称为 1 匹,在 3 200 ~ 3 600 W 时称为 1.5 匹,在 4 500 ~ 5 100 W 时称为 2 匹。

3)半集中式空调系统

半集中式空调系统是在集中式空调的基础上,在分散的空调房间里加装风机盘管,风机盘管由风机和冷、热盘管组成,可布置于窗下,或悬挂在顶棚下或暗装于顶棚内,如图 6.14 所示。只要风机转动,就能使室内空气循环,并通过盘管冷却或加热,以满足房间的空调要求。因冷、热媒是集中供应的,所以称为半集中式系统。

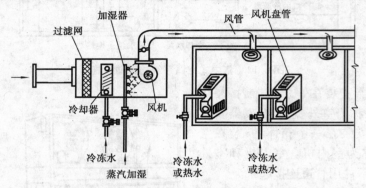

图 6.14　半集中式空调系统

采用风机盘管系统时,夏天用冷水机组产生 5 ~ 7 ℃的冷媒水(也称冷冻水),送入盘管冷却空气;冬天用锅炉或热水机组产生热水(蒸气)送入盘管加热空气。此时,若把集中处理好的空气送入空调房间经风机盘管处理后送出,称为水—气系统,否则,称为全水系统。

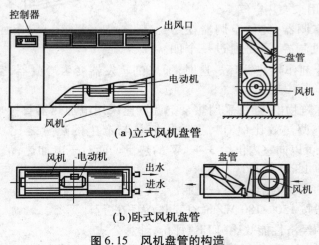

图 6.15　风机盘管的构造

风机盘管式空调系统布置灵活、单独调节性能好,非常适应高层建筑的特点,是国内外高层建筑的主要空调方式之一。也适合需装空调的小面积、多房间的旧有建筑,见图6.15。

6.4　空调系统的主要构件及设备

为了满足空调房间对空气热湿环境的需要,必须对空气进行处理,并在输配过程中尽量降低噪声。本节就此有关的常用处理设备设施工作原理和维护保养,按处理顺序进行介绍。

1)空气过滤器

(1)粗效过滤器　新鲜空气进入空调系统前,需要过滤,以除去尘埃,常采用各种空气过滤器。物业管理工作所涉及的舒适性空调系统,一般只用粗效空气过滤器(图6.16),主要用于滤掉粒径在 10~100 μm 的大颗粒灰尘,所用的滤材常见的有金属丝网、玻璃纤维、人造纤维和粗孔聚氨酯泡沫塑料等。其中,玻璃纤维、无纺布性能较好。

(a)金属网格　　　　　　　　(b)块状单体

图 6.16　粗效过滤器的外形及安装方式

为了便于安装更换,粗效过滤器多做成 500 mm×500 mm×50 mm 的扁块状,并布置成人字形排列或倾斜安装,以加大过滤面积。

采用自动卷绕式空气过滤器可减少拆装清洗过滤器的工作量,提高系统运行的连续性。图6.17所示的3种过滤器,其滤料均可通过卷绕机构的旋转而缓缓移动。其中,第1,2种(a,b)采用自动清洗方式,过滤网板在传动机构带动下缓慢移动,沾尘在下面的油槽内自行清洗,可以连续工作,只需定期清除油槽内的积垢。第3种(c)采用合成纤维制成的毡状滤料,通过滤料前后的空气压差控制滤料的移动,当一卷用完后,再更换新的滤料。

(2)中效和高效过滤器　中效过滤器(见图6.18)主要用于过滤粒径在 1~10 μm 范围的灰尘。通常采用玻璃纤维、泡沫塑料和无纺布等滤料制作,做成抽屉式或袋式等形式,成组地安装在空调箱的支架上。使用一段时间后,泡沫塑料和无纺布滤料可冲洗干净后再用,但玻璃纤维过滤器则需要更换。目前趋向于采用粗效和中效两级过滤,以提高空气质量,降低空气输配系统的保洁工作量。

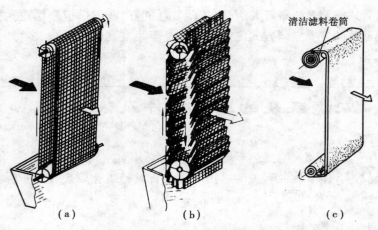

图 6.17　自动移动式粗效过滤器

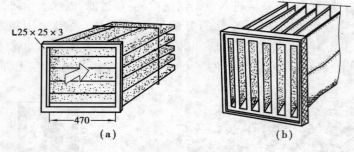

图 6.18　中效过滤器

　　高效过滤器通常采用超细玻璃纤维、超细石棉纤维等制成滤纸使用,用于对空气洁净度要求很高的净化空调,一般的物业管理工作不会涉及。

　　(3)对空气过滤器的保养　空气过滤器应经常拆换清洗,在使用期间,一般每季度清洗一次,以免因滤料上积尘太多,增加风管系统的阻力,使空调房间的温湿度达不到设计要求,空调房间的空气洁净程度也会受到影响。若对空气过滤器进行杀菌和抗菌处理,则能进一步提高空气质量。可喷洒以季胺盐化合物或含氮和含羟基化合物为主要成分的杀菌剂。抗菌时间可保持 1～2 个月,且不怕水洗。

2)喷水室

　　喷水室是空调工程中主要的空气处理设备之一。主要起冷却空气和加湿的作用。其喷嘴孔径一般为 2～3 mm。

　　(1)喷水室的构造　喷水室可分为卧式与立式以及单级与多级等几种,一般常用的为图 6.19 所示的卧式单级喷水室。立式喷水室占地面积小,空气是从下而上流动,水则是从上而下喷淋,热湿交换效果比卧式喷水室好。一般用于处理的空气量不大或空调机房层高较高的场合。

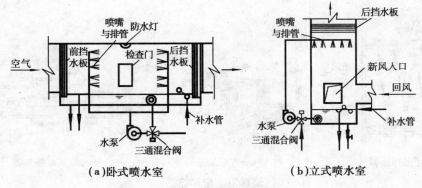

（a）卧式喷水室　　　　（b）立式喷水室

图 6.19　喷水室的构造

（2）喷水室的维护保养

①定期清洗喷水室的喷嘴、喷水管、回水过滤网和进水过滤器,清除水垢、残渣。

②喷水室的底池应 2 年左右清洗和刷底漆一次,以减少锈蚀。

③定期检查底池中的自动补水装置,如阀针开关是否灵活,浮球阀是否好用等。

3）表面式换热器

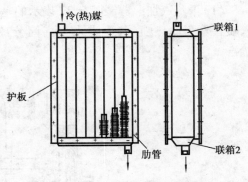

图 6.20　表面式换热器

表面式换热器（图 6.20）利用各种冷（热）媒在金属管内流动,加热或冷却流经金属表面的空气,应用很广。包括两大类：一是表面式空气加热器,以热水或蒸汽做热媒,使空气加热。二是表面式空气冷却器,以冷冻水（5 ~ 7 ℃）或制冷剂做冷媒,使空气冷却、去湿。为了增强传热效果,表面式换热器通常采用肋片管制作。

表面式换热器每年至少在空调系统使用前后对换热器表面做一次除尘清洁工作。为便于维护,在冷、热媒管路上应装设阀门,必要时安装压力表和温度计。在蒸汽加热器管路上还应装设蒸汽压力调节阀和疏水器。并应在水系统最高点设排气阀,最低点设泄水和排污阀门。

4）电加热器

电加热器（见图 6.21）是让电流通过电阻丝发热而加热空气的设备,通常在加热量较小的空调机组等场合采用。如安装在空调房间的送风支管上,作为控制房间温度的辅助加热器。

电加热器分为裸线式和管式两种。裸线式电加热器具有结构简单、热惯性小、加热迅速等优点。但由于电阻丝容易烧断,安全性差,使用时必须有可靠的接地装置。常做成抽屉式。管式电加热器的优点是加热均匀,热量稳定,使用安全。缺点是热惯性大,构造复杂。

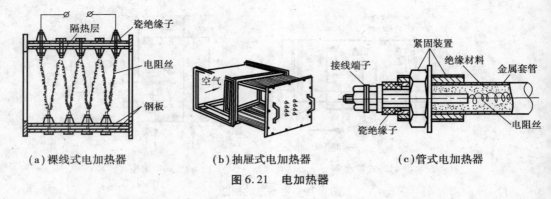

（a）裸线式电加热器　　　　（b）抽屉式电加热器　　　　（c）管式电加热器

图 6.21　电加热器

5）加湿器

除用喷水室加湿外,在北方还广泛使用了蒸汽加湿器,这里介绍两种。它们既可以安装在集中的空气处理室(空调箱)喷水室和表面换热器之后进一步加湿,也可以装入系统末端机组或直接布置在房间内,实现对房间空气的局部补充加湿。

（1）干蒸汽加湿器　图 6.22 表示的是常用干蒸汽加湿器的构造示意。蒸汽先进入喷管外套加热喷管,再进入分离筒分离出凝结水,最后经干燥室由喷管喷出干蒸汽。

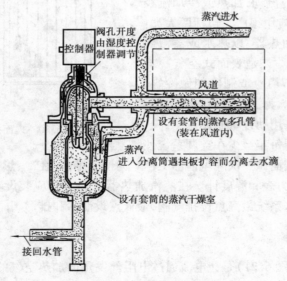

图 6.22　干蒸汽加湿器

（2）电加湿器　电加湿器利用电能产生蒸汽,并直接混入空气中。有电热式和电极式两种。

电热式加湿器是在水槽中放入管状电热元件,元件通电后将水加热产生蒸汽。补水靠浮球阀自动控制,其加湿量大小取决于水温和水表面积,适用于大中型空调。

电极式加湿器（见图 6.23）是利用铜棒或不锈钢棒插入盛水的容器中作电极，通电后，电流从水中流过，把水加热产生蒸汽。水位越高，导电面积越大，发热量也就愈大，产生的蒸汽量也就越多，加湿量取决于水位的高低，适用于小型空调系统。

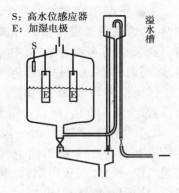

图 6.23　电极式加湿器

6）空气除湿器

空气的减湿方法比较多，应优先考虑将室外比较干燥的空气加热后通入室内除湿。否则，要采用一些强制处理措施，如中央空调系统常用转轮除湿机除湿。

如图 6.24 所示，在除湿机内部，除湿转轮（一般由吸湿剂高效复合钛硅做成轮芯）以每小时 8 ~ 12 转的速度缓慢旋转，当潮湿空气进入转轮的处理区域时，空气中水分子被转轮内的吸湿剂吸收，变成干的空气；同时在再生区域，另一路空气先经过再生加热器后，变成高温空气（一般为 100 ~ 140 ℃）并穿过吸湿后的转轮，使转轮中已吸附的水分蒸发，从而恢复了转轮的除湿能力；同时，再生空气因蒸发了转轮的水分而变成湿空气，被再生风机排到室外。

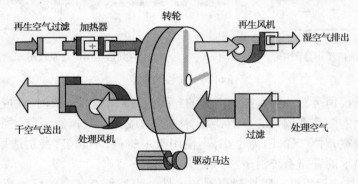

图 6.24　转轮除湿原理

7）消 声 器

在中央空调系统中，空气流动会产生一定的噪声，需要采取一定的降噪措施。这里介绍几种消声器。因其处理的对象依然是空气，所以也可以把它们看成是一种空气处理装置。

（1）阻性消声器　如图 6.25 所示，把吸声材料固定在气流流动的管道内壁，利用吸声材料消耗声能，降低噪声。常用的有管式、片式、格式、声流式等。阻性消声器对中、高频噪声消声效果好，对低频噪声消声效果差。适合消除空调通风系统及以中高频噪声为主的各类空气动力设备噪声。

（2）抗性消声器　抗性型消声器（见图 6.26）多用于消除低频或低中频噪声。在结构上分为膨胀型和共振型。

①膨胀型消声器。利用气流通道断面的突然扩大，使沿通道传播的声波反射回声源方向。膨胀型消声器结构简单，不使用消声材料，耐高温和腐蚀，对中、低频噪声效果较好。为了保证消声效果，膨胀型消声器的膨胀比较大，通常为 4～10 倍，所以多用于小管道。

②共振型消声器。由一段开有若干小孔的管道和管外一个密闭的空腔构成。小孔和空腔组成一个共振吸声结构，利用噪声频率与吸声结构固有频率相同时产生共振，导致共振

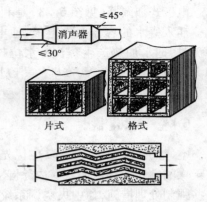

图 6.25　阻性消声器

吸声结构内的空气柱与结构体产生剧烈摩擦消耗声能，从而消声。吸声结构的固有频率由小孔直径 d、孔颈厚度 J 和腔深 D 所决定。共振型消声器具有较强的频率选择性，对所选定的频率噪声消声效果好。

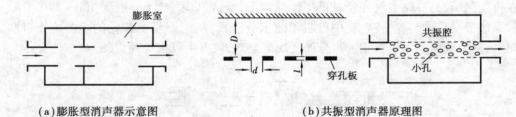

（a）膨胀型消声器示意图　　　　　　（b）共振型消声器原理图

图 6.26　抗性消声器

③微穿孔板消声器。当共振消声器的穿孔板直径小于 1 mm 时，就成为微穿孔板消声器。板上的微孔有较大的声阻，吸声性能好，微孔与共振腔组成一个共振系统，因此消声频程宽，对空气的阻力也小，不使用吸声材料，不起尘，特别适用于高温、潮湿以及洁净要求的管路系统消声。

（3）阻抗复合消声器　阻性消声器和抗性消声器都有各自的频率范围。阻性适用于中、高频；而抗性对低、中频噪声有较好的消声效果。对脉动低频噪声源和变频带噪声源，单纯的阻性和抗性的消声效果都不好，所以结合阻性和抗性的消声原理做成宽频程的阻抗复合型消声器。但单从高频或低频段来看，同样尺寸的复合型消声器，消声性能分别不如单独的阻性消声器和抗性消声器好。

（4）消声静压箱　消声静压箱是在风机出口处，或空气分布器前设置内壁面贴吸声材料的空箱，达到既可稳定气流、又可起到消声的作用。

各种消声器应设在接近声源的位置，安装在直线段，通常应布置在靠近机房的气流稳定管段上，与风机出入口、弯头、三通等的距离宜大于 4～5 倍风管直径或相当直径。如系统所需的消声量较大或不同房间的允许噪声标准不同时，可在总管和支管上分段设置消声器。

各种消声器应注意保洁，避免油烟气体的污染，才能起到应有的作用。

8)组合式空调箱

(1)构造　组合式空调箱(见图 6.27)是把各种空气处理设备、风机、消声装置、能量回收装置等分别做成箱式的单元,按空气处理过程的需要进行选择并组合成的空调器。空调箱的标准分段主要有回风机段、混合段、预热段、过滤段、表冷段、喷水段、蒸汽加湿段、再热段、送风机段、能量回收段、消声器段和中间段等。分段越多,设计选用就越灵活。

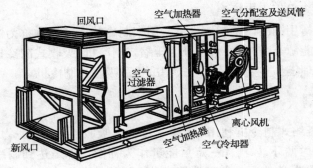

图 6.27　组合式空调箱

(2)组合式空调箱的安装与维护

①水管和空调箱之间的连接要加软接头,避免传递振动和噪声。

②进水管上宜设过滤器,以免杂质进入热交换器内水管,降低传热效果。

③进出水管上应设置截止阀,以便在检修或更换过滤器等设备时关断管路。

④凝结水管和空调箱连接时,要有 0.01 的坡度,以便排除凝结水,并宜安装存水弯。

⑤经常检查空调箱是否有漏风、漏水、凝结水管堵塞等现象,以便及时维修处理。

9)风机盘管

风机盘管其实是一种表面式换热器。安装在空调房间出风口处,需在盘管下设置凝结水集水盘,盘中有泄水孔接入凝结水管路,及时排走凝结水。为保证风机盘管能够正常工作,应注意下列几点:

①风机盘管的进、出水管上应设软接头、截止阀;进水管上设过滤器;出水管上宜设电动二通(或三通)阀,以便进行水量(或水温)的调节。

②风机盘管水系统在安装好后,要进行进出水管的清洗。由于盘管的管径较小,初次使用前冲洗干管时,污水不能通过盘管,因此要安装旁通管。

③冬季取暖时,盘管内的热水温度应低于 65 ℃,不宜将蒸汽作为热媒。

④经常清洗风机盘管回风口的过滤器,并对盘管定期拆卸除垢。

⑤经过室内的冷冻水管要保温。凝结水管敷设在技术夹层中时也应保温。

⑥风机轴承为含油轴承时,每年加油一次,以防止噪声增加。

6.5 制冷系统原理及冷源

空调冷源分为天然冷源和人工冷源。

天然冷源是指自然界本身存在的温度较低的介质,如深井水、山涧水、地道风等。利用天然冷源具有成本低、无污染、技术简单等优点,但具有一定的局限性,在大型物业的中央空调中多采用人工冷源。

人工冷源是指用制冷设备制取冷量。用来制冷的设备通常称为制冷机。根据制冷设备所使用的能源类型,制冷机可分为压缩式制冷机、吸收式制冷机和蒸气喷射式制冷机。物业管理工作主要涉及压缩式制冷机和吸收式制冷机。

1)压缩式制冷

(1)原理 压缩式制冷机利用"液体气化时要吸收热量"这一物理特性,通过制冷剂(工质)的热力循环,以消耗一定量能量作为补偿条件来达到制冷的目的。它由制冷压缩机、冷凝器、膨胀阀和蒸发器等4个主要部件所组成,并用管道连接,构成一个封闭的循环系统(见图6.28)。制冷剂在制冷系统中历经蒸发、压缩、冷凝和节流4个热力过程。

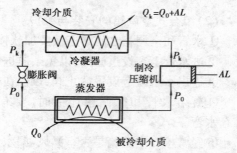

图6.28 液体气化制冷原理示意图

在蒸发器中,低压低温的制冷剂液体吸取其中被冷却介质(如冷水)的热量,蒸发成为低压低温的制冷剂蒸汽,制冷剂从被冷却介质中吸收的热量 Q_0 即为制冷量。

低压低温的制冷剂蒸气被压缩机吸入,并被压缩成高压高温的蒸气后排入冷凝器。在压缩过程中,制冷压缩机消耗机械功 AL。

在冷凝器中,高压高温的制冷剂蒸汽被冷却水冷却,冷凝成高压的液体,放出热量 Q_k($Q_k = Q_0 + AL$)。

从冷凝器排出的高压液体,经膨胀阀节流后变成低压低温的液体,进入蒸发器后再循环进行蒸发制冷。

由于冷凝器中所使用的冷却介质(水或空气)的温度比被冷却介质(水或空气)的温度高得多,因此,上述人工制冷过程实际上就是从低温物体吸收热量后再传递给高温物体的过程。由于热量不可能自发地从低温物体移到高温物体,故必须消耗一定的机械能 AL。

(2)制冷压缩机 制冷压缩机是制冷机的心脏。它的主要作用是从蒸发器中抽吸气态制冷剂,以保证蒸发器中有一定的蒸发压力,同时提高气态制冷剂的压力,使气态制冷剂能在较高的冷凝温度下被冷却剂冷凝液化。制冷压缩机的种类很多,空调系统常用离心式、螺杆式或活塞式。

①离心式压缩机。离心式压缩机通过叶轮离心力作用吸入气体和对气体进行压缩,容量大、体积小,可实现多级压缩(一般为单级),制冷效率高,部分负荷状态下运行性能较好,常用作大型、超大型建筑物的空调冷源。

②螺杆式压缩机。螺杆式压缩机通过转动的两个螺旋形转子相互啮合吸入和压缩气体。它可以利用滑阀调节气缸的工作容积,实现部分负荷状态下运行,因此其部分负荷运行性能极好。广泛用作大中型、中型和中小型建筑物的空调冷源。

③活塞式压缩机。活塞式压缩机通过活塞的往复运动吸入和压缩气体。制冷量小,部分负荷性能不佳,多用于小型空调系统和局部空调机组。

(3)冷凝器　冷凝器(见图6.29)的作用是把压缩机排出的高温高压的气态制冷剂冷却并使其液化。根据所使用的冷却介质的不同,常见的冷凝器有水冷式冷凝器、风冷式冷凝器、蒸发式冷凝器等。用于中央空调冷源的主要是水冷式和风冷式。

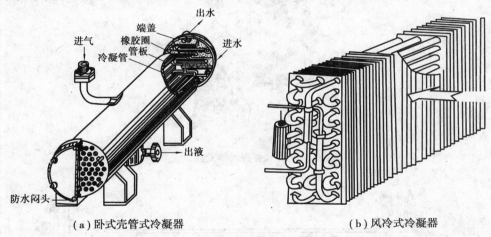

(a)卧式壳管式冷凝器　　　　　　(b)风冷式冷凝器

图6.29　冷凝器

①水冷式冷凝器。水冷式冷凝器中常用卧壳管式冷凝器。卧壳管式冷凝器采用水平放置,主要结构为钢板卷制成的筒体,筒体两端焊有固定冷却管,冷却水管采用胀接或焊接在管板上。制冷剂蒸气从冷凝器壳体上部进入,与冷却水管中的冷却水进行热交换,并在冷却水管表面凝结为液体以后,汇集到冷凝器壳底部。

壳管式冷凝器的冷却水进、出口设在同一端盖上,来自冷却塔的低温冷却水从下部管道流入,从上部管道流出,使冷却水与制冷剂进行充分的热交换。端盖的顶部设有排气旋塞,在充水时用来排除冷却水管内的空气;下部设有放水旋塞,用于冷凝器停用或检修时,泄放残留在冷却水管内的水。

②风冷式冷凝器。风冷式冷凝器主要用于制冷量小于 60 kW 的中小型氟利昂机组,一般用直径为 $\phi10\times0.7 \sim \phi16\times1$ mm 的紫铜管弯制成蛇形盘管,在盘管上用钢球胀接或液压胀接上铝质翅片,采用集管并联的方式将盘管的进出口并连起来,使制冷

剂蒸汽从冷凝器上部的集气分配管进入每根蛇形管,冷凝成液体后沿蛇形盘管流下,经集液管排出。

(4)节流装置　节流装置的作用是将冷凝器(贮液器)中冷凝压力下的制冷剂液体,节流后降至蒸发压力和蒸发温度,同时根据负荷的变化情况,调节制冷剂进入蒸发器中的流量。在空调冷源中主要使用手动节流阀和热力膨胀阀。手动节流阀的外形和构造与给水系统中的截止阀基本相同。热力膨胀阀则根据制冷剂在蒸发器中蒸发后的压力或温度自动调节膨胀阀的开度。

(5)蒸发器　蒸发器的作用是使由节流装置来的低温低压的液态制冷剂吸收载冷剂(水或空气等)的热量气化,把冷量传递给载冷剂。载冷剂常用水,常见有卧式管壳式蒸发器和干式蒸发器(见图6.30)。

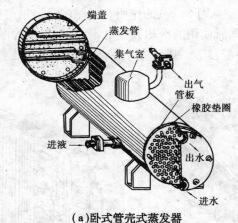

(a)卧式管壳式蒸发器

(b)干式蒸发器

图6.30　蒸发器

①卧式管壳式蒸发器。卧式管壳式蒸发器的外壳是用钢板制成,两端焊有管板,管板上用胀接或焊接的方法将钢管或铜管管簇固定在管板上。两端的端盖上设计有分水隔板。载冷剂在管内流动,制冷剂在壳内管簇间流动,进行热交换。载冷剂的进、出口设在同一个端盖上,载冷剂从端盖的下方进入,从端盖的上方流出。卧式管壳式蒸发器使用氟利昂为制冷剂时,多采用紫铜管作为载冷剂管道。

经过节流后的低温低压液态制冷剂,从蒸发器的下部进入,制冷剂的液面充满蒸发器内大部分空间,通常液面稳定在壳体直径的 70% ~80%,因此,称为满液式蒸发器。在工作运行时液面上只露 1~3 排载冷剂管道,以便使制冷剂气体形成的蒸气不断上升至液面,经过顶部的集气室(又称分液包),分离出蒸气中可能挟带的液滴,成为干蒸气状态的制冷剂蒸气被压缩机吸回。

②干式蒸发器。干式蒸发器在外观上与卧式管壳式蒸发器相似,其不同在于:干式蒸发器中的制冷剂是在管道中流动的,而载冷剂则是在制冷剂管簇间的蒸发器壳体内流动的。制冷剂在蒸发过程中因为没有自由液面,所以称为干式蒸发器。

把整个制冷系统中的压缩机、冷凝器、蒸发器、节流阀等设备,以及电气控制设备组装在一起,称为冷水机组,主要为空调箱和风机盘管等末端设备提供冷冻水。冷水机组的类型众多,主要分为压缩式和吸收式两类,有很多成系列的定型产品。图 6.31 是一种冷水机组的外形图。这种机组的制冷量为 3.9×10^5 kcal/h(1 kcal = 4.186 8 kJ),使用 R22,配用 115 kW 的电动机,额定冷水出口温度为 7 ℃,回水为 12 ℃,冷却水温度为 32 ℃。

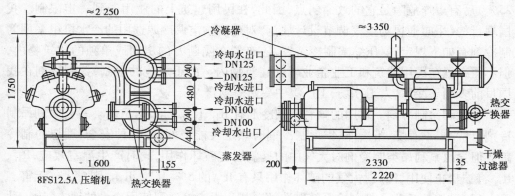

图 6.31　FJZ-30 型冷水机组

2)吸收式制冷

吸收式制冷机使用的工质是由两种沸点相差较大的物质组成的二元溶液,其中沸点低的物质作制冷剂,沸点高的物质作吸收剂,称为"工质对"。目前,吸收式制冷机采用 $LiBr-H_2O$ 工质对,水为制冷剂,溴化锂溶液作吸收剂,制取 0 ℃ 以上的冷冻水。

如图 6.32 所示,吸收式制冷机工作时,由蒸发器出来的低压制冷剂蒸气,在压力差作用下流入吸收器中,被从发生器中回来的溴化锂浓溶液吸收,在吸收过程中释放出的热量被冷却水带走。吸收器中形成的水-溴化锂溶液由溶液泵输送至发生器中。水-溴化锂溶液在发生器中被其内部管道内的蒸气或其他热源加热,提高了温度,制冷剂(水)变为蒸汽从水-溴化锂溶液中分离出来,在压力差作用下进入冷凝器中被冷却水将其热量带走成为冷剂水。冷剂水经节流阀节流减压后进入蒸发器中气化吸收冷媒水的热量后变为水蒸气,在压力差作用下又流入吸收器中继续循环。

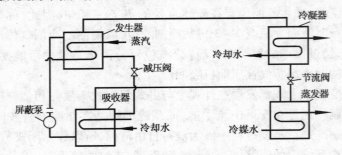

图 6.32　吸收式制冷原理

3)制冷剂与载冷剂

(1)制冷剂

①氨制冷剂。氨是一种极好的环保型制冷剂。但氨有毒,与空气混合(16% ~ 25%)后有爆炸危险是它的致命弱点,因此,在民用建筑上的使用受到一定限制。我国现行的《采暖通风与空气调节设计规范》对建筑物空调冷源选用的冷水机组采用的制冷剂有如下规定:氨压缩式制冷装置,应布置在隔断开的房间或单独的建筑物内,但不得布置在民用建筑和工业企业辅助建筑物内。由于规范的限制,氨制冷剂在我国目前多用于冷库、人工冰场、工厂集中冷站等场合。

②氟利昂制冷剂。常用的氟利昂制冷剂有 R_{11}、R_{12}、R_{22}、R_{134a}、R_{152a} 等。氟利昂制冷剂毒性小、不燃烧、不爆炸,作为制冷剂时热工性能极好,是一种安全、理想的制冷剂。但含氯氟利昂类制冷剂对大气中的臭氧层有破坏作用,同时产生温室效应,R_{11}、R_{12} 将被禁止使用,R_{22} 对大气的破坏作用只有 R_{12} 的 5% ,R_{134a}、R_{152a} 则对大气无害。

(2)载冷剂　为了把制冷系统制取的冷量远距离输送到使用冷量的地方,让一种中间物质在蒸发器中冷却降温,吸收冷量后将其输送到所需地方,吸收被冷却物质的热量再返回,重新被冷却,循环往复地把冷量传递出去。这种中间物质称为载冷剂。常用的载冷剂有水、盐水和空气等。物业管理所涉及的载冷剂主要是水。

4)冷冻站的管理

对制冷机房进行维护管理的目的是保证制冷设备的安全、可靠运行,确保冷源所服务的建筑物空调系统正常运行。此处主要介绍保证制冷系统日常保养和巡检工作质量的一般性要求。

（1）设备润滑　设备润滑要求做到"五定"（定人、定点、定质、定量、定时）和"三级过滤"（油桶、油壶、加油点）。所用滤网要符合下列规定：冷冻机油、机械油等所用滤网，一级过滤为 60 目，二级过滤为 80 目，三级过滤为 100 目；汽油缸、齿轮油所用滤网，一级为 40 目，二级为 60 目，三级为 80 目。特殊油品按特殊规定执行。

要经常检查滤网、油位、油温、油压、油泵注油量，发现异常应及时处理；经常检查润滑部位，如轴承温度、声音是否正常；常用阀门丝杆和螺母之间，要定期注油润滑，不常用的阀门丝杆、螺母处，要用油封死；润滑油（脂）器具要经常检查，定期清洗或更换。

（2）巡检工作　日常巡检主要通过四个方面进行：

一看：看压缩机吸排气压力是否正常，看蒸发器和吸气管挂霜情况和降温速度，看油压大小是否正常，压差继电器、温度继电器、压力继电器的调定值是否符合规定要求，看水泵压力显示是否正常，管道有无断裂，接头是否渗漏，看电路电压表、电流表读数是否正常等；

二听：听设备运转时的各种声音；

三嗅：嗅设备周围有无异常刺激性气味，或烧焦的塑料、胶木、油漆的气味；

四摸：如摸压缩机运行时各部位的温度，比较冷热变化的情况。

压缩机正常运行时，机组外壳的温度不会升高太多，一般不超出 70 ℃。若运行一段时间后，手摸感到烫手，则压缩机温升太高。摸冷凝器的温度，若上部温度较高，下部温度较低，说明制冷剂在循环；若冷凝器不发热，则说明有制冷剂渗漏；若冷凝器发热数分钟后又冷下来，说明过滤器、毛细管有堵塞。对于风冷机组，可用手感受冷凝器有无热风吹出，无热风吹出说明不正常。摸过滤器表面的冷热程度，若出现显著低于环境温度的凝露现象，说明其滤网的大部分网孔已阻塞等。

在压缩式制冷机组的运行管理过程中，要特别注意制冷剂的安全使用。氟利昂类制冷剂泄漏时，除损害大气环境外，与明火接触，还会分解出剧毒物质光气。所以，减少泄漏，提高制冷剂的回收率对压缩式制冷机组非常重要。

所有废弃制冷剂均不得直接排放到大气中或下水道里，必须按环保部门的规定加以回收，待处理后再重复使用。

由于溴化锂吸收式机组在运行时易结晶和机组内真空度易破坏，其运行管理要比蒸汽压缩式制冷机组复杂，要根据产品具体情况，在生产厂家的帮助下，制订专门的维护保养计划。

6.6　空调系统中的水系统

空调系统中的水系统通常包括冷冻水、冷却水、冷凝水三种水系统。冷冻水存在于风机盘管加新风的空调系统中，主要承担空调房间的冷负荷。这部分水系统能耗比较高，远高于建筑本身的给水系统能耗，因此，冷冻水和冷却水系统的设计及运行管理对控制设备的运营成本影响很大。

6.6.1　冷冻水系统

1）双水管与多水管系统

根据系统供、回水管路根数不同,冷冻水系统分为双管制、三管制和四管制。双管制和三管制最为常见。

(1)双水管系统　双水管系统是目前应用最多的一种系统,特别是在空调系统主要以夏季供冷为主要目的的南方地区。双水管系统中一根为供水管,另一根为回水管,如图6.33所示。

双水管系统的主要优点是系统简单,管路初投资少。双管制系统在不同时间供应热水、冷水都用同一管路系统,进入风机盘管只有一根供水管和回水管,管路简单,初期投资省,但无法同时供应冷热水。如当在空调的过渡季节,出现朝阳房间需要供冷而背阳房间需要供热的情况时,系统则不能满足用户需要。而且,系统以同一水温供水,可能导致某些房间过冷或过热。

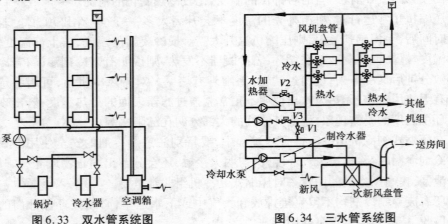

图6.33　双水管系统图　　　　图6.34　三水管系统图

(2)三水管系统　三管制系统(图6.34)能够解决双水管系统的缺点,它在进入盘管处设有程序控制的三通阀,由室内恒温器控制,根据需要使用冷水或热水(但不同时进入),分别设有供冷、供热管路与换热器、冷水机组相连,但回水管共用一根。此系统服务品质好,但有冷、热量混合损失,投资略高。

四水管系统设有各自独立的冷、热水供、回水管,它克服了双水管系统和三水管系统的缺点,使运行调节能适应系统的各种不同要求。但其初投资大,管道占用建筑物空间也较大,应用较少。

2）闭式和开式系统

开式和闭式是根据空调设备的构造、蒸发器的不同划分的。

(1)开式水系统　开式水系统的回水集中回到建筑物底层或地下室的水池,再用水泵把经过冷却或加热后的水输送至整个系统。开式系统中的水与大气相通,水质易受污染,管路系统易产生污垢和腐蚀,且水泵扬程偏高,以便克服静水压力。

(2)闭式水系统　在闭式水系统中,水在系统中密闭循环,不与大气相通,只在系统的最高点设置膨胀水箱,因此,水系统的管道不易产生污垢和腐蚀,系统简单可靠,且因为不需克服系统静水压力,水泵耗电量较小,但其与蓄冷(热)水池连接时较开式要复杂一些。

目前,在空调系统中闭式系统使用较多,而开式系统一般仅用于有蓄冷水池的空调系统或用喷水室处理空气的空调系统。闭式和开式水系统如图 6.35 所示。

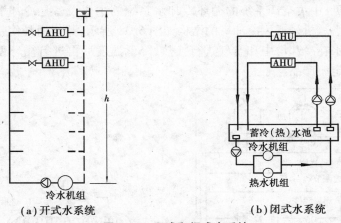

（a）开式水系统　　　　　（b）闭式水系统

图 6.35　开式和闭式水系统

3）同程式和异程式系统

当冷冻水流过每个空调设备环路的管道长度相同时,称为同程式水系统。同程式水系统水量分配和调节方便,管路的阻力易平衡。但同程式水系统需设置同程管,管材耗用较多,系统的初投资较大。

当冷冻水流过每个空调设备环路的管道长度都不相同时,称为异程式水系统。异程式水系统水量分配调节较困难,管路的阻力平衡较麻烦,但其系统简单,初投资较低,因此广泛应用于中小型空调系统中。同程式和异程式水系统如图 6.36 所示。

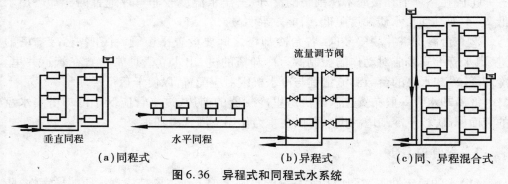

（a）同程式　　　　　（b）异程式　　　　（c）同、异程混合式

图 6.36　异程式和同程式水系统

6.6.2 冷却水系统

在水冷式冷水机组中,为了把冷凝器中高温高压的气态制冷剂冷凝为高压的液态制冷剂,需要用温度较低的水带走制冷剂冷凝时放出的热量。当冷水机组的冷凝器是用水作介质来冷却时,系统就需要一套完整的冷却水系统。在正常工作时,水质仅受热污染,可以循环使用。循环水系统一般由冷却塔、冷却水泵、补水系统和循环管道组成,可参见图6.37。不循环使用水的系统是直流系统,已被淘汰。

由此图可见,中央空调系统的循环冷却水系统的主要设备是冷却塔。通常采用机械通风冷却塔。机械通风冷却塔的结构如图6.38所示,其作用是使带走制冷系统冷凝热的冷却水在冷却塔中和空气进行换热,降低温度后再进行循环使用。冷却塔一般都是使用定型产品。

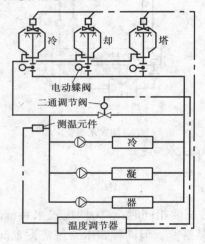

图6.37 循环冷却水系统

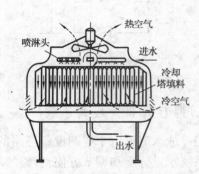

图6.38 常见的逆流式冷却塔构造

1)安装和布置冷却塔时的注意点

①放在草坪上和被灌木丛围绕的冷却塔,出水温度较非草坪地带的冷却塔出水低2～4℃,同时,水质浊度更低,节能效果明显。

②几台冷却塔并联安装时,各台冷却塔之间要设置平衡管,并在各台冷却塔的进、出水管上安装成对动作的控制阀。冷却塔的进、出水立管通常布置在管道井里。冷却塔、冷却水泵的台数和流量宜与冷水机组对应配置,以便于运行管理。

③冷却水泵一般布置在制冷机房里冷凝器的前边,进水管应低于冷却塔集水盘的液面标高,以便冷却塔的出水可以在重力作用下灌入冷却水泵。

2)系统的管理

(1)水的稳定性 空调冷却水系统的日常维护工作主要是注意水质的稳定性,防止其腐蚀、结垢、生长藻类等,可以选用各种水处理药剂,以能抑制细菌和藻类生长的防腐阻垢剂为宜。但最好采用静电除垢器和稳定处理器,这样既可以节省人工费和药剂费,也不污染环境。空调水系统日常成本费用主要就是水泵、处理器所耗的电费和冷却塔的补充水费。

应在冷却塔补水管上和冷冻水补水箱的补水管上安装水表,使补水量能够得到控制,在采用药剂处理时,可以根据水量准确投药,以提高管理效果。

(2)冷却塔的养护　冷却塔的维护保养工作主要体现在定期(一般 1 年)清洁布水器和填料的污垢、水垢和其他杂物,有损坏者及时更换,并做好塔周围的清洁和绿化工作,保证水流、气流分布均匀,接触良好。另外,在冬天要防止布水器和填料因受冻而破坏,至少每年定期检修风机一次。在运行中,控制冷却塔的进水浊度不能超标,以肉眼看不到混浊为准,否则要排污,并加大新鲜水的补水量。还要控制系统水的 pH 值在 9～9.9。

6.6.3　冷凝水系统

中央空调制冷量大,会产生大量的冷凝水。一般将制冷设备产生的冷凝水采用专门的冷凝水排放管直接排到地下设备层的污水井中,再利用污水泵提升排放至小区排水管道。但为了节能,可以把收集到的冷凝水利用水泵或通过重力输送至一层或附楼的冷却塔上,作为冷却塔的补充水。

对于局部空调机产生的冷凝水,一般采用 DN50 的 UPVC 管收集排至小区排水管(井)排放,这部分水也可收集起来用于绿地灌溉。

6.7　中央空调系统的节能技术措施

为了实现可持续发展的目标,国家对节能提出了明确的要求。建筑能耗占据全社会总能耗的 1/3 以上,而空调能耗又占据着建筑能耗主导地位,因而做好中央空调系统的节能工作对节约能源、提高物业管理效益具有十分重要的意义。

做好空调系统的节能,除了搞好运行管理外,采用节能技术措施对围护结构和系统设备改造是一个可行的途径。

6.7.1　围护结构的选择和改善

1)控制窗墙比

由于外窗的耗热量占总建筑物总耗热量的 35%～45%,因此,在保障室内采光的前提下,合理确定窗墙比十分重要。一般规定各朝向的窗墙比不得大于下列数字:北向 25%;东、西向 30%;南向 35%。

2）提高门窗气密性

由于房间换气次数由 0.8～1 次/h 降到 0.5～1 次/h，建筑物的能耗可降低 8% 左右，因此设计中应采用密闭性良好的门窗。加设密闭条或改装塑钢窗是提高门窗气密性和保温的重要手段。

3）外墙外保温

多年的工程实践证明，采用该类保温系统的建筑，无论是从建筑物外装饰效果还是从居住的舒适度考虑，都是一项值得推广应用的节能新技术。具体措施就是在建筑外墙敷设泡沫类保温材料或加设隔墙。在夏热冬暖地区（如广州、深圳等），可不采用保温手段，而是通过加强遮阳和通风来降低夏季空调能耗。

6.7.2　空调设备的节能

国内目前出现了 5 类空调设备的节能改造设备。

第 1 类产品以水泵节能改造为主，采用中央空调水泵变频节能控制技术，单一的压差或温差控制。压差控制一般节能幅度在水泵上能达到 10%～30%，而温差控制相对于压差控制更进一步，能实现泵系统 40% 的节能幅度。这在整个中央空调系统的节能通常占 5%～10%（一般占当月电费的 3%～6%）。

第 2 类产品通过计算机软件处理、模块化控制结合变频技术，多点信号的采集与处理，在传统的变频技术的基础上实现了智能控制，使该控制系统能动态跟随温度的变化动态调整所需的实际负荷。这样能达到主机节能 10%～30%，水系统节能 60%～80%，可以使整机节能达到 20%～40%。

第 3 类产品是在第 2 类节能控制系统基础上，采用整体优化的思想，对中央空调整体进行改造，其中包括空调主机制冷剂的替换、风机盘管清洁、抗耐磨剂的添加等，且可以实现远程控制，然后选择变频控制系统，使中央空调整体达到 25%～50% 的节能效果。

第 4 类产品属系统的整体智能优化改造，通过聚集行业专家，采购成熟的节能产品，针对每个客户不同的环境进行优化组合，在中央空调上加装智能优化系统，创造较高的综合节能率，同时为该单位的照明、电梯、锅炉、热水系统、恒压供水等安装相应的节能控制系统，使该用户总能耗降低 18%～30%。采用此类产品进行改造时，用户总体节电效果最明显。

第 5 类产品为控制物业环境品质为目的的节能改造。此类节能改造的目的在于为客户提供最佳的环境质量和降低综合维护成本、延长设备寿命，建筑采用以隔热反射涂料为代表的节能保温系统，中央空调温差控制在 ±0.5 ℃，避免温差大波动的同时又提供了足够的新风，还采取定期消毒；综合自然光线的变化、电网电压、自动使室内光照充足、健康；对地下车库进行强排风，降低废气污染等。物业环境品质由此得以大幅度提高,整体经济效益更好。

物业管理企业对中央空调系统进行节能改造,需要专业节能公司的协助,选择节能公司进行建筑节能改造时,应注意下列 2 点:

①节能公司应对系统整体具有优化设计和改造的能力,具有物业环境品质的意识。

②在利用 LCC 理论测算节能投资回报的同时,尽可能通过购买保险、提供垫资,分散改造风险。

6.7.3 改善空调系统节能的其他方法

1)改善方案或系统的选择

对于舒适性空调而言,并不需要十分严格的温度和湿度的控制,采用变风量系统则可以明显节能。它通过改变送到房间(或区域)里去的风量,来满足这些地方负荷变化的需要,只要求安装投资相对较低的温度探头和变频控制器。空调设备的容量也可以随之减小,设备总投资下降,系统的运行能耗也随之下降。

2)优化水泵选型

目前,空调水系统最容易出现的问题是选择水泵型号只按设计值查找水泵样本的铭牌参数确定,却没有校核水泵的高效区是否处于设计工况;对压差悬殊的回路也未采取有效措施,因此水力、热力失调现象普遍,导致大流量、小温差现象。

已选用水泵的维护和节能技术措施可参见 2.2 中的介绍。

6.7.4 强化系统的运行管理

各项调节和节能措施的实施,都与操作人员的技术素质直接相关。相关人员应具备必要的制冷空调知识,懂得根据室外参数的变化进行调节的方法,懂得怎样调节才会节能。且必须定期清理机器过滤网和翅片,以减少风机阻力,使冷热量充分发挥,减少设备运转时间。

从收费制度看,集中空调实行计量收费,是建筑节能的一项基本措施。国外实行集中空调计量收费后,其节能率在 8% ~ 15% 以上。

规范的管理制度是搞好空调系统运行的前提,以下列出一个空调管理规程实例,以供参考。

××中央空调机组运行管理办法

为了合理使用中央空调机组,确保机组设备完好和安全运行,节约电能,降低消耗,特制订如下管理办法:

1. 中央空调管理机构

(1)公司行政办公室是中央空调机组的行政管理部门,负责运行调度指令的签发及运行、维修经费的管理。

(2)工程部技术负责人负责指导监督机组的日常运行操作。

(3)工程部运行组是空调机组的日常运行操作管理部门,负责机组设备的启动、关闭等操作和机组的日常维护、清洁、防疫消毒处理、定期保养。

(4)工程部维修组是机组外围设备(水、电、风机等)的维修部门,根据相关要求配合维修。

2. 空调机组运行季节的规定

(1)冬季制热启用时间为每年的12月1日至次年的3月15日;启用制热温度为气象预报最高温度低于10 ℃、最低温度低于5 ℃,日平均温度连续3天以上低于8 ℃。

(2)夏季制冷启用时间为每年的6月15日至9月30日;启用制冷温度为气象预报最高温度高于29 ℃、最低温度高于25 ℃,日平均温度连续3天以上高于27 ℃。

(3)通风启用:根据气温、环境条件,经工程部申请,行政办公室批准可以适时启动。

(4)特殊状况下,中央空调启用须公司负责人批准。

3. 空调机组的运行准备

(1)在启用制热、制冷系统时,应对机组全面检查,并将转换设定按钮调制到对应的季节。

(2)检查供水系统的运转状况,确保供水系统机组正常运转,压力和出水温差显示正常。

(3)检查供电系统的电源指示状态(电流、电压指示读数)、线路的连接绝缘状况等。

(4)做好运行数据记录,设备值班交接备忘簿等必要的工作。

4. 空调机组的维护、检修

(1)空调机组启动以后,应根据气候、环境的变化,适时调控机组的投入。

(2)机组运行时,应加强动态观测,调整机组运行至最佳状态。

(3)机组运行过程中出现故障,应立即采取措施,确保人机安全,并做好停机检修工作。

(4)机组经过一段时间的连续工作,应做停机检查和养护处理。

(5)机组在季节使用之前或使用之后,应做保养检修,并按期做好中修、大修准备。

5. 空调机组的卫生防疫工作

(1)机组在季节使用之前应做好卫生防疫的消毒工作,重点做好风机新进风的过滤网的清洁、防疫消毒工作,以后应定期检查、清洁、消毒,并做好记录。

(2)使用过程中,应经常进行空气交换,检查进风口周围环境。

(3)任何人不得占用空调进风机房,不得在风机进风口处堆物,一经发现一律及时清除。

6. 附则

本管理办法一经发布,即予执行。本办法解释权属公司行政办公室。

复习思考题

1. 请结合自己的生活经验,谈谈如何进一步改善自然通风的效果。
2. 在日常生活和工作中,哪些部位是需要人工通风的?
3. 常见的通风设施和部件有哪些?
4. 风机的噪声很大,如何减轻风机噪声对生活和工作的影响?
5. 空调为什么能够吹出冷风和热风? 大型中央空调和普通的家用空调器的原理是一样的吗?
6. 根据教材介绍,并搜集一些产品资料,为自己的工作或生活环境选择适当的空调产品,并说明理由。
7. 风机盘管最容易出现什么样的问题? 能够出现的最大的问题是什么? 如何解决?
8. 在中央空调系统里,空气一般经过哪些阶段的处理? 空气所经历的处理过程在普通家用空调器中是一样的吗?
9. 压缩式制冷与吸收式制冷的原理有什么不同?
10. 热泵式空调的工作原理是怎样的? 物业管理所涉及的哪些场合适合采用热泵式空调?
11. 采用溴化锂制冷机组有什么好处? 请尽可能一一列举。
12. 请结合实地参观,思考如何搞好冷冻房的管理?
13. 溴化锂制冷机组的管理与普通压缩式制冷机组的管理有所不同。请查找相关资料,制订一份溴化锂机组的年度维护保养计划(能体现溴化锂机组的特点即可)。
14. 结合在物管公司的实地观察,谈谈如何搞好冷却水系统的管理工作?
15. 请观察自己周边的通风空调系统,试总结出 3 条以上的节能措施和方法。

第 7 章
物业供配电系统

导读：高质量的物业管理工作，应注意不断提升物业的供配电服务品质，具体体现在业主的生活用电和物业设施设备能够正常用电，同时计划用电、节约用电、安全用电这三个方面也比较协调。学习本章，应深刻理解物业供配电过程及主要设备设施的工作原理、构造及维护保养方法，基本掌握保证和提高供配电服务品质的基本方法和措施。

7.1 物业供配电概述

目前我国采用的电压有 220、110、35、10、6 kV 和 0.4 kV。超过 1 kV 的叫高压，1 kV 以下的叫低压。电力的生产与输配系统见图 7.1，建筑电气工程是指电源进户装置之后的高压配电、变压器、低压配电、照明等。高压供电是高压配电及变压器部分的电气工程。变压器之后为低压配电工程，即对电压为 380/220 V 的动力用电和生活及照明用电的输配电工程，其运行操作和维护管理属于物业管理工作范围。

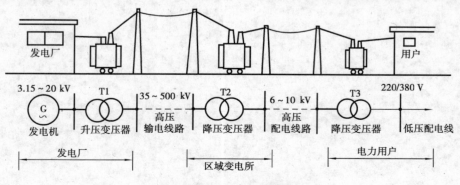

图 7.1 供配电过程示意图

7.1.1　电力负荷与供电要求

1）电力负荷

建筑和小区的供电负荷分一级负荷及二级负荷,一级负荷必须保证任何时候都不间断供电,应有两个电源供电;二级负荷允许短时间断电。还有对用电要求很低的、可经常拉闸断电的三级负荷。一般生活小区、民用住宅及普通高层建筑为二级负荷,但对于断电会造成人身伤亡、重大政治影响、重大经济损失、重大社会秩序混乱的场合,则归为一级负荷,如县级医院以上的手术室、省级以上的群众集会场所、重要的计算中心和实验室等。电力负荷分级可参见表7.1所示。

表 7.1　民用建筑及工业建筑的常用设备及部位的负荷分级分类表

序　号	建筑物名称	电力负荷名称	负荷级别
1	高层普通住宅	客梯、生活水泵电力、楼梯照明	2
2	高层宿舍	客梯、生活水泵电力、主要通道照明	2
3	重要办公场所	客梯电力、主要办公室、会议室、总值班室、档案室及主要通道照明	1
4	高等学校教学楼	客梯电力、主要通道照明	2

2）供电要求

一级负荷应由两个电源独立供电,当一个电源发生故障时,另一个电源应不致同时受到损坏。一级负荷容量较大或有高压用电设备时,应采用两路高压电源。一级负荷中的特别重要负荷,除上述两个电源外,还应增设应急电源。为保证对特别重要负荷的供电,严禁将其他负荷接入应急供电系统。二级负荷的供电系统应做到当发生电力变压器故障或线路常见故障时,不至于中断供电(或中断后能迅速恢复)。在负荷较小或地区供电条件困难时,二级负荷可由一路 6 kV 及以上专用架空线供电。三级负荷则对供电无特殊要求。

7.1.2　物业典型供电方案

1）变电所的一次接线图

认识和理解物业的供电方案,必须看懂小区变电所(站)的接线图。变电所的接线图有两种,一种是由变压器、各种配电设备、母线、电线、电缆、补偿电容器等一次电气设备按一定次序相连的、表示接受和分配电能的主电路,称为主接线图或一次线路图(参见表7.2);另一种是用来表示控制、监察、测量和保护一次设备运行状态的线路图,称为二次接线图或二次回路。二次回路主要通过电流互感器和电压互感器与主电路联系。

表7.2　变电所主接线图中的主要电气符号

电气设备名称	图形符号	电气设备名称	图形符号
电力变压器		刀熔开关	
断路器		母线及母线引出线	
负荷开关		电流互感器	
隔离开关		电压互感器	
熔断器		阀式避雷器	
跌开式熔断器		电抗器	
自动空气断路器		移相电容器	
刀开关		电缆及其终端头	

主接线图是将各电气设备规定的图形符号用单线图的形式表示,即用一根线表示三相对称电路。只有在个别情况下,三相电路中设备显得不对称时,才在局部用三线图表示。

2)两路 10 kV 进线、单母线分段的高压配电所主接线方案

图 7.2 是两路 10 kV 进线、单母线分段的高压配电所主接线图。两路进线 1# 和 2# 引自不同电源,母线分为 WB1 和 WB2 两段,由开关 QF3 分段,分段开关 QF3 可以用断路器,也可用隔离开关。要求分段开关带负荷通断时,必须采用断路器。电源断路器 QF1 和 QF2 及母线分段断路器因其两侧均有电源,所以它们的两侧都应装隔离开关。这类配电所大多采取一路电源供电,另一路电源备用,两段母线并列运行。当工作电源失电时,可手动或自动地投入备用电源,即可恢复整个配电所的供电。

此种接线适用于用电负荷大的高级宾馆和大型办公楼宇的一、二级负荷供电。

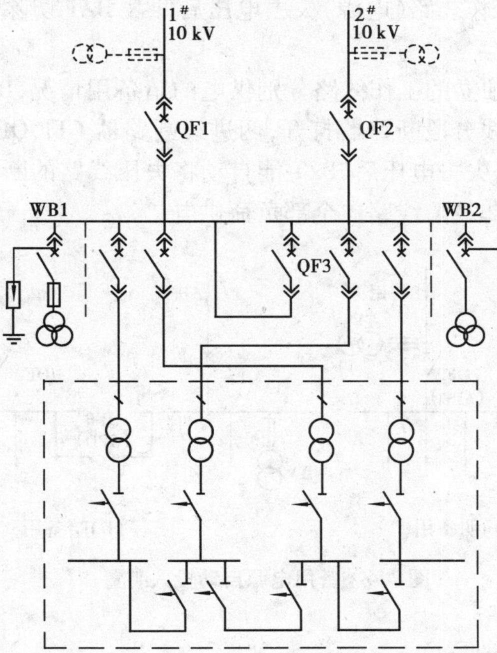

图 7.2　两路 10 kV 进线、单母线分段的高压配电所主接线方案

3）两路 10 kV，单母线不分段的一用一备主接线方案

这种主接线如图 7.3 所示。此种接线所用高压设备较少,但当母线 WB 发生故障或清扫时,将造成全部停电。当 1# 工作电源失电时,2# 备用电源自动投入,两路都能保证 100% 的负荷用电。此种接线方式常用在负荷较少、供电可靠性相对较低的住宅或商住大厦中。

另外,为了提高供电的可靠性,保证重要负荷不间断供电,在供电中常采用备用电源自动投入装置。

在具有两个独立电源供电的变电所中装上备用电源自动投入装置后,当其中一个正在工作的电源失去电压时,备用电源自投装置能够将失去电压的电源切断,随即将另一备用电源自动投入供电,从而保证一级负荷或重要的二级负荷不间断供电,提高供电的可靠性。

变电所中装设备用电源自动投入装置（BZT）一般有两种基本方式,如图 7.4 所示。图 7.4（a）是有一条工作线路和一条备用线路的明

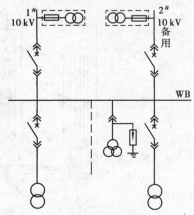

图 7.3　两路 10 kV,单母线不分段的一用一备主接线方案

备用情况。BZT 装在备用进线断路器 QF2 上。正常运行时,由工作电源向负载端供电,备用电源断开,当工作线路(电源)失去电压后便被 BZT 切除,随即将备用线路自动投入,对负载供电。

图 7.4(b)是两条独立的工作线路分别供电的暗备用情况,BZT 装在母线分段断路器上,正常运行时母线分段断路器打开,两进线断路器 QF1、QF2 合上,向负载正常供电。当其中一条线路失去电压后,BZT 能自动将失压线路的断路器断开,随即将分段断路器自动投入,让非故障线路向全部负荷供电。

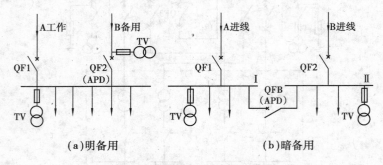

(a)明备用   (b)暗备用

图 7.4   备用电源自动投入装置

7.1.3   变电所的型式结构

变电所是物业供配电系统的枢纽,多采用 10 kV 变电所,担负着将从 10 kV 高压网引入的电压降为 0.4 kV,然后提供给用户使用的任务。

户内型变电所(见图 7.5)是最主要的小区变电所型式。它的高低压配电装置和变压器均设在室内,由变压器室、高压室、低压室、电容器室和值班室组成。具有安全、可靠、维护便利的优点,但投资较高,所以也有的采用半户内型变电所和箱式变电所。

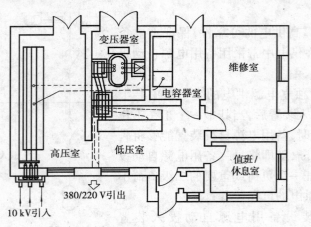

图 7.5   户内型变电所

半户内型变电所的结构如图 7.6 所示,只有低压配电设备放在室内,变压器和高

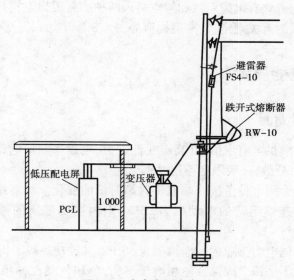

图 7.6 半户内型变电所

压设备均设在室外,占地面积小,节省房产开发费用,但可靠性不高。

箱式变电所(见图 7.7),也称成套变电所,是将一个变电所的高压开关设备、电力变压器及低压配电设备等在制造厂中制成几个完整的单元,运到使用现场后组装成一个完整的变电所,进、出线全部采用电缆。具有体积小、占地少、造型美观、操作维护便利的优点,且运行的安全性、可靠性均较高,适合旧城改造,替代户外型变电所。

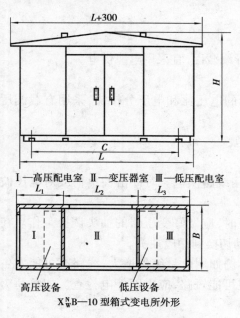

I —高压配电室 II —变压器室 III —低压配电室

$X_W^N B$ —10 型箱式变电所外形

图 7.7 箱式变电所外形图

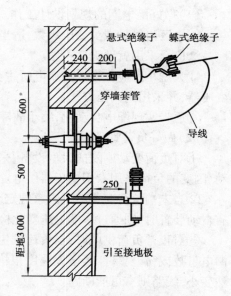

图 7.8 高压架空接户线

接户线的引入方式有电缆引入和架空引入两种。高压架空接户线的安装应遵守高压配电线路架设的有关规定,其典型构造如图 7.8 所示。

7.1.4 电能质量

1)电能质量指标

(1)电压偏移 供电电压偏离(高于或低于)用电设备额定电压的数值占用电设备额定电压值的百分数,一般限定不超过±5%。

(2)电压波动 用电设备接线端电压时高时低的变化。对常用设备电压波动的范围有所规定,如连续运转的电动机为±5%,室内主要场所的照明灯为-2.5% ~ +5%。

(3)频率 我国电力工业的标准频率为 50 Hz,其波动一般不得超过±0.5%。

(4)三相电压不平衡 应保证三相电压平衡,单相负载在各相内应均匀分配,以维持供配电系统安全和经济运行。三相电压不平衡程度不应超过 2%。

电源的供电质量直接影响用电设备的工作状况,如电压偏低会使电动机转速下降、灯光昏暗,电压偏高会使电动机转速增大、灯泡寿命缩短;电压波动导致灯光闪烁、电动机运转不稳定,频率变化使电动机转速变化,可引起电力系统的不稳定运行;三相电压不平衡可造成电动机转子过热,影响照明和各种电子设备的正常工作。

2)提高供电品质的基本措施

(1)做好配电网的规划设计工作

①小区内尽量减少变压级数,适当增加导线截面,宜采用电缆供电。

②广泛采用就地无功补偿。

③大型小区应合理选择变电所主变压器的电压比和电压分接头,采用有载调压变压器,并采用逆调压方式。

④逐步实现配电自动化,缩小故障停电范围。

(2)做好负荷管理

①对负荷变动剧烈的大型设备,采用专用线路供电。对冲击性负荷或对电压波动、闪变的负荷采用专用变压器供电。

②当末端负荷变化超过国家规定允许值时,应做好变压器的抽头调换工作。在有自动装置时,则通过末端电压变化检测自动切换到相应抽头。

③对正常负荷供电时,当负荷发生突变,例如用电量突然增大,线路有可能发生漏电事故或窃电事件,若增大速度很快,则有可能短路,应立即停电检查。如负荷突然变小,线路则有可能断路。

7.2　电力变压器

供配电系统中使用的变压器称为电力变压器。它利用电磁感应原理,把输入的交流电压升高或降低为同一频率的交流输出电压。电力变压器的种类很多,常见的传统变压器是油浸变压器,新型的变压器有环氧树脂变压器和 β 液变压器等。本节以三相油浸电力变压器(见图 7.9)为主介绍其结构、组成及运行维护。

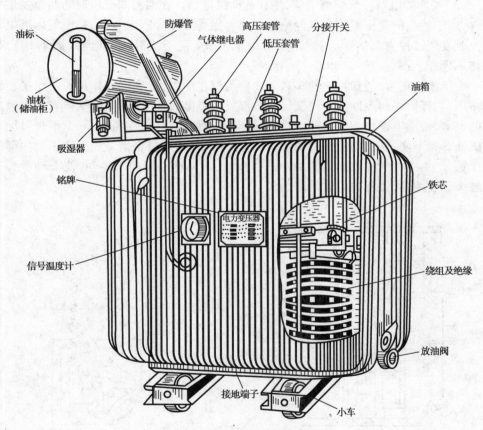

图 7.9　三相油浸式电力变压器

7.2.1　油浸式电力变压器的结构

变压器主要由铁芯和套在铁芯上的绕组所组成。为了改善散热条件,大、中容量的变压器的铁芯和绕组浸入盛满变压器油的封闭油箱(即油浸式变压器的外壳)中,各绕组对外线路的连接则经绝缘套管引出。为了使变压器安全、可靠地运行,还设有储油柜、安全气道和气体继电器等附件,对这些附件介绍如下:

（1）储油柜　储油柜又称油枕，如图7.9中所示，是一个圆筒，装在油箱上，用管道与变压器的油箱接通。变压器油充满到储油柜的一半，可以隔绝油箱内部和外界空气，避免潮气入侵。储油柜上部的空气通过存放变色硅胶等干燥剂的呼吸器和外界相通。在储油柜底设有沉积器，用于沉积侵入储油柜中的水分和其他杂质。储油柜的油面高低，可以通过玻璃油位计进行观察。

（2）安全气道　安全气道又称防爆管，装在油箱顶盖上，是一个长钢筒，上端装有厚玻璃板或酚醛纸板（防爆膜）。当变压器内部因故障而产生大量气体时，变压器油和气体将冲破防爆膜释放出来，能够避免油箱爆裂。

（3）气体继电器　气体继电器，俗称瓦斯继电器。在油浸式变压器的油箱发生短路时，用于绝缘的变压器油和其他绝缘材料将因受热而分解出气体，利用气体继电器可及时发现这种内部故障。目前，多采用FJ3—80浮子式气体继电器（图7.10），其工作原理如下：

变压器在正常运行时，上油杯和下油杯均浸在油内，受到浮力作用。由于平衡锤的作用，油杯始终向上倾斜。当变压器内部发生轻微故障时，产生的气体聚集在继电器的上部，使继电器内油面下降，上油杯逐渐露出油面，浮力逐渐减小，上油杯带动永久磁铁开始下降，使上动触头和静触头闭合，发出轻瓦斯报警信号。当变压器内部故障严重，产生大量气体或强烈的油冲击挡板时，下油杯立即向下转动，使下动触头和静触头迅速闭合，让开关迅速跳闸。

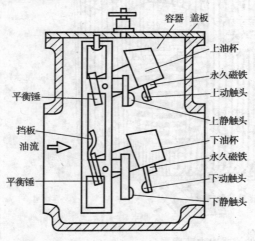

图 7.10　FJ3—80 浮子式气体继电器

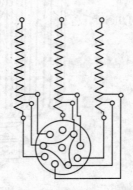

图 7.11　变压器的分接头开关接线原理图

（4）分接开关　变压器运行时，其输出电压会随输入电压的高低、负载电流的大小及性质有所变动。为使变压器的输出电压在允许的范围内波动，其原边电压要求在一定的范围内可调，所以原绕组都设有分接头（图7.11），俗称抽头。分接头靠近高压绕组星形连接的中点处，每相有3个，中间那一个称为额定分接头，对应额定电压。左右两个分接头，分别起在额定电压上下调节±5%的作用。

7.2.2　新型变压器简介

1)环氧树脂干式变压器

环氧树脂干式变压器的高低压绕组各自用环氧树脂浇注,并同轴套在铁芯柱上。高低压绕组间有冷却气道,使绕组散热。三相绕组的连线也由环氧树脂浇注而成,其所有带电部分都不暴露在外面。因而具有防火、防潮、防尘和低损耗、低噪声、占地小等优点。价格较同容量的油浸变压器贵,但其绝缘性能更好,使用维护简便,能深入负荷中心,可供交流 50 Hz、60 Hz 变配电系统中配电用,特别适用于高层建筑物、大型商场、旅馆、影剧院、医院、生活小区、车站、码头及厂矿企业等户内使用。

(1)干式变压器的安全运行　干式变压器的安全运行和使用寿命,很大程度上取决于变压器绕组绝缘的安全可靠。绕组温度超过绝缘耐受温度使绝缘破坏,是导致变压器不能正常工作的主要原因之一,因此对变压器的运行温度的监测及其报警控制是十分重要的,在此以 TTC—300 系列温控系统为例进行简要介绍。

①风机自动控制。通过预埋在低压绕组最热处的 Pt100 热敏测温电阻测取温度信号。变压器负荷增大,运行温度上升,当绕组温度达 110 ℃时,系统自动启动风机冷却;当绕组温度低至 90 ℃时,系统自动停止风机。

②超温报警、跳闸。通过预埋在低压绕组中的 PTC 非线性热敏测温电阻采集绕组或铁芯温度信号。当变压器绕组温度继续升高,若达到 155 ℃时,系统输出超温报警信号;若温度继续上升达 170 ℃,变压器已不能继续运行,须向二次保护回路输送超温跳闸信号,应使变压器迅速跳闸。

③温度显示系统。通过预埋在低压绕组中的 Pt100 热敏电阻测取温度变化值,直接显示各相绕组温度(三相巡检及最大值显示,并可记录历史最高温度),可将最高温度以 4～20 mA 模拟量输出,若需传输至远方(距离可达 1 200 m)计算机,可加配计算机接口,1 只变送器,最多可同时监测 31 台变压器。系统的超温报警、跳闸也可由 Pt100 热敏传感电阻信号动作,进一步提高温控保护系统的可靠性。

(2)干式变压器的防护　根据使用环境特征及防护要求,干式变压器可选择不同的外壳。通常选用 IP20 防护外壳,可防止直径大于 12 mm 的固体异物及鼠、蛇、猫、雀等小动物进入,造成短路停电等恶性故障,为带电部分提供安全屏障。若需将变压器安装在户外,则可选用 IP23 防护外壳,除上述 IP20 防护功能外,更可防止与垂直线成 60°角以内的水滴入。但 IP23 外壳会使变压器冷却能力下降,选用时要注意其运行容量的降低(IP 防护标准内容参见表 7.7)。

(3)干式变压器的冷却与过载　干式变压器冷却方式分为自然空气冷却(AN)和强迫空气冷却(AF)。自然空冷时,变压器可在额定容量下长期连续运行。强迫风冷时,变压器输出容量可提高 50%。适用于断续过负荷运行,或应急事故过负荷运行;由于过负荷时负载损耗和阻抗电压增幅较大,处于非经济运行状态,故不应使其处于长时间连续过负荷运行。

干式变压器的过载能力与环境温度、过载前的负载情况（起始负载）、变压器的绝缘散热情况和发热时间常数等有关，可向生产厂索取干式变压器的过负荷曲线。

充分利用干式变压器的过载能力，具有很大的经济价值，对以供夜间照明等为主的居民区、文化娱乐设施以及空调和白天照明为主的商场等，可充分利用其过载能力，适当减小变压器容量，使其主运行时间处于满载或短时过载。但变压器处于过载运行时，一定要注意监测其运行温度：若温度上升达 155 ℃（有报警发出）即应采取减载措施（减去某些次要负荷），以确保对主要负荷的安全供电。

2）β 液变压器

β 液变压器以空气作为冷却介质，以固体树脂作为绝缘介质，不燃、不爆、无排放、无污染、免维修，可在空气相对湿度 100% 环境下安全工作，特别适合在负荷中心及人流密集和安全性能高的场所使用。

β 液变压器是全密封变压器。一方面，液体和空气不接触；另一方面，β 液变压器所能达到的温度远远低于其许可温度，所以基本上不老化，变压器在使用寿命期内不需化验。另外，β 液变压器采用耐高温绝缘系统，它满载工作时，线圈和 β 液的温度都低于其许可温度，即使短路过载也不会损伤其寿命。这就使得此种变压器更可靠，基本上不用维护。

7.2.3 电力变压器的选择

1）容量的选择

负荷计算一般有三种方法：即负荷密度法、需要系数法、单位指标法。专业设计人员需要掌握这三种方法进行详细的计算。但从管理角度看，依照下列各种建筑负荷密度及单位指标进行变压器容量的估算，就能够满足管理的需要。负荷密度可理解为单位建筑面积所需要的变压器容量。表 7.3 为建筑用电负荷密度表。

2）台数和型式的选择

一般情况下，生活小区变电所的变压器数常确定为 3 台或 4 台，单台容量不宜超过 630 kVA。

设置在一类高、低层主体建筑中的变压器，应选择环氧树脂干式或 β 液变压器；二类高、低层主体建筑中也宜如此，否则应采取相应的防火措施。主变压器安装在地下室时，不得选用可燃性油浸变压器，宜采用环氧树脂浇注型电力变压器。

由于高层建筑的日负荷运行曲线变化较大，为保证电压质量，特别是当市网电压质量较差时，宜采用有载调压变压器。当采用有载调压变压器时，主变压器不能少于2 台。

表 7.3　建筑用电负荷密度表　　　　　　单位:VA/m²

序号	项　目		照　明	动　力	空　调	共　计
1	宾馆	前室、走廊	64.6 ~ 86.1	7.4	86.1 ~ 107.6	150.7 ~ 193.8
		客房	16.2 ~ 26.9	7.4	53.8 ~ 77.4	77.4 ~ 107.6
		娱乐室、酒吧	54	7.4	77.4 ~ 107.6	129.2 ~ 161.5
		咖啡室	86.1	43.1 ~ 64.6	77.4 ~ 107.6	204.5 ~ 258.3
		洗手间	21.5	7.4	77.4	96.9
		厨房	43.1	108 ~ 165	107.61 ~ 129.2	258.3 ~ 338.2
2	办公楼	一般办公室	21.5 ~ 54	10.8	64.6 ~ 77.4	96.9 ~ 140
		高级办公室	37.7 ~ 77.4	16.2	86.1 ~ 107.6	140 ~ 193.8
		会议室	16.2 ~ 32.3	7.4	64.6 ~ 86.1	86.1 ~ 118.4
		制图室	77.4 ~ 107.6	0	77.4	150.7 ~ 183
3	饭店	餐厅	7.4 ~ 21.7	7.44 ~ 10.8	77.4	86.1 ~ 107.6
		快餐厅	54	7.4	86.1 ~ 129.2	140 ~ 161.5
		普通快餐	32.3	43.1 ~ 64.6	77.4	150.7 ~ 172.2
4	商店	珠宝商店	129.2 ~ 150.7	0	77.4	204.5 ~ 226
		百货	43.6 ~ 64.6	0	107.6	150.7 ~ 172.2
		展览橱窗	54 ~ 107.6	0	107.6	161.5 ~ 217.3
		美容、理发	54 ~ 107.6	10.8	64.6 ~ 118.4	129.2 ~ 204.5
		服装店	54 ~ 77.4	7.4	54 ~ 96.9	96.9 ~ 172.2
		药店	54	7.4	54 ~ 96.9	107.6 ~ 118.4
5	学校	教室	40	0	54 ~ 77.4	90 ~ 100
		绘图室	54 ~ 77.4	0	77.4 ~ 96.9	96.9 ~ 129.2
		阅览室	54 ~ 77.4	7.4	64.6 ~ 107.6	107.6 ~ 118.4
6	医院		21.5 ~ 32.3	10.8	54 ~ 77.4	89.1 ~ 118.4
7	住宅	分层出租/m²				
		20 ~ 40			0	16.2
		50 ~ 80			0	21.5 ~ 32.3
		100 ~ 150			0	43.1 ~ 53.8
		超过 150			0	77.4
		超过 300			0	107.6
		有空调时,西向房间			77.4 ~ 86.1	
		其他			64.6	
8	计算机房		45 ~ 65	21.5	161.5 ~ 322.9	226 ~ 409
9	控制室		30	7.4	64.6	96.9

　　小区和高层建筑的变配电设备应尽可能放置在地面上。如因条件所限必须放在地下室时必须设置直接对外的通道或出口,采取良好的通风防潮措施,装设固定式自动灭火装置——气体灭火装置,并采用不可燃设备。

变压器室常与高压配电室及低压配电室相互靠近,成为配电房。

7.2.4 油浸电力变压器的运行维护

1）运行标准

油浸式变压器运行时,绕组和铁芯会产生热量,这对变压器中的绝缘材料不利,过热会导致绝缘材料绝缘性能降低,并加速老化。因此,变压器在正常运行时,不能超过绝缘材料所允许的温度。通常以上层油温最高不超过 95 ℃ 为准,一般不宜超过 85 ℃。

变压器运行时,一般不应超过其额定容量,短时过负荷运行也不宜超过负荷的 30%,否则,将大大缩短变压器的使用寿命。但当电网发生故障,如一台变压器损坏时,其余的变压器可允许短过负载。过负载倍数为 1.3、1.6、1.75、2 时,其允许时间分别为 120、30、15 和 7.5 min。

变压器原边所加电压一般规定不应超过额定值的 ±5% 波动范围。

2）变压器运行过程中的检查工作

（1）监视仪表 变压器的运行状态,可以通过高压控制柜（屏）上的电流表、电压表、功率表等仪表显现出来,因此应每小时抄表一次,包括查看变压器的温度计。在过负载运行时,应半小时抄表一次。当抄表较为困难时,每班至少记录 2 次。

配电变压器负载较大时,应注意查看三相电流的数值,当低压侧三相电流的差值超过额定数值时,应重新分配送电。当电压经常超过允许范围时,应及时调整电压或改换电压分接头。

（2）现场检查 电力变压器应定期进行外部检查。有固定值班人员时,每天至少检查一次,每星期进行一次夜间检查。无固定值班人员时,至少每 2 个月检查一次。在特殊情况下,如在负荷变化大的用电高峰期、季节转换期、天气突变时,要增加检查次数或进行即时检查。检查的内容主要有:

①上层油温是否超过 85 ℃,储油柜上的油位是否处于油位表指示的 1/4 ~ 1/3 处的正常位置;变压器有无异常声响。

②变压器接地是否良好,若接地锈蚀,应及时更换。

③出线套管、瓷瓶的表面是否清洁,有无破损、裂纹及放电的痕迹。

④母线的螺栓接头有无过热现象,防爆管上的防爆膜有无冒油现象。

⑤变压器箱壳有无渗油现象、四周散热是否均匀。

⑥呼吸器中的干燥剂是否失效（硅胶由蓝变红,说明硅胶开始失效）。

另外,要按各地或产品的具体规定定期抽取变压器油进行化验,检查化验结果是否符合要求,一般对变压器油每年用专用的过滤机（器）过滤一次,以除去杂质,保障绝缘性能。

3）故障处理

变压器常见故障处理可按表7.4所述进行。

表7.4　变压器常见故障的处置

故障现象	故障原因	处置方法
有较大而均匀的声响,与正常情况下变压器连续均匀的"嗡嗡"声明显不同	可能是外加电压过高	及时向供电局反映,设法降低变压器输入电压
声响大而嘈杂	说明变压器内部振动加剧,结构有所松动	减少负载,若无明显改善,应停电修理
有较明显的"吱吱"声	闪络的特殊声音	检查套管是否太脏或有裂纹,若套管无问题,则说明变压器内部出现故障,应停电修理
声响特别大,且不均匀,甚至有爆裂声	变压器内部绝缘材料被击穿	停电修理
油面上升	变压器内部温度过高,导致变压器油膨胀	油位高出规定油面时,可适当放油
油面下降	天气变冷或变压器油箱渗漏	天气变冷导致油位下降时可适当添油,若油箱渗漏,则停电修理
油温过高	负载过大	降低负载。若负载及冷却系统均正常,而温度继续上升,说明变压器内部有故障,应立即停电检修
防爆管隔膜破裂	变压器内部故障	立即停电检修
气体继电器接通报警信号	变压器内部故障	放出气体继电器中的气体,若为无色、不可燃的空气,变压器可继续运行,否则,立即停电检修

7.3　高压室电气设备

7.3.1　高压隔离开关

1）外形结构及作用

高压隔离开关在所有用电设备停止使用时,用于隔离高压电源,以保证检修安全。图7.12是GN8型开关的外形结构图。图中显示,高压隔离开关主要由固定在绝缘子上的静触座和可分合的闸刀两部分组成。高压室的高压隔离开关通常采用CS6型手动操作机构进行操作,如图7.13所示。

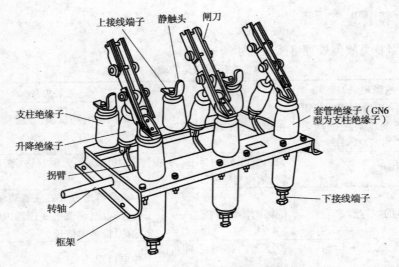

上接线端子　静触头　闸刀

支柱绝缘子

升降绝缘子

拐臂

转轴

框架

套管绝缘子（GN6型为支柱绝缘子）

下接线端子

图 7.12　GN8—10/600 型高压隔离开关

2）操作与检查

由于隔离开关没有专门的灭弧装置，所以不能带负荷操作。在手动拉开隔离开关时，必须先关闭所有的用电设备。动作在操作开始时应慢，观察触头是否有电弧产生，若有电弧产生，说明仍有用电负荷，应立即合上。若无电弧或电弧很小（切断小容量变压器的空载电流、少量负荷电流等会产生小的电弧），则迅速拉开，使电弧消失。但将要全部拉开隔离开关时，动作也应慢，以免瓷瓶受到较大冲击。

在日常工作中，为保证高压隔离开关的正常使用，应注意检查下列内容：

①隔离开关的接触应良好、不发热，接点及连接部分最大允许温度为 70 ℃。

②隔离开关刀片和静触片不脏污、无烧痕、弹簧片、弹簧和引线不折断、不疲劳、不锈蚀、不打火；瓷瓶干净完好，无裂纹及放电现象。

③操作机构及联锁位置良好，操作动作位置及操作用力正常，闭合顺畅，无异常声响。

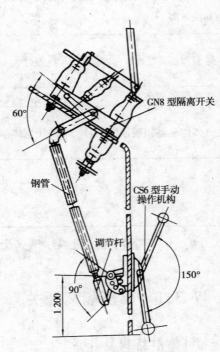

GN8 型隔离开关

钢管

CS6 型手动操作机构

调节杆

图 7.13　CS6 型手动操作机构

7.3.2　高压负荷开关

1）外形结构及作用

高压负荷开关具有简单的灭弧装置,可接通/切断一定的负荷电流和过负荷电流。图 7.14 是一种常用的高压负荷开关。图的上半部分为负荷开关本身,其外形类似隔离开关,但它的上端绝缘子是一个简单的灭弧装置,如图 7.15 所示。这个绝缘子不仅起着支持绝缘子的作用,而且内部是一个气缸,其中的活塞随操作机构的主轴运动,类似一个打气筒。绝缘子上部装有绝缘喷嘴和弧静触头。当负荷开关分闸时,在闸刀一端的弧动触头与弧静触头之间产生电弧,此时,操作机构带动活塞向上运动,压缩气缸内的空气从喷嘴向外吹弧,加上电弧燃烧绝缘喷嘴分解产生的气体吹弧等作用,使电弧迅速熄灭。但这种装置的灭弧能力有限,只能通/断一定的负荷电流和过负荷电流,不能进行短路保护,只能配以热脱扣器,在过负荷时自动跳闸。

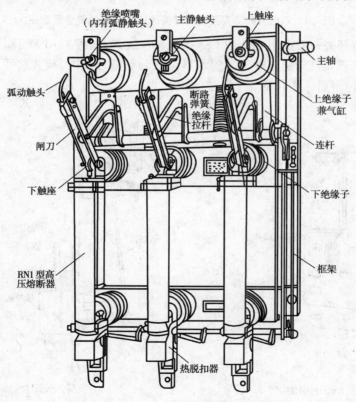

图 7.14　QF$_3$-10RT 高压负荷开关

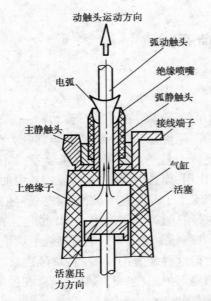

图 7.15　QF₃-10RT 高压负荷开关的压气式灭弧装置示意图

高压负荷开关一般配用 CS2 或 CS3 手动操作装置,如图 7.16 所示。这种机构的跳闸指示牌在开关自动跳闸时转动到水平位置。重新合闸时,须先将手柄扳到分闸位置,指示牌掉下后才能合闸。

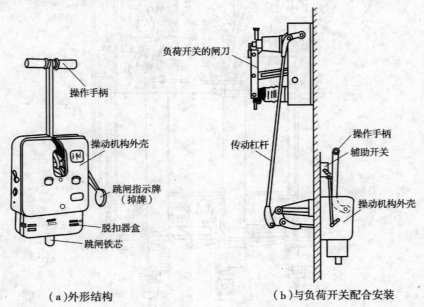

（a）外形结构　　　　　　　　　　　（b）与负荷开关配合安装

图 7.16　CS2 操作装置

2）使用与检查

负荷开关的操作较为频繁,应注意紧固件在多次操作后的松动情况。当操作次数达到规定的限度时,必须进行检修。触头因电弧影响损坏时要进行检修或予以更换。对于油浸式负荷开关要经常检查油面,缺油时及时注油,以防操作时引起爆炸;另外,油浸式负荷开关的外壳应可靠地接地。

7.3.3　高压断路器

1）功能和类型

高压断路器具有完善的灭弧装置,不仅能够通断正常负荷电流,而且能够通断一定的短路电流。按其采用的灭弧介质可分为油断路器、六氟化硫断路器和真空断路器等。实际应用以油断路器居多。油断路器按油量多少又分多油和少油两种。多油断路器中的油既作灭弧介质,又起绝缘作用。少油断路器中的油主要在触头间起绝缘和灭弧作用。在成套设备中,少油断路器应用最为广泛。

图 7.17 是一种典型的少油断路器。由图可以看出,少油断路器的主要组成部分是框架、传动部分和油箱。油箱是其核心部分。

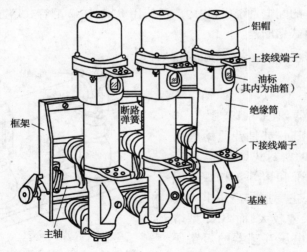

图 7.17　SN10—10 型高压少油断路器

2）使用与检查

少油断路器多配用 CS2 手动操作机构或 CT7 弹簧储能操作机构(见图 7.18)进行分、合闸操作。CT7 型弹簧储能操作装置由交、直流两用串励电机使合闸弹簧储能,在合闸弹簧释放能量的过程中将断路器合闸。弹簧操作机构可手动和远距离合

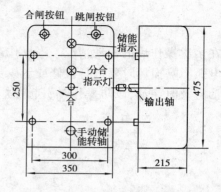

图 7.18　CT7 型弹簧操动机构外形图

闸,也可交流操作,简化了保护和控制装置,并能进行一次自动重合闸。

因为手动过程慢,易产生电弧,所以断路器一般不允许带负荷手动合闸。遥控操作断路器时,扳动控制开关不能用力太猛,以免损坏;当控制开关返回时也不能太快,以免断路器来不及合闸。操作后,应先查看有关的信号指示,如断路器合上、控制开关返回后,合闸电流表应指示在零位,然后到现场对断路器的实际分、合闸状态进行检查。

断路器最常见的问题是油箱渗漏油,原因多为油封不严。油封即密封垫圈,当老化、产生裂纹或损坏时,应予以更换,一般采用耐油橡皮。当油箱有沙眼时,应进行补焊。除此之外,每年应对灭弧室和触头的电弧烧伤部位进行一次清洁、修复工作。

7.3.4　高压熔断器

熔断器是一种在通过的电流超过规定值时使其熔体熔化而切断电路的保护装置。在 6 ~ 10 kV 的配电系统中,户内广泛使用 RN1、RN2 型管式熔断器,户外则广泛采用 RW4 型跌落式熔断器。

1)RN1、RN2 户内高压管式熔断器

这两种熔断器如图 7.19、图 7.20 所示,结构基本相同,都是瓷质熔管内充填石英砂填料的密封式熔断器,由底座、支持架、绝缘子和熔管等构成。但 RN1 有指示熔体,主要用作高压电力线路的短路保护,尺寸较大;而 RN2 型熔断器只用于高压电压互感器的短路保护,其熔体额定电流一般只有 0.5 A,尺寸较小。

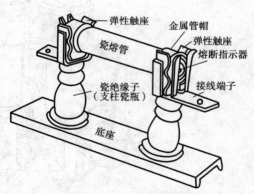

图 7.19　RN1、RN2 型高压管式熔断器

2)RW4 户外高压跌落式熔断器

RW4—10 高压跌落式熔断器的外形与结构见图 7.21,由绝缘子和熔管(外层为酚醛纸管或环氧玻璃布管,内衬纤维质消弧管)2 大部分组成;既可对 6 ~ 10 kV 线路和变压器起短路保护作用,也可以当负荷开关或隔离开关使用,但因为没有灭弧装

置,所以不允许带负荷操作。当电流过大,熔丝熔断后,熔管的上动触头因失去张力而下翻,在触头弹力及熔管自重作用下,熔管回转跌落,使线路断开。

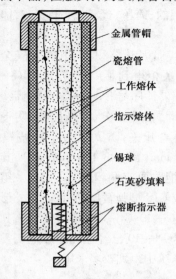

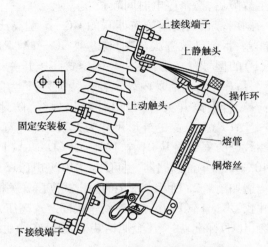

图 7.20　RN1、RN2 型高压管式
　　熔断器的熔管剖面

图 7.21　RW4 户外高压跌落式熔断器

RW4 户外高压跌落式熔断器一般装于变电站(房)的进线端,当变电站(房)检修或倒电时,需对它进行人工断、合闸操作。操作时,使用绝缘钩棒,俗称令克棒,如图 7.22 所示。

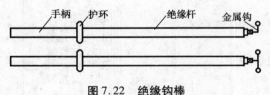

图 7.22　绝缘钩棒

拉闸时,应先拉 B 相,再分别拉下 A 相和 C 相;合闸时,先分别合上 A 相和 C 相,最后再合上 B 相。在做拉闸动作时,是用绝缘钩棒的金属钩去顶碰熔断器的上静触头(俗称鸭嘴罩),使上动触头从鸭嘴罩的抵舌脱落;合闸时,是把绝缘钩棒的金属钩穿进操作环,用力将熔管的上动触头顶入上静触头内。

在日常巡检中,每班都应观察接触头与熔断管金属接触情况。若有接触不良的现象,应立即停电维修。检修电气设备时,要拔下熔断管,擦拭触头的灰尘,再安装好。

7.3.5　高压开关柜

高压开关柜是按照一定的线路方案,将有关的一、二次设备组装为一体的配电装置。它用于在供配电系统中的受电或配电的控制、保护和监察测量。物业供配电中最常用的高压开关柜电压为 10 kV,有固定式和手车式两大类。

1）固定式

固定式高压开关柜中所有的电器元件都是固定安装的,简单、经济,便于安装,但发生故障后,检修停电时间较长。

国内曾长期使用仿前苏联的 GG—1 型高压开关柜,但因其体积大、电气及安全性能差,目前已被淘汰,它的改进型 GG—1A（F）高压开关柜得到了广泛应用。GG—1A（F）的型号意义为:GG——固定式高压开关柜;1——设计序号;A——统一设计特征代号;（F）——括号内表示补充特征号,F 为防误型,即"防止误分、合断路器,防带负荷拉、合隔离开关,防带电挂接接地线,防地线合隔离开关,防人员带电间隔"。GG—1A（F）型产品的外形尺寸为 1 218 mm（宽）×1 225 mm（深）×3 100 mm（高）,其一次线路方案编号从 01 至 126。如 GG—1A（F）—07 柜主要有两组隔离开关、一组 SN10—10 型少油断路器,也可用 CD10 型电磁操动机构或 CT8 型弹簧操动机构,其外形和构造如图 7.23 所示。常用的固定式高压开关柜还有 GG—10、GG—11、GG—15 等,其尺寸较 GG—1A（F）小。国产新一代固定式高压开关柜 KGN—10 已经达到国际电工委员会（IEC）标准,属交流金属铠装柜,也已在物业供配电系统中得到较多采用。

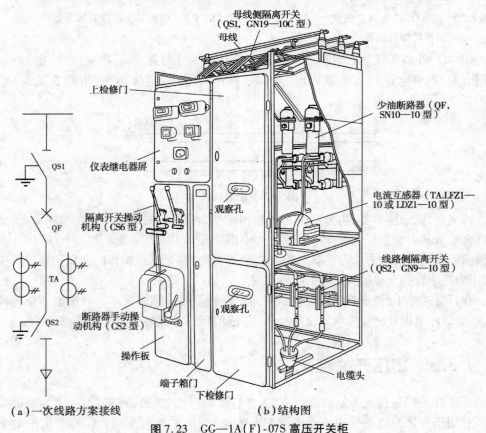

图 7.23　GG—1A（F）-07S 高压开关柜

2)手车式

手车式高压开关柜是将成套高压配电装置中的某些主要电器设备(如高压断路器、隔离插头、电压互感器及避雷器等)安装在可移开的手车上。当这些设备需要检修或发生故障时,可马上拉出,把相同的备用小车推入,可立即恢复供电,因而又被称为移开式开关柜。常见的手车式高压开关柜有:

(1)GFC—10A 型 GFC—10A 型手车式高压柜的型号意义为:GF——高压金属封闭开关设备;C——手车式;10——设计序号;A——改进设计序号。这种柜可用于交流 50 Hz、额定电压 3~10 kV、额定电流 900 A 以下的三相单母线系统,用于接受或分配电能及控制电动机。其一次线路方案编号为 01~33。

(2)JYN2A—10 型 JYN2A—10 型手车式高压柜(图 7.24)的型号意义为:J——金属封闭开关设备;Y——手车式;N——户内使用;2A——设计序号;10——额定电压10 kV。在 3~10 kV 单母线及单母线分段系统中作为接受和分配电能用。由角钢和钢板焊接而成,整个柜由固定的壳体和可移开的手车 2 部分组成。柜体用钢板或绝缘板分隔为手车室、母线室、电缆室和继电器仪表室 4 个部分,具有良好的接地装置,

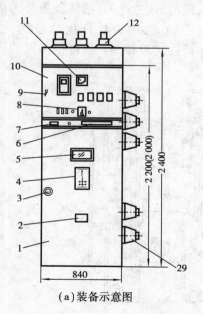

(a)装备示意图

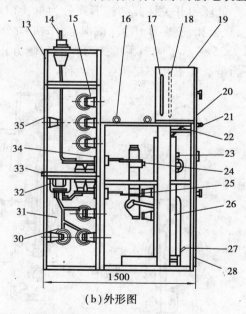

(b)外形图

图 7.24 JYN2A—10 型手车式高压柜

1—手车室门;2—铭牌;3—程序锁;4—模拟线标牌;5—观察窗;6—用途牌;7—厂标牌;
8—带程序锁芯 KK 开关;9—门锁;10—仪表室门;11—仪表;12—穿墙套管;13—顶进线室;
14—母线;15—支持绝缘子;16—吊环;17—小母线;18—继电器安装板;19—仪表室;
20—减振器;21—紧急分闸装置;22—二次插件及联锁;23—分合指示及计数装置;24—油标;
25—断路器;26—手车;27—一次锁定联锁机构;28—手车室;29—绝缘套筒;30—支母线;
31—互感器室;32—互感器;33—高压显示装置;34—一次接头盒;35—母线室

有"五防"功能。其一次线路方案有 40 多个,并可根据用户需要进行组合。

（3）KYN5—10 型　KYN5—10 型户内交流金属封闭铠装手车式高压开关柜,是在 JYN2A—10 型手车式高压柜的基础上发展而成的新一代先进开关柜,也在 3 ~ 10 kV 单母线及单母线分段系统中作为接受和分配电能用的户内成套设备。它除了具有手车移出开关柜后能关闭的大门外,在动、静触头之间加装了接地的金属帘门来隔离动、静触头,达到了金属铠装的要求,并增添了流熔断器的真空接触器（F-C）回路。其外形与 JYN2A—10 型类似,其接线方案有 50 多个。

7.4　低压室电气

7.4.1　开关

1）低压刀开关

低压刀开关按其结构形式分为单投（HD）和双投（HS）刀开关;按其极数分为单极、双极和三极刀开关;按其操作机构分为中央手柄式、中央杠杆操作机构式。图 7.25 显示了侧面手柄式刀开关和侧方正面操作机构式刀开关。也可按灭弧结构分为带灭弧罩和不带灭弧罩两种。

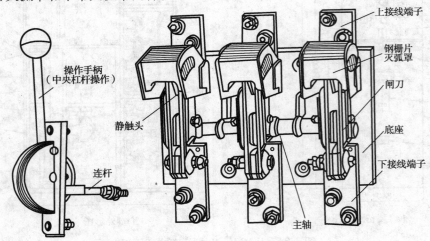

图 7.25　HD13 型低压刀开关

如果将刀开关的闸刀换成 RTO 熔断器的熔管,称为熔断器式刀开关（HR 型）或刀熔开关组。常用于替代小变压器低压侧出口自动开关。

选用刀开关,须注意负荷电流不能超过刀开关的额定值,并检查刀开关的动、静触头连接是否良好,开关合闸是否能够顺利准确地到位。

在使用过程中,应注意检查绝缘连杆、底座等绝缘部分有无损伤和放电现象,检查动、静触头有无烧伤及缺损,有灭弧罩的刀开关、灭弧罩是否清洁完好。

2）开启式负荷开关

HK 系列开启式负荷开关,又名瓷底胶壳开关。它由瓷质底座、静触座、上胶盖、下胶盖、带瓷质手柄的刀闸等组成,如图 7.26 所示。

HK 系列开启式负荷开关有双极开启式负荷开关和三极开启式负荷开关两种,双极的额定电压为 220 V,额定电流有 5、10、15 及 30 A 四种;三极的额定电压为 380 V,额定电流有 15、30 和 60 A 三种。

开启式负荷开关安装时,电源进线应接在静触座上,用电负荷应接在闸刀的下出线端上;刀闸手柄应垂直向上安装,不可平装或倒装。在开关内熔丝熔断后,

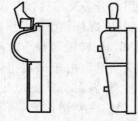

图 7.26　HK2 开启式负荷开关

要先用干燥的棉布将绝缘底座和胶盖内壁的金属小粉粒清除干净后再换装新熔丝。日常的运行检查内容与刀开关相同。

3）封闭式负荷开关

HH 系列负荷开关,又称铁壳开关,如图 7.27 所示,是一种封闭式的负荷开关,附有熔断器,常用于控制和保护各种用电设备。常用铁壳开关采用三极结构,额定电压为 380 V,额定电流有 15、30、60、100 和 200 A 等几种。60 A 以下的铁壳开关,壳体用铸铁制成,内部安装有瓷插熔断器。60 A 以上者,壳体采用薄钢板制成,内容装有 RM 型管式熔断器。动触头有两种基本型式,30 A 及以下者采用 π 型双断点刀片,30 A 以上者采用单刀片,并附有弧刀片,在静触头上通常还装有灭弧罩。在操作手柄与转轴衔接的壳体内壁上,装有速断装置,能加快动触头的分、合闸速度。

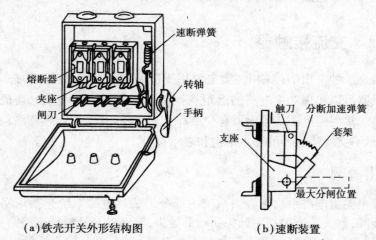

（a）铁壳开关外形结构图　　　（b）速断装置

图 7.27　铁壳开关

安装铁壳开关时,应将电源线接在静触座的接线端,负荷接在熔断器一端,并使

开关外壳可靠地接地或接零。使用后,注意检查开关的机械联锁是否正常,速断弹簧是否锈蚀变形。停电检修时,应打开铁壳开关外壳,拔下熔断器,以确保线路无电。

4)组合开关

组合开关又称转换开关,由转轴、凸轮、触点座、定位机构、螺杆和手柄等组成,如图7.28所示。手柄转动90°时,转轴带着凸轮转动,使一些触头接通,一些触头断开。由于采用扭簧储能机构,可以快速开闭,可用作各种低压配电设备的不频繁接通和切断开关,目前主要用作交流380 V、直流220 V及以下的电路的电源开关。

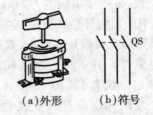

(a)外形　　　(b)符号

图7.28　HZLO—10型转换开关

组合开关不适于用在操作频繁的场合,否则容易引起导线压接松动,引发断路等故障。在使用过程中,当发现开关动触片无法转动时,说明开关内部转轴上的扭簧松软或断裂,应进行解体修理。

5)其他开关

其他常见的开关还有按钮开关和行程开关。按钮开关由按钮帽、复位弹簧、触头和外壳等组成,常见于各种控制屏(柜)的操作面板。通过按钮操作,在电路中发出控制信号。为了识别各种按钮的作用,不同用途按钮的按钮帽被涂成不同的颜色,一般红色表示停止,绿色或黑色表示启动。

行程开关又名位置开关或限位开关,利用机构运动部件的挡铁碰压进行触点的合、断,从而接通、断开控制电路。有按钮式和滑轮旋转式两种,主要由操作头、触头系统和外壳三部分组成。

7.4.2　交流接触器

接触器是一种常用的控制电器,主要用于需要频繁接通或断开的交、直流电路中。用接触器可以实现对主电路的远距离控制。多用于控制小型电动机,也可以控制照明电路。常用的电磁式接触器有交流和直流两种,其工作原理和结构基本相似。图7.29表示了交流接触器的基本结构和表示符号。

1)工作原理

接触器主要由电磁系统和触头系统两部分组成。电磁系统包括山字形动、静铁芯和吸引线圈;触头系统包括主触头和辅助触头,辅助触头又根据电路需要有若干对动合、动断触头。另外,接触器一般都有灭弧装置,以熄灭主触头通断电路时所产生的电弧。

当吸引线圈通电时,电磁铁(静铁芯)的吸力克服反作用弹簧力,使动铁芯与静铁

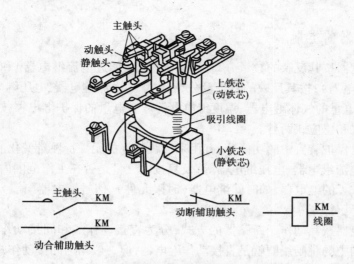

图 7.29　交流接触器的构造和符号表示

芯吸合,主触头接通,动合触头闭合,动断触头断开,因而就控制了主电路和辅助电路的电流通断。当线圈断电或电源电压低于额定电压的 70% 时,电磁铁断电释放,对电路起失压保护作用。

选用交流接触器时,需注意接触器的额定电压应大于或等于主电路的额定电压,额定电流应大于或等于负载额定电流。

2)使用与检查

定期检查(宜每季度一次)接触器各部件的工作情况,要求可动部件不卡阻、紧固件无松脱。接触器触头表面与铁芯极面应经常保持清洁平整,不能涂油。本身带灭弧罩的接触器绝不能不带灭弧罩工作。

接触器出现的常见故障有:

①触头断相:接触器某相触头接触不良或连接螺钉松脱造成断相工作,电动机此时虽能转动,但会发出"嗡嗡"声,应立即停车检修。

②触头熔焊:接触器的某相触头由于过载电流大而引起熔焊现象。此时,按下停车按钮,电动机也不会停转,并发出"嗡嗡"声,应立即切断前一级开关,停车检修。

③相间短路:接触器动作过快,在转换过程中容易发生电弧短路,可通过更换动作时间长的接触器来解决。

7.4.3　继电器

继电器是继电保护装置的核心元件。当一种输入量达到规定数值时,其电气输出电路就被接通或分断。即在超过或小于某一规定数值时,继电器动作,而小于或超过某一规定数值时,继电器又自动返回。

继电器按其用途分为控制继电器和保护继电器两类。在物业供配电系统中,最常用的是机电型保护继电器。

1)继电器的类别

保护继电器按其反映的数量分,有过量继电器(如过电流继电器)和欠量继电器(如欠电压继电器);按其反映的物理量分,有电量的电流继电器、电压继电器、功率继电器等,有非电量的气体继电器、温度继电器等。有电量的保护继电器按工作原理又可分为电磁式和感应式两种。

按在继电保护装置中的功能分,有用来反映被保护元件特性量变化的继电器(起动元件),如电流继电器、电压继电器等,及只按电气量是否在工作范围内或者为零时而动作的有或无的继电器,如时间继电器(时限元件)、信号继电器(信号元件)、中间继电器(出口元件)等。

保护继电器按其动作于断路器的方式,分为直接动作式和间接动作式两类。断路器操动机构中的跳闸线圈就是直接动作继电器,但一般均为间接动作式。

按照保护继电器与一次电路的连接方式分,有一次式继电器和二次式继电器两类。一次式继电器的线圈直接与一次电路相连,二次式继电器的线圈通过电流互感器或电压互感器与一次电路相联系。高压系统中的保护继电器都是二次式继电器。

2)电磁式继电器

电磁式继电器属于直流继电器,利用电磁感应原理工作。当线圈通过的电流或电压达到规定值时,电磁铁产生吸力吸引衔铁,衔铁则带动触头闭合或断开,发出脉冲信号,从而接通或断开相应的二次回路。

图7.30表示了DL—10系列继电器的基本结构。

①DL—10系列继电器的工作原理。当电流线圈1通过电流时,继电器动作,即电磁铁2吸引Z形钢舌3,使动合触头闭合,动断触头断开。若线圈电流减小到一定值,电磁吸引力减小,Z形钢舌3及轴10在反作用弹簧的作用下自动返回起始位置,各对触头也自动复原。这就是过电流继电器的工作原理。

②DL—10系列继电器动作电流的调整。使过电流继电器动作的最小电流,称为该继电器的动作电流。在过电流继电器线圈中使继电器由动作状态自动返回到起始位置的最大电流,称为返回电流。返回电流与动作电流的比值称为返回系数。对于过量继电器,返回系数始终小于1,为0.8～0.85,其值越大,继电器的动作

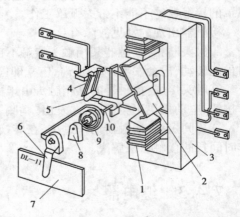

图7.30　DL—10系列继电器的基本结构

1—线圈;2—电磁铁;3—钢舌片;4—静触点;
5—动触点;6—启动电流调节螺杆;
7—标度盘(铭牌);8—轴承;9—反作用弹簧;
10—轴

就越灵活。欠量继电器的返回系数则始终大于 1,一般为 1.25 左右。

7.4.4　并联电容器

并联电容器(移相电容器)用于补偿工频电力系统感性负载的无功功率,以提高功率因数,降低线路损耗,改善电能质量。在物业供配电系统中得到了广泛应用。

1)结　构

电容器由外壳和芯子组成。外壳用薄钢板密封焊接而成,外壳盖上装有出线瓷管,在两侧壁上焊有供安装的吊耳,一侧吊耳上装有接地螺栓,外形如图 7.31 所示。

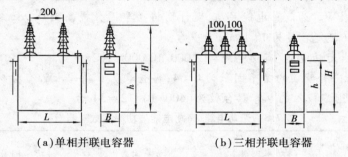

(a)单相并联电容器　　　　(b)三相并联电容器

图 7.31　并联电容器外形图

芯子由若干个元件和绝缘件叠加而成。元件用电容器纸或膜纸复合或纯薄膜作介质和铝铂作极板卷制。元件可串联或并联,以适应各种电压。除了芯子,电容器内部还设有放电电阻,电容器自电网断开后能自行放电。一般断电 10 min 后,电压可降至 75 V 以下。

2)分类和技术参数

并联电容器按电压分为高压(1.05、3.15、6.3、10.5 kV)和低压(0.23、0.4、0.525 kV);按相数分为单相和三相,高压电容器均为单相;还可分为户内型和户外型。

电容器的技术参数如下:

①额定电压。电容器长期正常工作所能承受的电压。

②额定容量。在额定电压、额定频率工作时电容器可提供的无功功率。

③电容值。铭牌上的电容值为实测值,与额定电容值的误差不应大于±10%。

④频率。电容器正常工作时的额定频率。

⑤环境温度。电容器适用于海拔高度不超过 1 000 m 的地区,一般使用的环境温度为-40 ~ +40 ℃。

3)电容器补偿容量的确定

提高功率因数所需并联电容器的无功容量,可根据负荷的大小、负荷原有功率因数和提高后的功率因数加以确定。具体方法如下:

①根据有功电度表、无功电度表的读数计算 $\tan\varphi$(=无功电能/有功电能)。

②根据 $\tan\varphi$ 查表 7.5 得到补偿前的功率因数(即 $\cos\varphi$)。

③根据补偿前和补偿后的功率因数查表 7.6 得出每 kW 有功功率所需并联电容器的无功容量,将其与需补偿范围内所有设备的有功功率之和相乘,乘积即为所需电容器组的总容量。

例1:某小区一个月用电有功电度 10 000 kW·h,无功电度 12 000 kvar,全小区的总负荷为 400 kW。为改善电能品质,现计划将功率因数提高到 0.98,需投入 BW_0—12—3 电容器(额定容量为 12 kvar)多少台?

解:$\tan\varphi$ =无功电能/有功电能=12 000/10 000=1.2

查表 7.5 得补偿前的功率因数为 0.64,再查表 7.6 得每 kW 有功功率的补偿容量为 1 kvar。则需投入的电容器台数为(400×1)/12≈34 台。

表 7.5　无功电能/有功电能与功率因数对照表

无功电能/有功电能	功率因数	无功电能/有功电能	功率因数	无功电能/有功电能	功率因数
1.32 ~ 1.35	0.60	0.90 ~ 0.92	0.74	0.53 ~ 0.55	0.88
1.26 ~ 1.28	0.62	0.85 ~ 0.86	0.76	0.48 ~ 0.50	0.90
1.19 ~ 1.21	0.64	0.80 ~ 0.81	0.78	0.42 ~ 0.44	0.92
1.13 ~ 1.15	0.66	0.74 ~ 0.76	0.80	0.35 ~ 0.38	0.94
1.07 ~ 1.09	0.68	0.69 ~ 0.71	0.82	0.28 ~ 0.31	0.96
1.01 ~ 1.03	0.70	0.64 ~ 0.65	0.84	0.18 ~ 0.23	0.98
0.96 ~ 0.97	0.72	0.59 ~ 0.60	0.86	0.00 ~ 0.10	1.00

另外,感应电动机也需要进行个别补偿,补偿容量的计算方法见例2。

例2:某三相异步电动机的额定功率为 90 kW,额定电压为 380 V,空载电流为 42 A,求其补偿容量。

解:此台电动机的无功补偿容量为:$3^{0.5}×0.38×42≈28$ kvar

表 7.6　每 kW 有功功率所需补偿的无功功率容量　　　　单位:kvar

改进前的功率因数	改进后的功率因数											
	0.80	0.82	0.84	0.85	0.86	0.88	0.90	0.92	0.94	0.96	0.98	1.00
0.60	0.58	0.64	0.69	0.71	0.74	0.79	0.85	0.91	0.97	1.04	1.13	1.33
0.62	0.52	0.57	0.62	0.65	0.67	0.73	0.78	0.84	0.90	0.98	1.06	1.27

续表

改进前的功率因数	改进后的功率因数											
	0.80	0.82	0.84	0.85	0.86	0.88	0.90	0.92	0.94	0.96	0.98	1.00
0.64	0.45	0.50	0.56	0.58	0.61	0.66	0.72	0.77	0.84	0.91	1.00	1.20
0.66	0.39	0.44	0.49	0.52	0.55	0.60	0.65	0.71	0.78	0.85	0.94	1.14
0.68	0.33	0.38	0.43	0.46	0.48	0.54	0.59	0.65	0.71	0.79	0.88	1.08
0.70	0.27	0.32	0.38	0.40	0.43	0.48	0.54	0.59	0.66	0.73	0.82	1.02
0.72	0.21	0.27	0.32	0.34	0.37	0.42	0.48	0.54	0.60	0.67	0.76	0.96
0.74	0.16	0.21	0.26	0.29	0.31	0.37	0.42	0.48	0.54	0.62	0.71	0.91
0.76	0.10	0.16	0.21	0.23	0.26	0.31	0.37	0.43	0.49	0.56	0.65	0.85
0.78	0.05	0.11	0.16	0.18	0.21	0.26	0.32	0.38	0.44	0.51	0.60	0.80
0.80		0.05	0.10	0.13	0.16	0.21	0.27	0.32	0.39	0.46	0.55	0.75
0.82			0.05	0.08	0.10	0.16	0.21	0.27	0.34	0.41	0.49	0.70
0.84				0.03	0.05	0.11	0.16	0.22	0.28	0.35	0.44	0.65
0.85					0.03	0.08	0.14	0.19	0.26	0.33	0.42	0.62
0.86						0.05	0.11	0.17	0.23	0.30	0.39	0.59
0.88							0.06	0.11	0.18	0.25	0.34	0.54
0.90								0.06	0.12	0.19	0.28	0.49

4) 电容器的使用与检查

在变电站(房)进行停电操作时,先拉断电容器组的开关,后拉断各路出线开关;进行送电操作时,先合各路出线开关,后合电容器组的开关。在正常情况下,系统功率因数低于规定值(一般为 0.9),系统电压较低时,应投入电容器组运行;系统功率因数趋近于 1 并有超前的趋势或系统电压偏高时,应适当退出部分电容器。

如果在使用电容器组的过程中,发现电源电压高于 1.1 倍电容器额定电压,运行电流高于 1.3 倍电容器额定电流,电容器室室温超过 40 ℃,则电容器组一定要退出。当发现电容器外观有破损、变形、渗漏油或发出异常声响,也应退出运行,并予以更换。

另外,电容器禁止带电荷合闸。电容器停电后,应可靠放电至少 3 min 以上才可再次合闸。在日常值班过程中,值班人员应及时清洁暂时不用的电容器外表及瓷套管。

7.5　三相异步电动机

在物业设备设施的运转过程中,电动机是最主要的驱动动力源,所谓的动力供电,就是给各种电动机,其中主要是三相异步电动机供电。本节介绍其结构、工作原理和使用维护。

7.5.1 电机基础知识

1）结构与工作原理

三相异步电动机主要由固定不动的定子和能够转动的转子组成,如图 7.32 所示。

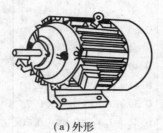
（a）外形

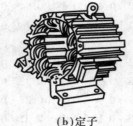
（b）定子

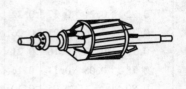
（c）转子

图 7.32 三相异步电动机的外形与结构示意

（1）定子 定子由定子铁芯、定子绕组和机座等组成。定子铁芯由 0.5 mm 厚的硅钢片压叠而成;每片硅钢表面均涂有绝缘漆,彼此绝缘。在铁芯内圆周上有均匀分布的线槽,用于嵌放绕组。绕组用高强度的漆包铜线绕制。三相绕组对称均匀地嵌放在定子铁芯槽内,每相绕组的首、末端引到接线盒的接线端子上。首端用 U1、V1、W1 表示,末端用 U2、V2、W2 表示,如图 7.33 所示。三相定子绕组可接成星形或三角形。机座由铸铁或铸钢制成,用于固定定子绕组和整个电动机。

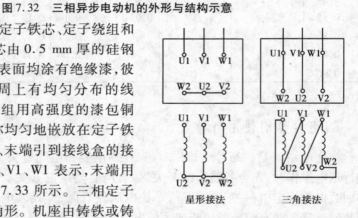

星形接法　　三角接法

图 7.33 三相异步电动机的接法示意

（2）转子 转子由转子铁芯、转子绕组和转轴等组成。转子铁芯也由 0.5 mm 厚的硅钢片压叠制成,转芯外圆周的沟槽则是用来嵌放转子绕组的。转子绕组有两种形式:一是鼠笼式,二是绕线式。中小型电动机的转子绕组多采用铸铝浇铸成的鼠笼,如图 7.34 所示。

（a）转子导体

（b）鼠笼式转子

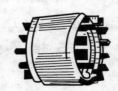
（c）铸铝的鼠笼式转子

图 7.34 鼠笼式转子

绕线式转子绕组如图7.35所示,由三相对称绕组嵌放在转子铁芯的沟槽内。三相绕组一般接成星形,3根引出线分别连接到固定在转轴的3个彼此绝缘的滑环上,再通过滑环上的电刷与外电路相接,以便能在转子绕组中串入附加电阻,从而改变电动机的起动和调速性能。

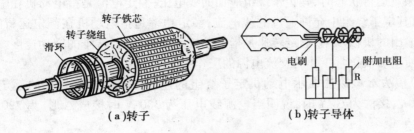

（a）转子　　　　　　　　**（b）转子导体**

图7.35　绕线式转子

（3）工作原理　三相异步电动机定子绕组中通入三相交流电后就会在定子内产生一个旋转磁场,旋转磁场的磁力线切割转子导体,使其产生感应电流。转子导体中的感应电流在磁场中受到电磁力的作用而产生运动。因而,在旋转磁场的作用下,转子将随着旋转磁场的方向旋转。

旋转磁场的方向与各相绕组中电流到达最大值的先后顺序,即三相电流的相序是一致的。只要调换接入电动机三相电源中的任意两相,电动机的旋转方向就会改变。旋转磁场的转速（称为同步转速,单位为 r/min）取决于磁极对数与电源频率,等于交流电源频率（Hz）乘上60再除以磁极对数。这就是对电动机进行变频调速的基本原理。另外,转子虽然跟着旋转磁场旋转,但始终小于同步转速,因而被称为异步电动机。同步转速与转子转速的差值与同步转速的比值,称为转差率 S,在正常情况下,S 一般为 $0.01 \sim 0.06$。

2）三相异步电动机铭牌的识读

电动机铭牌标明了电动机的型号、额定参数、使用条件等主要技术参数,是选择、安装使用和维修电动机的依据。图7.36是一种三相异步电动机的铭牌,有关说明如下:

三 相 异 步 电 动 机					
型　号	Y 160L－4	功率	15千瓦	频　率	50赫
电压	380伏	电流	30.3安	接　法	△
转数	1 460转/分	温升	75℃	绝缘等级	B
防护等级	IP44	重量	150千克	工作方式	S1
年　月		编号		××电机厂	

图7.36　电动机的铭牌

（1）Y160L—4　Y 说明电动机是小型鼠笼式异步电动机,160 指机座中心高（mm）,L 是机座代号（L 表示长机座,M 表示中机座,S 表示短机座）,4 表示磁极数。

常用电动机除 Y 系列外,还有:YR 系列(绕线式异步电动机),YZR 系列(起重使用的绕线式异步电动机),YB 系列(防爆型异步电动机)。

(2)电压 380 V;电流 30.3 A;功率 15 kW;转速 1 460 r/min;频率 50 Hz 这几个指标分别表示额定电压、额定电流、额定功率、额定转速和额定频率。额定电压是指电动机额定运行状态时,其定子绕组应加的线电压;额定电流是指电动机在输出额定功率时,其定子绕组中允许通过的线电流;额定功率是指电动机在额定运行时,电动机轴上输出的机械功率;额定转速是指电动机满载运行时,转子的转动速度。额定频率是指使电动机正常工作的交流电源的工作频率。

(3)接法△ 接法表示电动机定子绕组的连接方式。当铭牌上的额定电压为 380/220 V,接法为△/Y 时,说明当电源线电压为 380 V 时接成△形,为 220 V 时接成 Y。

(4)温升 75 ℃ 温升是指电动机在额定负载下工作时,电动机的温度允许超出周围环境温度的数值。

(5)绝缘等级 B 绝缘等级是指电动机定子绕组所用绝缘材料的耐热等级。B 级表示绝缘材料的最高容许温度为 130 ℃。其他等级分别为 A(105 ℃)、E(120 ℃)、F(150 ℃)、H(180 ℃)。

(6)工作方式 S1 在 Y 系列,S1 表示连续工作制,S2 表示短时工作制,S3 表示断续工作制。

(7)防护等级 IP44 指外壳防护等级为 IP44,能防护 1 mm 直径和更大的固体进入电机内部及防止水溅对电机造成有害影响。按照 EN60529/IEC529,除了电动机,各种电器、包括照明灯具及电气柜,都应有防护等级说明,其含义见表 7.7。

表 7.7 防护等级说明表

接触保护和外来物保护等级(第一个数字)			防水保护等级(第二个数字)		
第一个数字	防护范围		第二个数字	防护范围	
	名 称	说 明		名 称	说 明
0	无防护		0	无防护	
1	防护 50 mm 直径和更大的固体外来体	探测器,球体直径为 50 mm,不应完全进入	1	水滴防护	垂直落下的水滴不应引起损害
2	防护 12.5 mm 直径和更大的固体外来体	探测器,球体直径为 12.5 mm,不应完全进入	2	柜体倾斜 15°时,防护水滴	柜体向任何一侧倾斜 15°角时,垂直落下的水滴不应引起损害
3	防护 2.5 mm 直径和更大的固体外来体	探测器,球体直径为 2.5 mm,不应完全进入	3	防护溅出的水	以 60°角从垂直线两侧溅出的水不应引起损害

续表

接触保护和外来物保护等级（第一个数字）			防水保护等级（第二个数字）		
4	防护 1.0 mm 直径和更大的固体外来体	探测器,球体直径为 1.0 mm,不应完全进入	4	防护喷水	从每个方向对准柜体的喷水都不应引起损害
5	防护灰尘	不可能完全阻止灰尘进入,但灰尘进入的数量不会对设备造成伤害	5	防护射水	从每个方向对准柜体的射水都不应引起损害
6	灰尘封闭	柜体内在 20 mPa 的低压时不应进入灰尘	6	防护强射水	从每个方向对准柜体的强射水都不应引起损害
注:探测器的直径不应穿过柜体的孔			7	防护短时浸水	柜体在标准压力下短时浸入水中时,不应有能引起损害的水量浸入
			8	防护长期浸水	可以在特定的条件下浸入水中,不应有能引起损害的水量浸入

7.5.2　三相异步电动机的启动

电动机刚接通电源时,在定子绕组中将会出现很大的启动电流,通常是额定电流的 4 ~ 7 倍,这将对线路产生一定的冲击,增大供电线路的电压降。因此,为了限制启动电流,对不同容量的异步电动机采用了不同的启动方法。

1)鼠笼式电动机的直接启动

直接启动是通过开关或接触器直接启动电动机,但电源容量必须足够大。此时,不经常启动的电动机,额定功率不能超过供电变压器容量的 30%;启动频繁的电动机,其额定功率不能超过供电变压器容量的 20%。

2)鼠笼式电动机的降压启动

鼠笼式电动机不能直接启动时,须降压启动。降压启动的控制电路有两种:

(1)定子电路中串电阻启动　如 7.37 所示,电动机启动时,先合上电源开关 QS1,由于电阻 R 串入定子绕组,加在定子绕组上的电压降低,从而降低了启动电流。等电动机转速接近额定转速时,再合上开关 QS2,短接电阻,电动机即能在额定电压

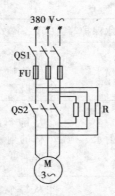

图 7.37　串电阻降压启动

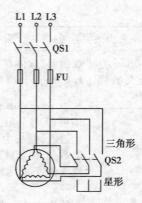

图 7.38　Y-△降压启动

下正常工作。

（2）Y-△降压启动　采用这种启动方法的电动机在正常工作时只能是△接法，而且启动时，电动机空载或处于轻载。如图 7.38 所示，启动时，开关 QS2 断开，指向"启动"位置；合上 QS1，此时定子绕组接成 Y 形，在每组绕组的电压只是 △ 接法的 $(1/3)^{0.5}$，而电流则只有直接启动的 1/3。当转速接近额定转速时，合上 QS2，让其指向"运行"位置，电动机定子绕组换接成三角形接法，电动机即开始正常工作。

（3）自耦变压器降压启动　自耦变压器降压启动方法是利用自耦变压器来降低启动时加在电动机定子绕组上的电压，达到降低启动电流的目的，电路如图 7.39 所示。启动时，先合上电源开关 QS1，将 QS2 断开，指向"启动"位置。电动机定子绕组经自耦变压器接到三相电源上，降低了定子绕组的电压，限制了启动电流，当电动机转近额定转速时，将 QS2 合上，指向"运行"位置，切除自耦变压器。

自耦变压器有 3 个抽头，可以改变在启动时加在电动机上的电压，通常为 80%、60% 和 40%，可根据电动机启动时负载的大小来选择不同的启动电压。

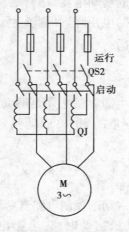

图 7.39　自耦变压器降压启动

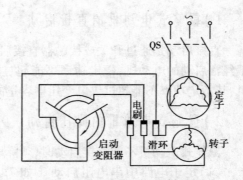

图 7.40　绕线式电动机启动电路

3）绕线式电动机的启动

如图 7.40 所示,绕线式电动机启动时,变阻器全部串入转子电路中,但随着电动机转速的升高,启动变阻器的电阻逐渐减小,直到转子上的三个滑环被短接。然后,电动机开始正常运行。

7.5.3 电动机的运行与故障处理

1）运行中的监视

(1)对电流、电压的监视 运行中的电动机的三相电流,不允许超过其额定值;同时,任意两相电流的差值不应超过额定电流的 10%,若出现这种情况,说明三相电压不平衡或电动机三相定子绕组的阻抗不平衡。电源电压的波动范围不宜超过电动机额定电压的±7%。

(2)注意电动机的运行声响、震动和气味 若正在运行的电动机,突然发出沉闷而明显的"嗡嗡"声,说明此时是缺相运行,应立即停车,否则电动机容易被烧毁。缺相运行的主要原因是电动机定子绕组有一相断电。当电动机超负荷运行或三相电流不平衡时,"嗡嗡"声更大,此时要及时检查。若不是缺相或三相电流不平衡,则可能是轴承损坏或未及时对转动部件润滑。

若电动机运行时震动明显,要及时停车检查紧固螺栓和转子的平衡状态。若电动机发出难闻的烧焦味,甚至冒烟,说明绕组温度过高,应及时停车检修。在日常运行过程中,可用手触摸电动机外壳,以不烫手为宜。

对于绕线式电动机,要注意观察电刷的工作状态。电刷磨损到一定程度后,应及时更换。若电刷在运行时会冒出火花,应清洁滑环或调整、更换弹簧。

2）定期维护检修与故障处理

(1)定期维护检修内容 根据各物管企业的具体情况,一般每季或每半年对所有电动机进行一次内部小修。内容主要是检查轴承的润滑和磨损情况,更换轴承上的润滑油。换油时,要先用煤油或汽油把旧油清洗干净,然后擦拭干净,再加注黄油。若轴承磨损较大,有可能导致转子下降触碰定子时,应更换轴承。其他工作内容则与上述电动机运行前的检查工作基本相同。

无论企业大小,每年均应对电动机进行一次大修,即解体检修。它除包含了小修的所有内容外,还包括:更换烧毁和有缺陷的绕组、更换损坏的轴承及其衬垫;测量定子与转子间的间隙,对转子作平衡校验,并紧固铁芯,清扫内部灰尘;修整或更换绕线式电动机的滑环和电刷。

(2)故障处理 三相异步电动机的故障分为机械故障和电气故障两种。机械故障多出现于轴承、铁芯、转轴等处;电气故障多发生在绕组、电器元件等处。机械故障容易判断。若是电气故障,则先检查电流、熔丝、导线、起动控制电器,最后由外向里检查电动机。电动机出现故障,一般应先断开电源再进行分析、解决。表 7.8 列出了一些常见故障的分析与处理。

表 7.8　电动机常见故障的原因和处置方法

故障现象	故障原因	处理方法
电动机不能启动	负载过重或传动被卡住	减轻负载或检查传动机构
	定子绕组断路、短路或接地	找出故障点
	过电流继电器整定值太小	调整继电器
启动后转速过低	电源电压偏低	及时向供电部门反映,并调整自身负荷
	负载过重	减轻负载
	鼠笼式转子断条	更换转子
	绕线式电动机启动变阻器接触不良	修整变阻器触点
	绕线式电动机电刷与滑环接触不良	修整电刷
	绕线式转子一相断路	停车用万用表找出断点,重新连接
轴承过热	润滑油过多过少或变质	调整油量或更换新油
	轴承损坏	更换轴承
	轴承与轴配合过松或过紧	过松须在轴上镶套,过紧则车削轴承
	皮带过紧	调整皮带拉力
	联轴器不正或转子轴弯曲	校正联轴器或校直转子轴

7.6　供配电线路

物业供配电的电力线路包括架空线路、电缆线路和室内配电线路。

架空线路是用电杆将导线悬空架设,直接向用户供电的电力线路,分为高压(3 ~ 10 kV)和低压(<1 kV)两种。在物业供电区域外的电源引入线路及部分物业供电区域内(如一般工厂)被广泛应用。架空线路的投资较小,容易施工和维护,但占地、有碍观瞻且安全性、可靠性低。电缆线路则是将电力电缆埋设在地面下向各用电户供电,与架空线路的优缺点正好相反,广泛用于小区配电。

7.6.1　电缆线路

1）电缆的种类及敷设

　　在供配电系统中,电缆常分为两类:电力电缆和控制电缆。电力电缆用于输送和分配电能。按其所采用的绝缘材料可分为油浸纸绝缘电力电缆、橡皮绝缘电力电缆和塑料绝缘电力电缆 3 大类。最常用 3 种:低压聚氯乙烯绝缘电缆、聚氯乙烯护套电缆、高压交联聚乙烯绝缘电缆。在 1 kV 及以下电压的电力系统中,主要使用交联聚氯乙烯绝缘电力电缆。在规模不大的小区,也常使用橡皮绝缘电力电缆。大型高层建筑一般采用 10 kV 高压交联聚乙烯绝缘电缆引入电源。小区配电系统多为三相四线制,此时选用四芯电缆。常用的交联聚乙烯绝缘电力电缆的结构如图 7.41 所示。

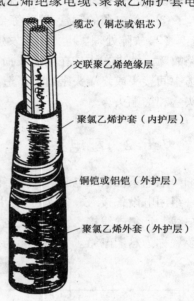

缆芯（铜芯或铝芯）

交联聚乙烯绝缘层

聚氯乙烯护套（内护层）

铜铠或铝铠（外护层）

聚氯乙烯外套（外护层）

图 7.41　交联聚乙烯绝缘电力电缆

　　电缆敷设的基本方式有直接埋地敷设,电缆沟、隧道、桥架、排管、架空敷设等。室内电缆一般明敷,但如果电缆数量较多或比较集中,如工厂配电所、车间、科研院所或大型商厦,则采用电缆桥架敷设。

　　室外电缆主要采取直埋和电缆沟敷设,当沿同一路径敷设的室外电缆根数为 8 根及以下时,电缆宜直埋;同一路径的电缆根数为 8 根以上,18 根以下时则采用电缆沟敷设,如图 7.42 所示。

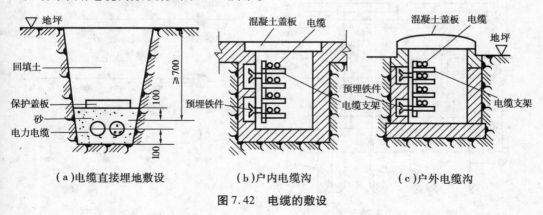

（a）电缆直接埋地敷设　　（b）户内电缆沟　　（c）户外电缆沟

图 7.42　电缆的敷设

2）电缆线路的维护

（1）巡查工作　电缆线路一般敷设在地面下，维护管理人员必须清楚电缆的敷设情况。电缆线路的事故多半是由外界引起的机械损伤，因此巡查和保护工作就显得十分重要。巡查的具体内容有：

①电缆头的套管应完整、清洁，无裂纹和闪烁放电现象。终端头内绝缘胶应无软化、塌陷现象，无渗漏油。其他部位的接头应牢固，无发热现象。

②线路保护、遮掩、指示标志完好。

③注意电缆的钢管、铠装等金属附件有无锈蚀，有无小动物咬伤痕迹。

（2）故障处理　电力电缆发生故障，主要是因为遭受外力机械损伤引发短路或断路故障。解决方法是在电缆被损伤处切断，安装中间接头盒连接两端电缆。如果电缆中间接头或终端头密封不严造成受潮、进水时，须割除受潮部分，重新安装中间接头盒和终端头。

7.6.2　配电系统

配电系统由配电装置（配电箱）及配电线路（干线及支线）组成，如图 7.43 所示。一组用电设备接入一条支路，若干条支路线接入一条干线，若干条干线接入一条总进户线。汇集支线接入干线的配电装置称为分配电箱，汇集干线接入总进户线的配电装置称为总配电箱。分配电箱与总配电箱的连接方式称为配电方式。

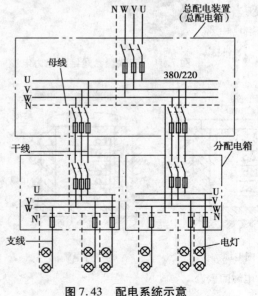

图 7.43　配电系统示意

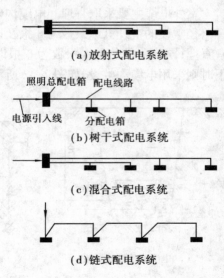

图 7.44　基本配电方式

1）配电的基本方式

各种基本配电方式如图 7.44 所示。

①放射式配电:各负荷独立受电,当线路发生故障时,影响范围小,使配电系统的可靠性高。但由于投资较大,放射式配电主要用于重要负荷。

②树干式配电:造价最低,但发生故障时影响面大,一般不单独采用。

③混合式配电:介于放射式和树干式之间,兼具两者特点,应用最为广泛。

④链式配电:适用于距离配电所较远,彼此相距较近且不重要的小容量设备。链接的设备一般不大于 4 台,总容量不超过 10 kW,其中最大者不超过 5 kW。

⑤变压器-干线式:这种配电系统具有树干式系统的优点,接线简单,能大量减少低压配电设备,是小型变电所最为常用的形式,其母线上引出的分支回路数,一般不超过 10。但这种配电方式对于起动频繁、容量较大的冲击负荷或对电压质量要求严格的场合,不宜采用。

2）典型的照明配电系统

在多层公共建筑(如写字楼、教学楼),进户线直接进入大楼的传达室或配电间的总配电箱,由总配电箱采用干管立线管式方式向各层分配电箱馈电,再经分配电箱引出支线向各房间的照明器和用电设备供电。

在住宅中,多以每一层楼梯间作为一个供电单元,进户线引至总配电箱,再由干线引至各单元的分配电箱。各单元的分配电箱则采用树干式或放射式向各层用户的分配电箱馈电。

图 7.45 表示了高层楼宇照明配电的 4 种常用方案。其中(a)、(b)、(c)为混合式,它们先按 2~6 层(也可与水暖系统的分区相同)分为若干用电区,每路干线向一个用电区配电。而(d)采用大树干配电方式,能够减少低压配电屏的数量,简化维护

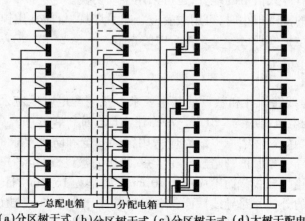

(a)分区树干式　(b)分区树干式　(c)分区树干式　(d)大树干配电方
配电系统　　　　配电系统　　　　配电系统　　　　式配电系统

图 7.45　高层楼宇的照明配电系统

管理工作,特别适合楼层数量多、负荷大的高层建筑。

供紧急情况下人员疏散的应急照明,其供电方式为:建筑物内有两台及以上变压器时,正常照明的供电干线分别接自不同的变压器,如图 7.46(a)所示;当仅有一台变压器时,应急照明与正常照明的供电干线自变压器的低压配电屏上或母干线上分开,如图 7.46(b)所示;建筑物内无变压器时,应急照明应与正常照明在引入接户线后分开,并不与正常照明共用一个总开关。

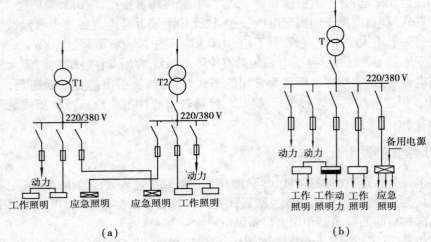

图 7.46　有变压器建筑物的照明供电系统

当疏散应急照明采用带有蓄电池的应急照明灯时,正常供电电源可接自本层(本区)的分配电的专用回路上,或接自本层(本区)的防灾专用配电箱。

应急照明作为正常照明的一部分同时使用时,两者的供电线路及控制开关分开装设;应急照明仅在紧急情况下使用的,当发生故障正常照明熄灭时,应急照明电源自动投入。但在有专人值班的地方,也可采用手动切换。

在应急照明的范围很小时,可用成套应急照明灯具,目前常用镍镉电池应急照明灯具。其使用和维护知识可参见 4.4.5 中的介绍。

3)室内配电线路

(1)室内配电线路设计和敷设的基本要求　住宅配电电压应采用 220/380 V 系统,每套住宅的配电电压应为 220 V。每栋住宅(或每个单元)的总电源进线断路器应具有漏电保护功能。住宅配电线路应采用符合安全和防火要求的敷设方式配线,即采用铜芯绝缘导线穿保护管暗敷或在竖井、线槽内敷设,引至各户电能表。自电能表至各住户配电箱的导线截面不应小于 10 mm²(香港为 16 mm²,日本为 22 mm²),自住户配电箱引出的分支回路导线截面(铜芯)不应小于 2.5 mm²(建议选用:空调回路 4~6 mm²,插座回路 4 mm²,照明干线 2.5~4 mm²,照明支线 1.5~2.5 mm²)。

每套住宅宜设置嵌墙式住户配电箱,应设有能同时断开相线和中性线的总断路器或总开关,而且具有明显的闭合和断开标志,采用自动空气开关作为线路短路和过载保护装置。实施接零保护时,必须采用专用保护线(PE 线,黄绿双色),严禁将三极插座的上孔(PE 线)与左孔(零线)直连或破皮连接。

(2)配电线路的检查与故障处理 对室内配电线路视情况每周或每月进行一次巡查,主要是沿线巡视,查看线路有无明显问题,如导线破皮、相碰、断线、烧焦、放电等。在气候突变或节假日期间要适当增加巡查次数,对容易受到外界机械损伤的部位要设置保护措施。并结合电气设备定期的检修,对线路上的接头进行重点检查。下面介绍结合 2 种故障的解决介绍线路常见故障的处理方法:

例 1:某住宅楼采用三相四线制供电,每相额定电流 50 A。在没有用电的情况下,有一相电表仍会转动,且转速较快,但没有断电。将总闸拉断后,电表停止转动。

处理:

根据现象,初步断定线路上有"相线接地"短路故障。于是查找短路点。先将相线(即火线)上所有的用电设备关闭,然后拔下电度表后各支线回路上的保险。当拔下通向厨房的保险后,电度表停转。说明厨房中的相线有"相线接地"现象。检查厨房中的相线,首先检查引入厨房的第一个接线盒,把接线盒拆开,再把线路接头拆断,用摇表检查前后相线的对地绝缘电阻,发现后者为零,说明短路故障出现在后面线路。于是沿线路检查第二个接线盒,发现接线盒内潮湿,导线裸露。将其擦干,重新接线后,故障解决。

这种寻找故障点解决问题的方法称为"对分法"。即在检查有断路或相线接地故障时,先拆开接头,分别检查,判断问题出在前后哪一段,再逐段寻找。

例 2:某住宅楼照明采用三相四线制,但在运行中发现三相相电压不正常,相差较大。

处理:

采用三相四线制的供电场合,零线的作用是使每相的相电压保持平衡(此时采用 Y 形连接)。如果此时三相相电压差别较大,说明零线断线。此时应要检查零线上的各个连接部位。如果零线上有刀闸、熔断器、开关等元件(不规范的做法),应将其全部拆除,使零线直接连接。

在单相供电场合的零线断线,用电设备将不会正常工作,但用试电笔检查零线和相线(火线)时,两种线均有电。可用试电笔逐段检查,查出故障点。如图 7.47 所示。

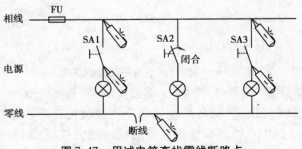

图 7.47 用试电笔查找零线断路点

7.7 照明灯具

照明线路与各种照明灯具相连,照明灯具常见的安装方式有吸顶式、悬吊式、嵌入式和壁式等。本节介绍各种常用灯具的构造、选用和维护知识。

7.7.1 白炽灯

1)构造与原理

白炽灯灯具由灯泡、灯座及其开关等组成。灯丝用钨丝制作,当电流通过钨丝时,钨丝发热,从而发光。灯泡的外壳用透明、磨砂或各种颜色的玻璃制成。在玻璃壳内充有氩气和氮气等惰性气体,以减缓钨丝受热蒸发速度。灯头有插口和螺口两种,螺口使用较多。传统的白炽灯开关是拉线开关,现多用平板开关。

白炽灯是第一代电光源,有结构简单、价格便宜、方便、便于调光、能瞬间点燃、无频闪等优点,是常用电光源。光谱能量为连续分布型,显色性好。但白炽灯的发光效率不高,输入白炽灯的电能80%以上都转化为红外线辐射和热能。它适用于普通照明、近距离投光照明、事故照明,以及需要表现庄严、华丽、热烈、祥和的场合,如高级会客厅、宴会厅等。目前,白炽灯正向外形小型化、内壁反射化的方向发展,以提高其光效和寿命。

2)线路原理与安装

单联开关控制白炽灯时,接线原理如图7.48(a)所示。双联开关控制白炽灯时,接线原理如图7.48(b)所示。

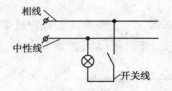
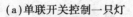
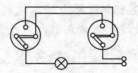

(a)单联开关控制一只灯　　　　　　　　(b)双联开关控制一只灯

图7.48　白炽灯照明线路的接线原理图

白炽灯的灯座分插口(卡口)和螺口,座上均有两个接线桩,一个接电源中性线(零线),一个接相线(火线)。插口灯座的两个接线桩可任意连接两种线头,但对于螺口灯座,必须把电源中性线线头连接在连通螺纹圈的接线桩上,把相线线头(由开关引出)连接在连通中心簧片的接线桩上。开关必须安装在相线上。

7.7.2　卤钨灯

1）构造与原理

卤钨灯的泡壳多采用石英玻璃,灯头一般为陶瓷制,灯丝通常做成螺旋形直线状,灯管内充入适量的氩气和微量卤素碘或溴,分别称为碘钨灯和溴钨灯。通电后,由灯丝蒸发的钨,一部分向泡壳扩散,并在灯丝与泡壳之间的区域与卤素形成卤化钨,卤化钨在高温灯丝附近又被分解,使一部分钨重新附着在灯丝上,补偿钨的蒸发损失,而卤素又参加下一次循环反应,周而复始,称为卤钨的再生循环。由于这个循环,可以提高灯丝的工作温度和寿命。且因灯管细长,空气压力高,可抑制钨的蒸发,减少对流损失。这样就使得卤钨灯光效高,寿命长,同时有效地防止泡壳发黑,光通量维持性好。

卤钨灯的结构如图 7.49 所示。

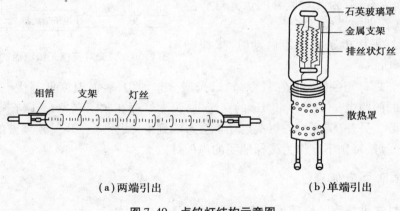

（a）两端引出　　　　　　　　　　（b）单端引出

图 7.49　卤钨灯结构示意图

2）安装与维护

卤钨灯一般安装在室外,必须水平安装,以保证碘或溴的循环(否则卤钨灯的使用寿命会很短),且必须安装在专用的、有隔热装置的金属灯架上,不可装贴在墙上,也不能作为移动照明。功率在 1 000 W 以上的卤钨灯应装胶壳开关。

卤钨灯的工作原理与白炽灯类似,出现的故障及处理方法也类似。但因为灯管工作时温度很高,反复的热胀冷缩容易使灯脚松动,对此应注意检查。

7.7.3　荧光灯

1）构造与原理

荧光灯灯具由荧光灯、灯罩、镇流器和启辉器组成。由于启辉器寿命短,更换频繁,现多用电子镇流器,省去了启辉器。

荧光灯的主要部件是灯头、热阴极和内壁涂有荧光粉的玻璃管。热阴极为涂有热发射电子物质的钨丝。玻璃管在抽真空后充入气压很低的汞蒸气和惰性气体氩。管内壁涂上不同配比的荧光粉,可制成日光色、白色、暖白色等品种的荧光灯管。通电后,钨丝发热,发射出大量热电子,灯管内惰性气体被电离而引起弧光放电,管内温度升高,液态汞就气化游离,游离的汞分子撞击惰性分子,使汞蒸气弧光放电,辐射出紫外线,激发管壁的荧光粉,发出可见光。由于管内有汞,而汞有毒,因此对废弃的荧光灯管应妥善处理(深埋或送垃圾场)。

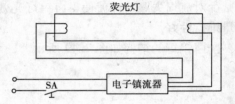

图 7.50　荧光灯与电子镇流器的接线图

荧光灯采用电子镇流器启动时,接线图如图 7.50 所示。

荧光灯具有光色好,光效高、寿命长、光通分布均匀,表面温度低等优点,但由于我国所用的照明电是 220 V、50 Hz 的交流电,荧光灯存在频闪现象,人眼在这种灯光下容易疲劳。另外,荧光灯的每次启动都会影响到寿命,因此在开关较频繁的场所不宜使用荧光灯,特别不宜作为楼梯照明的声控灯。

2）常见故障处理

荧光灯常见故障及处理可按表 7.9 进行。

表 7.9　荧光灯常见故障及处理

故障现象	故障原因	处理方法
不发光	灯座接触不良 灯管漏气或灯丝断 接线错误	转动灯管,使灯座接触紧密 观察荧光粉是否变色,用万用表检查两端灯丝 检查线路
灯管两端发黑	灯管内水银凝结 电源电压太高	灯管调头使用 增设稳压器
灯光闪烁	灯管质量差 接线松动	调换灯管检查 检查各连接线头
灯管变暗, 色彩转差	灯管陈旧 气温过低	更换灯管 加防护罩,或用热毛巾暂时捂热

3）三基色节能荧光灯

三基色节能荧光灯在管内壁涂有一层稀土三基色荧光粉,发光效率较普通荧光灯提高 30% 以上,寿命也较长。市面上常见的三基色节能荧光灯是 n 型节能灯。这是一种预热式阴极气体放电灯,由两根顶部相通的玻璃管,管内壁涂有稀土三基色荧光粉,三螺旋状灯丝(阴极)和灯头构成。连线与普通荧光灯一样,但必须使用专用灯座。在拆装 n 型灯时,应捏住灯头的铝壳部分平行地插入,不能捏拿玻璃管等部位。

7.7.4　霓虹灯

霓虹灯是一种特殊的荧光灯,它采用冷阴极辉光放电,通过改变荧光粉或填充气体的种类使灯管发出不同颜色的光。

霓虹灯的工作特点是高电压、小电流。一般通过漏磁式变压器给霓虹灯供电,其工作电路如图 7.51 所示。电源接通后,变压器二次侧产生的高电压使灯管内气体电离,从而激发荧光粉发光。灯的起动电压与管内充填的气体种类和压力有关,与灯管的长度成正比,与管径大小成反比。

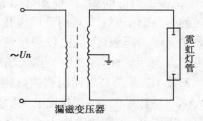

图 7.51　霓虹灯工作线路

根据安全要求,一般霓虹灯变压器的二次侧空载电压不大于 15 kV,二次侧短路电流比正常运行电流高 15% ~ 25%。工作时二次侧电压在 6 ~ 15 kV,所以必须注意使用安全。二次回路与所有金属构架、建筑物等必须完全绝缘。高压线采用单股铜线穿玻璃管绝缘。霓虹灯变压器应尽量靠近霓虹灯安装,用防水箱密封,并采用现场电容器对其功率因素进行补偿。

7.7.5　HID 灯

荧光灯及霓虹灯属低气压汞蒸气弧光放电灯,而高强度气体放光灯,是高压汞灯、金属卤化物灯和高压钠灯的统称,简称为 HID 灯,其工作时,灯内蒸气压力在 10 132.5 ~ 101 325 Pa,0.1 ~ 1 atm。HID 灯的典型构造如图 7.52 所示。

高压汞灯即高压水银灯,其发光原理和荧光灯(内有汞蒸汽)一样,只是构造上增加一个内管。它是一种功率大、发光效率高的光源,常用于空间高大的建筑物中,悬挂高度一般在 5 m 以上。由于显色性差,仅适用于不需要分辨颜色的大面积照明场所,在室内照明中则与白炽灯、碘钨灯等光源混合使用。

金属卤化物灯和高压钠灯工作原理与高压汞灯相仿,在高压汞灯的放电管内添加一些金属卤化物(如碘、溴、钠、铊、铟、镝、钍等金属化合物),内部充以碘化钠、碘化

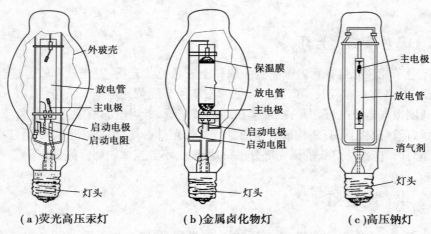

图 7.52　HID 灯的构造

铊、碘化铟的灯泡叫做"钠铊铟灯"，充以碘化镝、碘化铊的叫"镝灯"，充以溴化锡、氯化锡的叫"卤化锡灯"，利用金属卤化物的循环作用，具有更好的光色性，接近自然光，光效比高于高压汞灯，是比较理想的电光源。HID 灯都具有功率大、寿命长的特点，可用于高大厅堂、体育场馆及露天场所的照明。

安装 HID 灯，必须使用瓷质灯座。一般使用外用镇流器，镇流器宜安装在灯具附近人体不易接触的部位，并加上保护遮盖物。如果出现不能启辉或启动后突然熄灭，说明电压偏低，忽亮忽灭则主要是由于电压波动。如果只亮灯芯，说明灯泡玻璃破碎或漏气，应及时更换灯泡。

7.7.6　场致发光器件——发光二极管

场致发光（又称"电致发光"）是指由于某种适当物质与电场相互作用而发光的现象。目前在照明上应用的有两种：一种是场致发光屏（EL），采用微晶粉末状荧光物质，如硫化锌；另一种是发光二极管（LED）。场致发光屏通常工作在高电压下，可由交流或直流供电，电流密度一般较低。发光二极管的工作电流是高电流密度的，它仅需要 2 V 左右的直流电源。这里主要介绍 LED。

发光二极管（Light Emitting Diode，缩写 LED）是一种固态的半导体器件，它可以直接把电转化为光。LED 的心脏是一个半导体的晶片，晶片的一端附在一个支架上，一端是负极，另一端连接电源的正极，使整个晶片被环氧树脂封装起来，内部芯线得到保护和稳固，使 LED

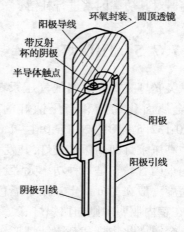

图 7.53　LED 的组成结构

具有很好的抗震性。半导体晶片由两部分组成,一部分是P型半导体,在它里面空穴占主导地位,另一端是N型半导体,在这边主要是电子。这两种半导体连接起来的时候,它们之间就形成一个P-N结。当电流通过导线作用于这个晶片的时候,电子就会被推向P区,在P区里电子跟空穴复合,然后就会以光子的形式发出能量,此即LED的发光原理。形成P-N结的材料决定光的波长,而波长就决定了光的颜色。

1 W以上的半导体灯,相当于15 W以上的白炽灯,具有寿命长、功耗低、结构牢固等优点,已被广泛地用作各类仪器的指示灯,对于许多仅需很小光强或几十流明光通量的照明应用场合,LED是一种最理想的选择。

7.7.7　插座的接线与布置

插座有单相两孔、单相三孔插座、三相插座等,其外形如图7.54。接线如图7.55所示。住宅室内电源插座的设置要求各地有所不同,建议如下:

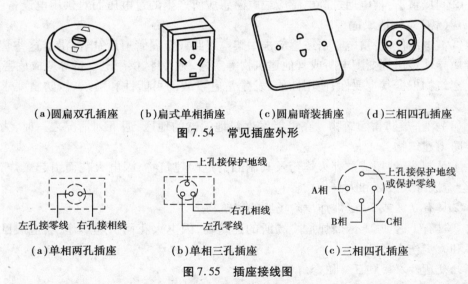

(a)圆扁双孔插座　(b)扁式单相插座　(c)圆扁暗装插座　(d)三相四孔插座

图7.54　常见插座外形

(a)单相两孔插座　　(b)单相三孔插座　　(c)三相四孔插座

图7.55　插座接线图

①起居室(厅)、双人卧室设置单相组合插座(二孔加三孔,下同)不少于3只("国际"规定不少于2只),单人卧室不少于2只,有线电视终端盒近旁应设电源插座。

②厨房设置单相组合电源插座不少于3只("国标"规定不少于1只),排油烟设施的近旁应设电源插座。

③洗手间设置单相组合电源插座不少于1只。

④洗衣机和电热水器近旁应分别设置单相三极或组合电源插座各1只。

⑤起居室(厅)和双人卧室应设置空调器电源插座,其他卧室、工作室(书房)和餐厅,根据住户实际宜设置空调器电源插座(单相三孔)。

⑥工作室(书房)的单相组合电源插座不少于2只。

⑦阳台宜设置单相组合插座。

⑧安装高度在1.8 m以下的电源插座应采用防护型,洗手间和阳台的电源插座应采用防溅型,洗衣机、电热水器的电源插座应带开关。

7.8 防雷、接地与安全用电

7.8.1 防雷

1)建筑的防雷分类

带电荷的雷云对地放电,会形成三种危害形式:

①直接雷击:雷电直接击中供用电设备、建筑物或人。

②间接雷击:雷电通过静电感应或电磁感应所产生的过电压而对供用电设备、人身或建(构)筑物造成危害。

③雷电波侵入:雷电直击或感应击中架空线路或金属管道后,电波沿着这些管线的金属导体传送到变配电所或其他建筑物等室内,对人身、供用电设备等造成危害。

建筑物根据其重要性、使用性质、发生雷电事故的可能性和后果,按防雷要求分为三类。

(1)第一类防雷建筑物 在可能发生对地闪击的地区,遇下列情况之一时,为第一类防雷建筑物:

①凡制造、使用或贮存火炸药及其制品的危险建筑物,因电火花而引起爆炸、爆轰,会造成巨大破坏和人身伤亡者。

②具有0区或20区爆炸危险场所的建筑物。

③具有1区或21区爆炸危险场所的建筑物,因电火花而引起爆炸,会造成巨大破坏和人身伤亡者。

此处所涉及的0区等概念解释如下:

0区:连续出现或长期出现爆炸性气体混合物的环境;1区:在正常运行时可能出现爆炸性气体混合物的环境;2区:在正常运行时不可能出现爆炸性气体混合物的环境,或即使出现也仅是短时存在的爆炸性气体混合物的环境。

10区:连续出现或长期出现爆炸性粉尘环境;11区:有时会将积留下的粉尘扬起而偶然出现爆炸性粉尘混合物的环境。

21区:具有闪点高于环境温度的可燃液体,在数量和配置上能引起火灾的环境;22区:具有悬浮状、堆积状的可燃粉尘或可燃纤维,虽不可能形成爆炸混合物,但在数量和配置上能引起火灾危险的环境;23区:具有固定状可燃物质,在数量和配置上能引起火灾危险的环境。

（2）第二类防雷建筑物　在可能发生对地闪击的地区,遇下列情况之一时,为第二类防雷建筑物:

①国家级重点文物保护的建筑物。

②国家级的会堂、办公建筑物、大型展览和博览建筑物、大型火车站和飞机场、国宾馆,国家级档案馆、大型城市的重要给水泵房等特别重要的建筑物（飞机场不含停放飞机的露天场所和跑道）。

③国家级计算中心、国际通信枢纽等对国民经济有重要意义的建筑物。

④国家特级和甲级大型体育馆。

⑤制造、使用或贮存火炸药及其制品的危险建筑物,且电火花不易引起爆炸或不致造成巨大破坏和人身伤亡者。

⑥具有 1 区或 21 区爆炸危险场所的建筑物,且电火花不易引起爆炸或不致造成巨大破坏和人身伤亡者。

⑦具有 2 区或 22 区爆炸危险场所的建筑物。

⑧有爆炸危险的露天钢质封闭气罐。

⑨预计雷击次数大于 0.05 次/a 的部、省级办公建筑物和其他重要或人员密集的公共建筑物以及火灾危险场所。

⑩预计雷击次数大于 0.25 次/a 的住宅、办公楼等一般性民用建筑物或一般性工业建筑物。

（3）第三类防雷建筑物　在可能发生对地闪击的地区,遇下列情况之一时,为第三类防雷建筑物:

①省级重点文物保护的建筑物及省级档案馆。

②预计雷击次数大于或等于 0.01 次/a,且小于或等于 0.05 次/a 的部、省级办公建筑物和其他重要或人员密集的公共建筑物,以及火灾危险场所。

③预计雷击次数大于或等于 0.05 次/a,且小于或等于 0.25 次/a 的住宅、办公楼等一般性民用建筑物或一般性工业建筑物。

④在平均雷暴日大于 15d/a 的地区,高度在 15 m 及以上的烟囱、水塔等孤立的高耸建筑物;在平均雷暴日小于或等于 15 d/a 的地区,高度在 20 m 及以上的烟囱、水塔等孤立的高耸建筑物。

2）建筑物防雷措施

现有的防雷装置主要是在建筑物上安装避雷针、避雷线、避雷网、避雷带或安装避雷器。避雷针主要用来保护露天变电、配电设备,建筑物和构筑物等;避雷线用来保护输配电线路;避雷网和避雷带用来保护建筑物;避雷器是一种专门的防雷设备,用来保护电力设备。防雷接地电阻应定期测试。

各类防雷建筑物应设防直击雷的外部防雷装置,并应采取防闪电电涌侵入的措施。第一类防雷建筑物和第二类防雷建筑物⑤～⑦还应采取防闪电静电/电磁感应的措施。

（1）防直接雷击　防直接雷击的系统通常由接闪器、引下线和接地装置组成。

①接闪器。接闪器是引雷装置，位于防雷装置的顶部，其作用是利用其高出被保护物的突出地位把雷电引向自身，通过引下线将雷电流引到埋入地下的接地导体（接地装置），并疏散到大地中去。接闪器由下列各形式之一或任意组合而成：独立避雷针；直接装设在建筑物上的避雷针、避雷带或避雷网；屋顶上的永久性金属物及金属屋面；混凝土构件内钢筋。除利用混凝土构件内钢筋外，接闪器应镀（浸）锌，焊接处应涂防腐漆。在腐蚀性较强的场所，还应适当加大其截面或采取其他防腐措施。

避雷针是由金属杆制成的接闪器；避雷线就是由金属线制成的接闪器，主要用于长距离高压供电线路的防雷保护；避雷带就是由金属带制成的接闪器；避雷网就是由金属网制成的接闪器。避雷带和避雷网一般采用直径不小于 8 mm 的圆钢，也可采用不小于 4 mm×12 mm 的扁钢。暴露在空气中的接闪器应镀锌，焊接处应涂防腐漆或采取其他防腐措施。

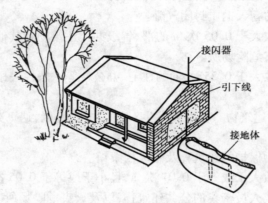

图 7.56　建筑物的防雷装置

②引下线。引下线指连接接闪器与接地装置的金属导体。专设引下线一般采用不小于 $\phi8$ mm 的镀锌圆钢或 12 mm×4 mm 的镀锌扁钢。用钢绞线作引下线，其面积不得小于 25 mm^2。用有色金属导线做引下线时，应采用面积不小于 16 mm^2 的铜导线。

目前，建筑多采用结构柱钢筋作引下线，当钢筋直径为 16 mm 及以上时，利用 2 根钢筋（绑扎或焊接）作为一组引下线；当钢筋直径为 10 mm 及以上时，利用 4 根钢筋（绑扎或焊接）作为一组引下线。

由于利用建筑物钢筋做引下线，需在柱（或剪力墙）内作为引下线的钢筋上另焊一根圆钢引至柱（或墙）外侧的墙体上，在距护坡 1.8 m 处，设置接地电阻测试箱。也可在距护坡 1.8 m 处的柱（或墙）的外侧，将用角钢或扁钢制作的预埋连接板与柱（或墙）的主筋进行焊接，再用引出连接板与预埋连接板相焊接，引至墙体的外表面，作为接地电阻测试点。

利用建筑物钢筋混凝土基础内的钢筋作为接地装置，每根引下线的冲击接地电阻不宜大于 5Ω。

另外,进出建筑物的各种金属管道及电气设备的接地装置在进出处与防雷接地装置连接。

③接地装置。接地装置指与引下线下端相连、处于地面下、能够将雷电电流释放至大地的金属物体,分为自然接地体、基础接地体或采用人工接地体。

自然接地体:指直接与大地可靠接触的各种金属构件、钢筋混凝土建(构)筑物的金属部分、金属管道(自来水管道除外)。

基础接地体:多指建筑物基础中的钢筋。

人工接地体:指专为防雷引下线或电力系统(电气设备)的可靠接地而人工埋入土壤中或混凝土基础中作散流用的金属导体。分垂直接地体和水平接地体两类。

垂直接地体一般采用直径 20 ~ 50 mm 的钢管(壁厚 3.5 mm)、直径 19 mm 的圆钢或厚 3 mm、宽 20 mm 到厚 5 mm;宽 50 mm 的角钢做成。长度均为 2 ~ 3 m 一段,间隔 5 m 埋一根。顶端埋深为 0.5 ~ 0.8 m。用接地连接条或水平接地体将其连成一体。

水平接地体和接地连接条一般采用截面为 25 mm×4 mm ~ 40 mm×4 mm 的扁钢、截面 10 mm×10 mm 的方钢或直径 8 ~ 14 mm 的圆钢做成,埋深为 0.5 ~ 0.8 m。

接地体均应采用镀锌钢材,土壤有腐蚀时,应适当加大接地体和连接条截面,并加厚镀锌层;各焊点刷樟丹油或沥青油,以加强防腐,接地电阻不大于 10Ω。

3)感应雷和雷电侵入波的防护

(1)雷电侵入波的防护 防止雷电波入侵,是电气设备或用电设备的主要防雷工作。

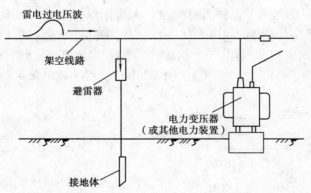

图 7.57 电气设备(用电设备)的防雷

为防止雷电波入侵损害电气设备,通常是在输电线路进户前或在 10 kV 的母线上接一个避雷器,再经导线连接到接地体。最好是在距离房屋 50 ~ 100 m 处采用电缆进线,然后在架空线与电缆连接处加装避雷器。

室内装有无线路由器时,最好在电话线的接入位置装上防雷端子,并将无线路由器放置于室内墙角,可有效防止雷电侵入。

物业服务企业在管理物业的过程中,主要职责是保护好接闪器、引下线,使其不被损坏。每年对防雷装置作一次对地电阻检查,对地电阻一般应小于4Ω,对外露的线路刷一次防锈油或采取其他防腐防锈措施。

(2)感应雷的防护 在建筑内部,防止感应雷最有效的方法是把建筑物内的一切导电体,如各种金属管道及部件、用电设备等,都可靠地接地,并减小接地电阻(一般为4Ω以下),使建筑物内所有的金属管道接成接触良好的闭合回路。这样,即使有感应雷产生,也可以避免产生电火花,并使感应的电荷迅速流入地中,消除火花放电的根源。

7.8.2 接地

1)工作接地

接地是指将电气设备的某一部分用导体与大地良好地连接起来,达到设备工作正常、相关人员操作安全的目的。能够保证电气设备在正常和事故情况下可靠地工作而进行的接地,称为工作接地。如变压器和发电机的中性点直接接地,能起维持线对地电压不变的作用;防雷系统的接地,可以对地泄放雷电流等。

2)保护接地

对于中性点不接地的供用电系统,将电气设备在正常情况下不带电的金属部分,如金属外壳、构架等,与大地作电气连接,这种接地称为"保护接地"。

保护接地的目的是为了保护人身安全。未采用保护接地时,当电气设备的某处绝缘损坏,则金属外壳带电。如果人体一旦触及到外壳,就会触电,如图7.58所示。图中 Z 为电网对地阻抗,但是电气设备保护接地后,接地电流将同时沿着接地体和人体两条通路流通,由于人体的电阻(至少1 000 Ω)比接地体电阻大得多,通过人体的电流就很小。

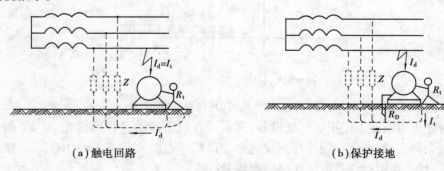

(a)触电回路　　　　　　　　　　(b)保护接地

图7.58 保护接地原理图

3）保护接零

对于中性点接地的供用电系统,对电气设备的漏电保护措施是将设备的金属外壳与电源的中线相短接,称为"接零"或"保护接零"。此时,若电气设备绝缘损坏,相电压经过外壳到零线,形成通路,将产生很大的短路电流,电流强度远大于保护电器(如熔断器、自动开关)的动作电流值,使保护电器动作,故障设备也就脱离电源,防止了人身触电的可能。

但是,禁止在同一系统中一部分用电设备接零保护,而另一部分接地保护,如图 7.59 所示。在同一系统中,应采用同一种保护方式,或全部接地,或全部接零。

4）重复接地

采用保护接零时,除系统的中性点工作接地外,将零线上的一点或多点与地再作金属连接,称为"重复接地",如图 7.60 所示。

如果不采取重复接地,一旦出现零线折断的情况,接在折断处后面的用电设备相线碰壳时,保护电器就不会动作,该设备以及后面的所有接零设备外壳,都存在接近于相电压的对地电压,相当于设备既没有接地又没有接零。

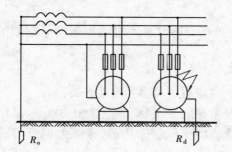

图 7.59 错误的保护接地接零共用

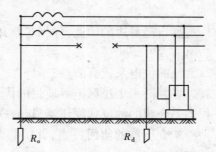

图 7.60 重复接地的作用

7.8.3 电气设备的漏电保护

1）漏电

漏电分为设备漏电和线路漏电两大类。设备漏电主要是指电气设备或家用电器的绝缘层破损、绝缘层的绝缘等级不达标或安装错误等原因而导致其金属外壳带电,可引发人身伤亡或烧坏设备和线路。

2）漏电保护措施

为防止设备漏电而引发故障,必须采取漏电保护措施。对于中性点不接地的供用电系统的漏电保护措施是接地保护。对于中性点接地的供用电系统的漏电保护措施是接零保护。

7.8.4　用电安全常识

①作为估算电能表容量的参考:单相 220 V 负荷,每千瓦为 5 A,三相 380 V 动力负荷,每千瓦约为 2 A,目前,凡新安装一户一表用户最小电能表容量为 20 A。

②每户宜同时安装漏电保护器和自动空气开关。

③每户的进户线应采用铜芯线,总线截面≥10 mm^2,插座回路及厨房用电回路截面≥2.5 mm^2,照明分支线≥1.5 mm^2。

④居民用户当闻到有烧橡皮或者烧塑料味时,应先将进户总闸拉断,再行处理。

⑤不能用湿手换灯泡,湿布擦灯泡。

⑥勿超龄使用家电产品。家电产品的安全使用年限为:彩电,空调器,8～10 年;电热水器,8 年;电冰箱,12～16 年;洗衣机,8 年;电吹风,4 年;微波炉,10 年。

其他安全用电知识还可参看相关专业书籍的介绍。

复习思考题

1. 观察自己身边的物业,仔细了解用电负荷有哪几种? 思考如何满足它们的用电需要?

2. 常见的供电系统有哪些?

3. 怎样判断一个小区电源质量的优劣? 电源质量与哪些因素有关?

4. 本书介绍的油浸式变压器只是一种最常见的变压器,请查找相关资料,总结油浸式变压器的使用特点,并了解两种新型变压器的构造,谈谈如何正确选用它们。

5. 如何比较合理地确定变压器的台数?

6. 如何判断变压器是否处于良好的工作状态? 若出现故障,第一步应如何做?

7. 结合身边具体的电器设备,谈谈怎样避免触电伤人事故? 倘若发生,应该怎么办?

8. 发生电气火灾时,一个物管员应该怎么办?

9. 考察附近的一个物业小区或建筑物,仔细分析它的接地装置是怎样构成的?

10. 参观所在小区的配电房,结合教材进一步认识变压器室、高压室、低压室的电器,了解它们的操作方法、运行状态及维护保养工作。

11. 观察自己身边的照明灯具,动手拆装、清洁一次,然后总结生活中常用灯具的种类和使用维护方法。

12. 观察自己身边的照明线路,了解它是什么样的配电方式,规格是否符合安全用电的要求,并思考如何对它进行日常维护。

13. 思考照明系统的节能措施。

第*8*章
电梯系统

导读:本章主要介绍常用电梯各部分的组成、工作原理以及运行管理知识,学完此章,对电梯的安全运行及故障征兆、紧急情况下的处理要有清楚的认识,以培养正确使用电梯、配合电梯专业人员开展工作的能力。

8.1 概 述

常见的电梯有垂直升降电梯和自动扶梯两种。

垂直升降电梯也称为直升电梯,是服务于垂直方向上下各层交通的固定式升降设备,由轿厢、门系统、导向系统、对重系统及机械安全保护系统等构成。

电梯在垂直运行的过程中,有起点站也有终点站。对于3层以上建筑物内的电梯,起点站和终点站之间还设有停靠站。设在一楼的起点站常被称为基站。起点站和终点站称两端站,两端站之间的停靠站称中间层站。

各层站的层外设有召唤箱,箱上设置人员召唤电梯用的召唤按钮或触钮。一般电梯在两端站的召唤箱上各设置一只按钮,中间层站的召唤箱上各设置两只按钮用于上下行。而电梯(杂物电梯除外)的轿厢内部设置有操纵箱,操纵箱上设置有手柄开关或与层站对应的按钮,供司机或乘用人员控制电梯上下运行。召唤箱上的按钮称层外指令按钮,操纵箱上的按钮称轿内指令按钮。层外指令按钮发出的层显示信号称层外指令信号。轿内指令按钮发出的显示信号称轿内指令信号。

作为电梯基站的厅外召唤箱,除设置一只召唤按钮外,还设置一只钥匙开关,以便上下班开启或关闭电梯用。司机或管理人员把电梯开到基站后,可以通过专用钥匙拨动该钥匙开关,把电梯的层轿门关闭妥当。

8.1.1 直升电梯按用途分类

(1)乘客电梯 为运送乘客而设计的电梯,必须有十分安全可靠的安全装置。乘客电梯的基本功能为:关门保护、轿厢位置自动显示、自动平层、自动开关门、超速保护、超载报警、超载停止、轿内应急照明、运行次数自动记录、满载直驶、断错相自动保护、顺向截梯反向记忆、轿内外指令登记、轿厢无人照明及风扇自动关闭等。

(2)载货电梯 主要是为运送货物而设计的,通常有人伴随的电梯,有必备的安全保护装置。载货电梯的基本功能是轿厢位置自动显示、超速保护、轿内应急照明、运行次数自动记录、断错相自动保护、轿内外指令登记、轿厢警铃。

(3)客货梯 主要是用作运送乘客,但也可以运送货物的电梯。它与乘客电梯的区别在于轿厢内部装饰结构和使用场合不同。

(4)病床电梯 为运送医院病人及其病床而设计的电梯,其轿厢具有相对窄而长的特点。

(5)杂物电梯 供图书馆、办公楼运送图书、文件,饭店运送食品等。而绝不允许人员进入,为防止人员进入轿厢,轿厢内部尺寸必须小到人无法进入。

(6)消防梯 火警情况下能适应消防员专用的电梯,非火警情况下可作为一般客梯或客货梯使用。

(7)观光电梯 轿厢壁透明,供乘客游览观光建筑物周围外景的电梯。

8.1.2 直升电梯分类

按驱动系统分类有:

(1)交流电梯 曳引电动机是交流异步电动机。

(2)直流电梯 曳引电动机是电梯专用的直流电动机。

按曳引机有无减速箱分类有:

(1)有齿轮电梯 电梯曳引轮的转速与电动机的转速不相等(电动机转速大于曳引轮转速),中间有蜗杆蜗轮减速箱或齿轮减速箱(行星齿轮、斜齿轮),一般使用在电梯额定速度小于或等于 2 m/s 的场合。

(2)无齿轮电梯 电梯曳引轮转速与电动机转速相等,要求电机具有低转速、大转矩特性。

8.1.3 自动扶梯的分类

自动扶梯无严格分类,一般可分为轻型和重型两类,也有按自动扶梯的装饰分为透明无支撑、全透明有支撑、半透明或不透明有支撑,室外用自动扶梯等种类。

按输送能力分为不同的梯级宽度、抬升高度和倾斜角度。输送能力以每小时运送乘客的数量划分。

按驱动办法分为端部驱动的自动扶梯(或称链条式自动扶梯)和中间驱动的自动扶梯(或称齿条式自动扶梯)。

按形态分为有载人的梯阶式和大超市内适用于手推车的斜坡式。

按运行频率分为有等速运转和变频式(无人时几乎停顿)。

8.2 直升电梯基本结构

直升电梯的基本结构如图 8.1 所示。电梯结构中的机械装置通常有轿厢、门系统、导向系统、对重系统及机械安全保护系统等。

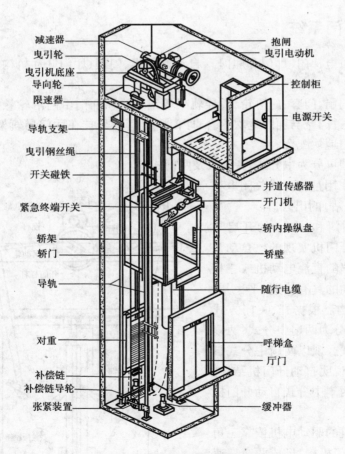

图 8.1 电梯基本结构示意图

8.2.1 轿厢

轿厢是电梯主要设备之一。在曳引钢丝绳的牵引作用下,沿敷设在电梯井道中的导轨,做垂直上、下的快速、平稳运行。

轿厢是乘客或货物的载体,由轿厢架及轿厢体构成。轿厢架的上、下装有导靴,滑行或滚动于导轨上。轿厢体由厢顶、厢壁、厢底及轿厢门组成。

轿厢门供乘客或服务人员进出轿厢使用,门上装有联锁触头,只有当门扇密闭时,才允许电梯起动;而当门扇开启时,运动中的轿厢便立即停止,起到了电梯运行中的安全保护作用。门上还装有安全触板,若有人或物品碰到安全触板,依靠联锁触头作用使门自动停止关闭并迅速开启。

8.2.2 门系统

门系统是由电梯门(厅门和厢门)、自动开门机、门锁、厅门联动机构及门安全装置等构成。

电梯门由门扇、门套、门滑轮、门导轨架等组成。轿厢门由门滑轮悬挂在厢门导轨架上,下部通过门靴与厢门地坎配合;厅门由门滑轮悬挂在厅门导轨架上,下部通过门滑块与厅门地坎配合。

电梯门类型可分为中分式、旁开式及闸门式等。

电梯门的作用是打开或关闭电梯轿厢与厅站(层站)的出入口。

电梯门(厢门和厅门)的开启与关闭是由自动开门机实现的。自动开门机是由小功率的直流电动机或三相交流电动机带动的具有快速、平稳开、关门特性的机构。根据开、关门方式不同,开门机又分为两扇中分式、两扇旁开式及交栅式。现以两扇中分式自动开门机为例,说明自动开门机结构。图 8.2 表示了两扇中分式自动开门机结构。

自动开门机的驱动电机依靠三角皮带驱动开、关门机构,形成两级变速传动,其中驱动轮(曲柄轮)是二级传动轮。若曲柄轮逆时针转动 180°,左右开门杠杆同时推动左、右门扇,完成

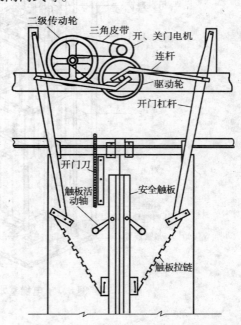

图 8.2　两扇中分式开门机结构简图

一次开门行程；当曲柄轮顺时针转动180°，左右开门杠杆则使左、右门扇同时合拢，完成一次关门行程。

门锁也是电梯门系统中的重要部件。门锁按其工作原理可分为撞击式门锁及非撞击式门锁。前者与装在厢门上的门刀配合使用，由门刀拨开门锁，使厅门与厢门同步开或闭。非撞击式门锁（位置型门锁）与压板机构配合使用，完成厅门与厢门的同步开、闭过程。

8.2.3　导向系统

电梯导向系统由导轨架、导轨及导靴等组成。导轨限定了轿厢与对重在井道中的运动轨道，导轨架是导轨的支撑部件，它被固定在井道壁上，导靴被安装在轿厢和对重架两侧，其靴衬（或滚轮）与导轨工作面配合，使轿厢与对重沿着导轨做上下运行。电梯导向系统结构如图8.3所示。

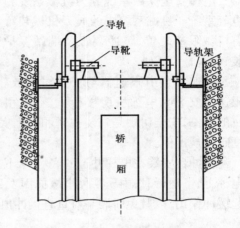

图8.3　导向系统结构示意图

8.2.4　曳引系统

曳引系统由曳引机组、曳引轮、导向轮、曳引钢丝绳及反绳轮等组成。

曳引机组是电梯机房内的主要传动设备，由曳引电动机、制动器及减速器（无齿轮电梯无减速器）等组成，其作用是产生动力并负责传送。曳引电动机通常采用适用于电梯拖动的三相（交流）异步电动机。制动采用的是闭式电磁制动器，当电机接通时松闸，而当电机断电即电梯停止时抱闸制动。减速器通常采用蜗轮蜗杆减速器。

曳引轮是具有半圆形带切口绳槽轮，与钢丝绳之间的摩擦力（牵引力）带动轿厢与对重做垂直上下运行。

钢丝绳一方面连接轿厢与对重，同时与曳引轮之间产生摩擦牵引力。

导向轮安装在曳引机机架上或承重梁上，使轿厢与对重保持最佳相对位置。

反绳轮是指设置在轿厢顶和对重顶上的动滑轮及设置在机房的定滑轮，曳引钢丝绳绕过反绳轮可构成不同曳引比的传动方式。

8.2.5　对重系统

对重系统包括对重及平衡补偿装置。对重系统也称重量平衡系统，其构成如图8.4所示。

对重起到平衡轿厢自重及载重的作用，从而可大大减轻曳引电动机的负担。而平衡补偿装置则是为电梯在整个运行中平衡变化时设置的补偿装置,使轿厢侧与对重侧在电梯运行过程中始终都保持相对平衡。

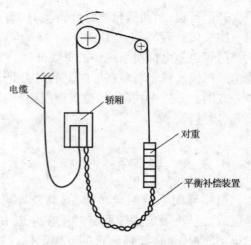

图8.4 对重系统构成示意图

8.2.6 机械安全保护系统

电梯安全保护系统分为机械系统和电气系统。机械系统中的典型机械装置有机械限速装置、缓冲装置及端站保护装置等。

限速装置由限速器与安全钳组成。限速器安装在电梯机房楼板上,在曳引机的一侧,安全钳则是安装在轿厢架上底梁两端。限速器的作用是限制电梯运行速度超过规定值。

缓冲器安装在电梯井道的底坑内,位于轿厢和对重的正下方,可参见图8.1。当电梯上、下运行时,由于某种事故原因发生超越终端层站底层或顶层时,将由缓冲器起缓冲作用,以避免轿厢与对重直接冲顶或撞底,保护乘客和设备的安全。

8.3 自动扶梯

自动扶梯主要用于人流量较大的公共场站,如车站、商场、地铁车站等,是建筑物楼层间连续效率最高的载客设备。其坡度较为平缓,踏步多为300 mm,运行速度为0.45～0.7 m/s,由电动机械牵动梯段踏步边同栏杆扶手一起运转,机房悬挂在楼板下面,如图8.5所示。另一种和电动扶梯相似的运输工具是自动人行道(Automatic Sidewalk)。两者的分别主要是自动行人道是没有梯级的,多数只会在平地上行走,或是稍微倾斜。常见于大型机场或超市。

自动扶梯的核心部件是两根链条,它们绕着两对齿轮进行循环转动。在扶梯顶部,有一台电动机驱动传动齿轮,以转动链圈。电动机和链条系统都安装在构架中,构架是指在两个楼层间延伸的金属结构。

与传送带移动一个平面不同,链圈移动的是一组台阶。链条移动时,台阶一直保持水平。在自动扶梯的顶部和底部,台阶彼此折叠,形成一个平台。这样使上、下自动扶梯比较容易。自动扶梯上的每一个台阶都有两组轮子,它们沿着两个分离的轨道转动。上部装置(靠近台阶顶部的轮子)与转动的链条相连,并由位于自动扶梯顶部的驱动齿轮拉动。其他组的轮子只是沿着轨道滑动,跟在第一组轮子后面。两条轨道彼此隔开,这样可使每个台阶保持水平。在自动扶梯的顶部和底部,轨道呈水平

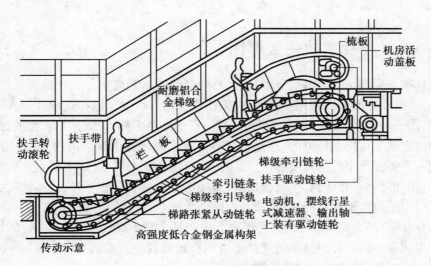

图 8.5　自动扶梯构造示意

位置,从而使台阶展平。每个台阶内部有一连串的凹槽,以便在展平的过程中与前后两个台阶连接在一起。

除转动主链环外,自动扶梯中的电动机还能移动扶手。扶手只是一条绕着一连串轮子进行循环的橡胶输送带。该输送带是精确配置的,以便与台阶的移动速度完全相同,让乘用者感到平稳。

根据中国电梯协会的建议,乘用者乘坐自动扶梯的应尽量靠右站并注意:

①紧握扶手。

②不要站到级边。

③不把头或手伸出梯外,以免与邻近物相撞。

④不在电梯上奔跑嬉戏。

⑤不使用电动扶梯搬运货物,婴儿车、货物推车等应使用升降机。

⑥使用轮倚、拐杖的乘客应使用升降机。

⑦要照顾小童及老人。

⑧电动扶梯都会有紧急刹停的按钮,供遇上意外时使用。

8.4　电梯事故主要原因和预防常识

2011 年 7 月 5 日,北京地铁四号线电梯由于固定零件损害,驱动主机发生偏移,驱动链条脱落,造成扶梯下滑,使一台自动扶梯逆行,致 1 死 30 伤。2011 年 7 月 10 日晚,深圳地铁 4 号线上行扶梯基于类似原因,在运行中突然停顿后逆行,造成 4 人受伤。目前,电梯困人伤人事件成倍增长,正逐渐演变成一种"城市病"。作为物业管理人员,应该了解电梯发生事故的原因,掌握应急救援方法,以防不测。

8.4.1　电梯事故主要原因

电梯按照标准可分轻型与重型两类,其中轻型的一般应用在人流较为稀疏、负重不多的地方,而重型的则应用在载重多、人流密的地方。对于电梯这种涉及人身安全的设施,国外一般按照"从严、从重"的标准进行选择与采购,因此采用重型的标准多,但国内大多数采用的是轻型的,这是造成事故频发的硬件因素。国内外"差别标准"是造成一系列安全事故的重要原因。此外,从市场角度来看,许多电梯生产商为了获得订单,相互之间互相压价、大打价格战,直接造成产品品质的下降,而本地的工商与质监部门出于对当地利益的保护,或者考虑到生产企业是纳税大户而网开一面,在执法上也存在"睁一只眼闭一只眼"的现象。在产品质量不高,安装质量不佳的情况下引起维保问题不断。许多电梯的维护是由资质较低或无资质的"游击队"来完成,加上安全监管松懈,导致大小问题不断。

就目前的统计来看,在电梯困人事故中,事故原因以"电梯控制系统故障"和"停电"为主,而在所有的电梯故障案例中,人员超载是引发电梯控制系统出现故障的首要原因,其次是楼内水管漏水或是火灾发生过后,水流入电梯井,导致电梯线路故障。

大楼电梯都有控制机房,一般机房位于顶楼,电梯控制系统发生错误,就会导致电梯故障。在进行营救时,最简单直接的方法,就是到电梯机房内,用手动轮盘将电梯轿厢降至平层,然后用三角钥匙将电梯轿厢门打开,救出被困者。如果轿厢无法降至平层,或是铁门无法打开,只有采取其他措施。

电梯所搭乘的人员超过准载人数时,容易引发故障。这样的情况很容易在商场或餐厅酒楼出现,因为这些场所的电梯(有的是观光电梯)通常准载的人数较少,但场所内人员众多,在使用高峰时间极易超载导致电梯故障。

小区或是片区断电后,通常会造成大范围的电梯困人。大楼发生火灾时,内部电源会切断,因此遇到火灾时,不能乘坐电梯。

在正常情况下,经专业维修单位保养后的电梯轿厢内应急照明应有效,断电时会自动打开,为轿厢内照明。所以物管企业,要经常检查轿厢应急灯,确保其能正常使用。

8.4.2　电梯故障征兆

电梯出现的事故的典型征兆有:
①作轿内指令登记和关闭厅门、轿门后,电梯不能启动。
②在厅门、轿门开启的情况下,在轿内按下指令按钮时能启动电梯。
③到达预选层站时,电梯不能自动提前换速,或者虽能自动提前换速,但平层时不能自动停靠,或者停靠后超差过大,或者停靠后不能自动开门。
④电梯在额定速度下运行时,限速器和安全钳动作刹车。

⑤电梯在运行过程中,在没有轿内外指令登记信号的层站,电梯能自动换速和平层停靠开门或中途停车。

⑥在厅外能把厅门扒开。

⑦人体碰触电梯部件的金属外壳时有麻电感觉。

⑧熔断器频繁烧断。

⑨元器件损坏,信号失灵,无照明。

⑩电梯在启动、运行、停靠开门过程中有异常的噪声、响动、振动等。

⑪扶梯在发生大的故障前,通常会出现扶手过热等现象。

电梯出现上述现象,应立即停机报修。

8.4.3　需要宣传掌握的电梯乘用常识

乘坐电梯时,物管人员应注意宣传、提醒乘坐人员了解下列常识:

①乘坐电梯时清楚电梯走向以及电梯轿厢所处的大概位置。一旦电梯发生故障困人,救援人员在无法与被困人员联络时,很难判断电梯轿厢所在的楼层。如果被困人员能够准确地说出轿厢所在的位置,这将给救援工作带来很大的便利。

②保持通信畅通。市民被困后,不仅要向 119、110 打电话报警,还向亲戚朋友通报情况求助,但一定不要将手机电量耗尽,要保持与外界的通信联系畅通,将给救援带来方便。

③不胡乱猜想,保持平稳的情绪。电梯轿厢顶部和底部都有通风口,且大多数轿厢装有通风扇。大部分电梯在发生故障后,轿厢内仍能够保持空气流通,使乘客不会有窒息危险。

电梯在突然断电或是遇到故障的情况下,电梯制动器也会马上抱闸,卡住电梯轿厢防止下落。而且一般电梯都有 4~6 根钢丝绳,理论上 1 根钢丝绳就可以承受轿厢和乘客的质量,不必担心钢丝绳承受不住质量断裂。即使所有钢丝绳断裂,轿厢两侧的安全钳也能将电梯牢牢地卡在导轨上。因此,保持良好的心态,冷静地等待救援,能够给营救带来很大的帮助。

④不能强力乱敲乱打电梯门。一些乘客在等待电梯时,由于等候时间过长,会因心情急躁而出现拍打甚至脚踢电梯门的情况,这容易影响电梯轿厢门及厅门的运作,导致事故发生。

⑤防止液体流入电梯。在电梯底部,安设有许多电子零件,如果乘客携带的饮料或是其他液体在电梯内泄漏,顺着电梯井落到底层,就可能引起短路等故障。

⑥切忌乱按楼层按钮,不要强行阻止电梯门关合。不要在电梯间内打闹、推搡、跳跃、摇晃;不要强行阻止电梯门关合;不要在电梯运行或关门过程中进出电梯间;不能让儿童在无人监护的情况下单独乘坐电梯;一些小孩子在乘坐电梯时,喜欢恶作剧地将所有楼层的按钮按满,这不仅影响其他乘客乘坐电梯,还可能导致系统出现故障。

⑦市民如果遇到被困电梯的紧急情况,首先要保持冷静,持续按开门按钮,并通过电梯间内的警铃或手机拨打求助电话。切勿强行扒门或从电梯间顶部的天花板爬出,要保存体力,耐心等待专业人员进行救援;如果电梯出现突然失控下坠的情况,可迅速将每一层的按键都按下;如果自动扶梯发生意外,首先用手扶住传送带,并低头向下蹲,同时另一只手保护住自己的头和脖子,以免伤到脊椎。

⑧在乘坐自动扶梯时要站得靠边一点,勿在中间站立,防止意外发生时被人压在中间。

8.5 电梯事故现场应急处置基本措施

8.5.1 岗位职责

(1)使用单位电梯管理机构的负责人

负责启动使用单位应急处置方案,全面动员管理机构的全部资源,按照方案规定的程序,展开救援工作;向有关部门、上级报告事故情况,以便相关部门及时启动相关预案。

(2)使用单位消防值班人员

在发生火灾时启动电梯消防回降功能;在发生水浸时通知配电值班室切断电梯供电电源。

(3)使用单位电梯安全管理员

向上级报告事故情况;通知维修保养单位赶赴现场救援;安抚乘客,记录乘客姓名和联系电话,联络与乘客有关的人员,提供饮水、食物、药品;组织做好现场安全防护、隔离措施;在不影响救援的前提下做好事故现场保护工作。

(4)维修保养单位负责人

接到事故报告后,负责启动维修保养单位应急预案,调动组织本单位相关力量及时参与救援工作。

(5)电梯维保人员

检查回降基站的电梯轿厢内是否还有乘客;电梯井道内是否有烟气和消防水;配合开展电梯被困人员的救援工作。

8.5.2 现场应急处置基本措施

1)垂直电梯火灾事故

(1)电梯服务的楼层发生火灾时的应急处置措施

①当大楼发生火警时,底层大厅的值班人员或电梯管理人员应立即拨动消防开

关,不论电梯处于何种运行状态,均应立即自动返回底层,开门将乘客放出,并将情况报告管理机构负责人。

②设法使乘客保持镇静,组织疏导乘客离开。将电梯置于"停止运行"状态,关闭层门并切断总电源。

③对于有消防运行功能的电梯,应由消防员确定是否可以使用。如必须使用,则可通过打碎电梯基站消防面板,按动"消防"按钮开关,或用专用钥匙将安装于底层召唤按钮箱上或电梯轿厢操纵箱上标有"消防紧急运行"字样的钥匙开关接通来启用电梯消防员专用功能。对于无此功能的电梯,应立即将电梯直驶到首层,并切断电源,或将电梯停于火灾尚未蔓延到的楼层。

(2)电梯井道或轿厢内发生火灾时的应急处置措施

①首先立即在就近的楼层停靠,即刻疏导乘客撤离。

②然后切断电源。

③再用灭火器灭火。

④共用井道中有电梯发生火灾时,其余电梯应立即停于远离火灾的位置,防止火灾蔓延,并交消防人员灭火使用。

(3)相邻的建筑发生火灾时的应急处置措施

相邻建筑物发生火灾时,应立即停梯,以免因火灾造成停电而发生困人事故。

2)垂直电梯水浸事故

由于电梯被水淹时,可能造成短路或触电,除了要对水源进行控制及处理外,还要对电梯进行如下处置:

①当底坑内出现少量进水或渗水时,应将电梯停在2层以上,停止运行,断开总电源。

②当楼层发生水淹而使井道或底坑进水时,应将轿厢停于进水层站的上2层,停梯断电,以防轿厢进水。

③当底坑井道或机房进水很多,应立即停梯,断开总电源开关,防止发生短路、触电等事故。

④发生水浸时,应迅速切断漏水源,设法使电器设备不进水或少进水。

⑤对水浸电梯应进行除湿处理,如采用擦拭、热风吹干、自然通风、更换管线等方法,确认水浸消除,绝缘电阻符合要求,并经试验运行无异常后,方可投入运行。对微机控制电梯,更需仔细检查,以免烧毁电子板。

⑥在恢复电梯运行时,应确认无积水,无短路现象后,方可使用。对于那些急于使用的电梯,可采用烘干的办法(如使用电吹风机),消除一切可能造成短路的积水。

⑦电梯恢复运行后,详细填写水浸检查报告,对水浸原因、处理方法、防范措施记录清楚并存档。

3）垂直电梯剪切事故

①首先断开电梯主电源开关，以避免在救援过程中突然恢复供电而导致发生意外，同时通报市急救中心。

②有足够的救援人员且先行救援。不会导致受伤人员进一步伤害的情况下，可在市急救中心专业急救人员到来之前进行救援，否则应根据市急救中心急救人员的指示进行前期救援准备工作并在市急救中心急救人员到来后配合救援工作。

③轿厢内人员或层站乘客在出入轿厢时被剪切：

a. 如果可以通过打开电梯门直接救出乘客，则应在保证安全的前提下，用层门钥匙打开相应层门，救出被困乘客。

b. 如果不能通过打开电梯门直接救出乘客，则相应人员在受伤乘客所在楼层留守，相应人员进行盘车救援操作或紧急电动运行，并且保持与留守在受伤乘客所在楼层的人员通讯，一旦可以将受伤乘客救出，则停止盘车救援操作或紧急电动运行。在保证安全的前提下，用层门开锁钥匙打开相应层门，救出被困乘客。

④乘客或其他人员在非出入轿厢时被剪切（发生轿底或轿顶剪切）：

a. 发生轿底剪切时，相应人员在受伤乘客所在楼层留守，相应人员进行盘车救援操作或紧急电动运行（使轿厢向上移动），并且保持与留守在受伤乘客所在楼层的人员通讯，一旦可以将受伤乘客救出，则停止盘车救援操作或紧急电动运行。

b. 发生轿顶剪切时，相应人员在受伤乘客所在楼层留守，相应人员进行盘车救援操作或紧急电动运行（使轿厢向下移动），并且保持与留守在受伤乘客所在楼层的人员通讯，一旦可以将受伤乘客救出，则停止盘车救援操作或紧急电动运行。

⑤救出乘客后，根据医护急救人员的指示进行下一步救援工作。

4）垂直电梯困人事故

运行中的电梯会因供电线路故障、限电、电梯设备老化等因素，致使乘客被困在轿厢内，乘客首先要及时报警。电梯的轿厢里通常都设有报警装置，配有电话、对讲机或有摄像监控镜头。一旦受困，应及时使用。其次是在救援中要听从维修人员的指挥，密切合作。如电梯内有操作人员，操作人员应对乘客说明原因，使乘客保持镇静并与维修人员联系；如无操作人员，维保人员应设法与轿厢内被困人员取得联系，说明原因，使乘客保持镇静。如事故因供电引起，对于短时停电有备用发电机的应及时启用。因线路故障或因其他原因造成的长时间停电，应考虑采用盘车等适当的方式将乘客救出。

（1）电梯停靠在楼层附近的处理方法

①到机房将电源开关断开，防止电梯突然运行造成事故。

②在厅外用三角钥匙将层门打开，将乘客从轿厢内放出。

（2）电梯轿厢在两层楼的中间或冲顶、蹲底时的应急处理方法

电梯运行中因供电中断、电梯故障等原因而突然停驶，将乘客困在轿厢内时，维

修管理人员应做好下列工作：

①若有司机操作，司机应使乘客镇静等待，劝阻乘客不要强行手扒轿门或企图出入轿厢，并与维保人员或消防值班室管理人员取得联系。

②维保人员到现场后，应了解轿厢被困人数及其健康状况、轿厢内应急灯是否点亮、轿厢所停层站位置，以便于解困工作的开展。

③告知乘客尽量远离轿门或已开启的轿厢门口，不要倚靠厅、轿门，不要在轿厢内吸烟、打闹，听从操作人员指挥。

施救方法如下

方法一：施救人员在轿厢位置的上层将层门用钥匙打开，进入轿顶，将电梯置于检修运行状态，以慢速运行方式将轿厢运行至就近楼层的平层位置，用钥匙将门打开，让乘客撤离。

方法二：盘车放人操作

①操作前先通知被困人员，盘车操作已经开始，请乘客或司机配合。

②盘车放人操作一般由两人在机房进行。操作前必须先切断总电源开关，一人用松闸板手打开制动器，另一人盘车。当将轿厢盘至最近层楼面时（轿门地坎应不高于层门地坎 600 mm）可停止盘车，使制动器复位。

③让司机或乘客在轿厢内打开层门，或用钥匙打开紧急门锁，并协助乘客离去。

④盘车时，应缓慢进行，尤其当轿厢轻载状态下往上盘车时，应防止因对重侧比轿厢重而造成溜车。

当对无齿轮曳引机的高速电梯进行盘车时，应采用"渐进式"，一步步松动制动器，以防止电梯失控。

如事故时轿厢处于冲顶或蹲底的状态时，宜采用上述方法二的盘车放人操作方式解救被困乘客。在电梯技术条件允许时，也可以在检修状态下，短接好相关安全回路，在机房控制柜处以检修速度将轿厢运行至顶楼平层或底楼的平层位置，救出被困乘客后，使安全回路恢复正常功能。

5）自动扶梯事故

（1）一般性故障或事故的应急处理

①突然停车的应急处理。操作人员应首先做好记录，切断自动扶梯的控制电源，检查停车原因。

②异常现象的应急处理。自动扶梯在行使中有异常声响、异味、不正常振动和摩擦，梯级或踏板有较大跳动，扶手装置及裙板有"麻电"感觉现象，当发现时，应立即按下急停按钮，停止自动扶梯运行，并立即通知专业维修人员进行检查维修。如按下急停按钮仍无法停车时，应切断供电总电源开关。

③无法启动的应急处理。应首先检查电源的供电情况，如无问题但仍不能启动，应暂时停用，进行检查修复后再投入使用。

④制动距离过长的应急处理。自动扶梯急停时制动距离过长，须及时检查自动

扶梯制动器的抱闸间隙、制动器表面油污及磨损情况。

⑤扶梯装置夹入异物的应急处理。发现扶梯的出入口或扶梯与扶手装置之间夹入异物,不能等待扶梯的安全保护装置起作用,而应立即按下急停按钮或切断总电源开关。

根据夹入异物的情况和程度,对异物进行取出处理,如能顺利取出,对扶手带装置、安全保护开关等有关部位进行检查,确认正常后,重新启动扶梯。

如果异物不能顺利取出,须打开驱动机房进行手动盘车,取出异物。

如果手动盘车仍不能取出异物,则应请求支持,尽快采取可行措施取出异物。

⑥梳齿板夹入异物的应急处理。当发现梳齿板有异物卡住时,应立即按下急停按钮或切断总电源开关,将扶梯停止运行。

根据夹入异物的情况和程度,借助有关工具取下。如果异物能顺利取下,对梳齿板、安全保护开关等有关部位进行检查,确认正常后重新启动扶梯。

如果异物不能取下,应打开驱动机房进行手动盘车。

如果手动盘车仍不能取出异物,应请求支持,尽快采取可行措施取出异物。

（2）建筑物发生火灾时的应急处理

①应立即切断扶梯的总电源开关,停止其运行。

②火灾过后,要对自动扶梯有关设备进行认真检查。

③自动扶梯遭受水淋或水淹时,参照执行"进水或遭受水淹"的处理方法。

④对于遭受火灾、高温烧烤的扶梯设备,应通知扶梯的制造厂家进行处理,经制造厂家修复并确认正常后,方可投入使用。

（3）进水或遭受水淹的应急处理

进水或遭受水淹时,由于建筑物水管、水箱、暖水管及消防水栓等水管破裂,阀门泄露引起楼层间进水、水淹时,水会沿着楼层地板进入本层或下层机房,此时应当:

①立即停止有关楼层扶梯的运行,并切断其供电电源。

②检查扶梯机房控制柜、驱动电动机、安全保护开关、电子线路板、照明回路等电气设备线路有无进水。

③若发现机房设备已进水或水淹时,除立即断开机房主电源开关外,还应及时对进水部位进行排水处理。

④水灾过后,由专业维修人员使用电热吹风等方法对进水的电气设备进行烘干处理,测量相关回路绝缘电阻应符合要求。

⑤确认无漏电、无短路现象,尤其是对微电脑控制的扶梯,更要仔细检查,以免损坏线路板等主要的控制装置。

（4）遭受台风或暴风雨袭击时的应急处理

①首先将建筑物内各门窗关闭,防止雨水进入溅湿或浸泡扶梯设备,引起电气短路,造成人员触电伤害或设备损坏。

②若判断暴风雨可能导致雨水进入设备机房时,应提前将供电总电源开关切断,停止扶梯的运行。

③若雨水已经进入扶梯设备或机房,应立即切断扶梯的总电源开关,停止扶梯运行。

④暴风雨过后,可参照"进水或遭受水淹"的方法进行处理。

(5)雷击时的应急处理

建筑物发生雷击并造成扶梯供电电源跳闸,导致扶梯停止运行,不应立即恢复扶梯的供电电源,应待雷击过后由电梯维修保养单位维保人员对扶梯的电气设备和元器件进行全面检查修理。检修后检测相关回路的绝缘电阻值,符合技术要求方可使用。对于遭受雷击的电气元器件,无论是否符合技术要求,都要更换。

扶梯遭受火灾、水淹、雷击等事故后,应首先进行事故应急处理,再经专业维修人员全面检查和维修保养,消除故障隐患。做好详细应急处理和检查维修记录,并存档备查。投入运行使用前,还须向市特检院申请安全技术性能检验,检验合格方可投入正常使用。

8.5.3　注意事项

①发生火灾时,在消防楼梯和机房排烟效果满足人员通行要求的前提下,如确需救援人员进入机房抢救,在维保人员确保自身安全并有能力救援的前提下才能实施。救援人员必须配备消防面具和消防器材并有专业消防人员同行,防止救援人员发生意外;在发生水浸时,必须按规定穿着安全鞋,防止触电和滑倒。

②应急救援器材必须存放在规定地点,并定期检验状态,确保符合使用要求。

③在打开层门时,应严格遵守操作规程,并必须确保周围环境没有无关的人员围观。现场保卫人员应及时设置围栏,分流人群。严格控制人员靠近层门口。

④电梯使用单位的现场人员应及时安慰受伤的乘客,消除乘客恐慌情绪。严禁非专业人员用力拉扯伤者肢体,防止金属锐边切割身体,造成伤害扩大。如伤者头部受伤,必须由医护人员按照规范挪动伤者,防止抢救措施不当造成伤害。

⑤通常情况下,在轿厢内的乘客并无生命危险。值班室人员和维保人员应及时劝告乘客保持镇定。乘客在轿厢内试图自行爬出轿厢,往往造成危险。必须有效劝阻乘客盲目自救的不安全行为。

但在发生火灾时救援人员又无法接近楼层的极端危险的情况下,如存在乘客自救的可能,电梯维修保养单位人员应通过消防值班室电话指导乘客逃生。

⑥及时收集各种证据,以便还原事故过程,分析事故原因。按照"四不放过原则",彻底查明事故原因。

⑦电梯维修保养单位应全面检查电梯系统状态,在确认满足安全运行条件后,还应经过电梯维修保养单位内部检测员检测后方可恢复电梯使用。如设备状态存在不确定事项,电梯使用单位应委托市特检院进行检验,合格后方可投入运行。

⑧发生伤亡事故的电梯必须经监督检验合格后,方可投入运行。

⑨及时安抚慰问相关乘客,解释事故原因和已采取的预防措施,消除乘客对使用

电梯的恐惧,消除误解、误传的有关电梯的不安全信息。

复习思考题

1. 电梯有哪些种类?电梯的典型组成部分是哪些?它们分别起什么作用?

2. 如何正确使用电梯?

3. 乘坐电梯,可能会遭遇哪些意外?物管人员如何帮助这些乘客?

4. 在哪些情况下,电梯必须立即停用报修?

5. 尽量说出物管企业对电梯的管理所涉及的各个方面,然后再进一步思考如何搞好各方面的工作。

6. 设想自己所在的小区发生电梯困人事故,提出解救途径和步骤。

第9章
安全防范系统

导读: 本章介绍小区常用安全防范电子系统的工作原理和主要性能参数,学完此章,应掌握常见安全防范电子系统的基本原理、工作特点和应用范围,能够选用合适的相关电子系统产品,了解并掌握基本的维护方法。

9.1　闭路监控系统

闭路监控系统是采用摄像机对被控现场进行实时监视的系统,是安全技术防范系统中的一个重要组成部分。计算机、多媒体技术的发展使多媒体数字硬盘监控系统得到广泛应用。产品网络化,监控数字化成为未来明显的发展方向。

9.1.1　闭路监控系统的组成与特点

闭路监控电视系统根据其使用环境、使用部门和系统的功能而具有不同的组成方式,无论系统规模的大小和功能的多少,一般监控电视系统由摄像、传输、控制、图像处理和显示等 4 个部分组成,如图 9.1 所示。

1)摄像部分

摄像部分的作用是把系统所监视的目标即被摄物体的光、声信号变成电信号,然后送入系统的传输分配部分进行传送。摄像部分的核心是电视摄像机,它是光电信号转换的主体设备,是整个系统的眼睛。摄像机的种类很多,不同的系统可以根据不同的使用目的选择不同的摄像机以及镜头、滤色片等。

2)传输部分

传输部分的作用是将摄像机输出的视频(有时包括音频)信号馈送到中心机房或

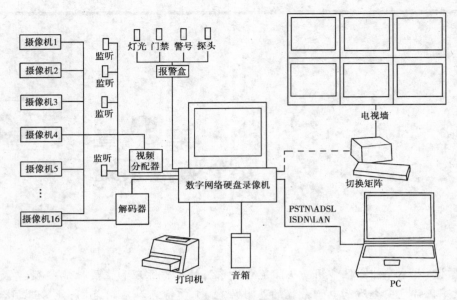

图 9.1　监控电视系统的组成

其他监视点。控制中心控制信号同样通过传输部分送到现场,以控制现场的云台和摄像机工作。

传输方式有两种:有线传输和无线传输。

近距离系统的传输一般采用基带传输,有时也采用载波传送。采用光缆为传输介质的系统为光通信方式传送。

3)控制部分

控制部分的作用是在中心机房通过有关设备对系统的现场设备(摄像机、云台、灯光、防护罩等)进行远距离遥控。控制部分的主要设备有以下几种:

(1)集中控制器　集中控制器一般装在中心机房、调度室或某些监视点上。使用控制器再配合一些辅助设备,可以对摄像机工作状态,如电源的接通、关断、光圈大小、远距离、近距离(广角)变焦等进行遥控。对云台控制,输出交流电压至云台,以此驱动云台内电机转动,从而完成云台水平旋转、垂直俯仰旋转。

(2)微机控制器　微机控制器是一种较先进的多功能控制器,它采用微处理机技术,其稳定性和可靠性好。微机控制器与相应的解码器、云台控制器、视频切换器等设备配套使用,可以较方便地组成 1 级或 2 级控制,并留有功能扩展接口。

4)图像处理与显示部分

图像处理是指对系统传输的图像信号进行切换、记录、重放、加工和复制等功能。显示部分则是使用监视器进行图像重放,图像处理和显示部分的主要设备如下:

(1)视频切换器　它能对多路视频信号进行自动或手动切换,输出相应的视频信号,使一个监视器能监视多台摄像机信号。根据需要,在输出的视频信号上添加字符、时间等。

（2）监视器和录像机　监视器的作用是把送来的摄像机信号重现成图像。在系统中，一般需配备录像机，尤其在大型的保安系统中，录像系统还应具备如下功能：

①在进行监视的同时，可以根据需要，定时记录监视目标的图像或数据存档。

②根据对视频信号的分析或在其他指令控制下，能自动启动录像机，如设有伴音系统时，应能同时启动。系统应设有时标装置，以便在录像带上打上相应时标，将事故情况或预先选定的情况准确无误地录制下来，以备分析。

9.1.2　闭路监控系统的现场设备

在系统中，摄像机处于系统的最前端，它将被摄物体的光图像转变为电信号——视频信号，为系统提供信号源，因此它是系统中最重要的设备之一。

1）摄像机

（1）摄像机分类　按摄像器件的类型划分有电真空摄像器件（即摄像管）和固体摄像器件（如 CCD 器件、MO 器件）两大类。电视监控系统中的摄像机通常选用 CCD 摄像器件。

（2）摄像机的性能指标

①清晰度。一般指水平清晰度。电视监控系统使用的摄像机，要求彩色摄像机水平清晰度在 300 线以上，黑白摄像机在 350 线以上。

②照度（或灵敏度）。照度是衡量摄像机在什么光照强度的情况下，可以输出正常图像信号的一个指标。在给出照度的这一指标时，往往是给出"正常照度"和"最低照度"两个指标。"正常照度"是指摄像机在这个照度下工作时，能输出满意的图像信号。低于"最低照度"时，摄像机输出的图像信号就难以辩认。

③信噪比。信噪比是摄像机的图像信号与它的噪声信号之比。这一指标往往用 S/N 表示。S 表示摄像机在假设无噪声时的图像信号值，N 表示摄像机本身产生的噪声值（比如热噪声等）。一般要求监控摄像机信噪比高于 46 dB，越高越好。

（3）摄像机镜头

①镜头的种类。摄像机镜头按照其功能和操作方法可分为常用镜头和特殊镜头两大类：

a. 常用镜头：又分为定焦距（固定）镜头和变焦距镜头两种。

定焦距（固定）镜头的焦距是固定的，采用手动聚焦操作，光圈调节有手动和自动两种。通常用于监视固定场所。

变焦距镜头的焦距可调，既可以电动聚焦操作，也可以手动聚焦操作。变焦距镜头光圈分电动和自动两种。自动光圈镜头也是常用的一种镜头。由于它的光圈是自动的（由摄像机输出电信号控制光圈），所以适于光照度经常变化的场所。又由于它的焦距是电动可变的，因而可对所监视场所的视场角及目的物进行变焦距摄取图像。

这种镜头常用于监视移动物体。

b.特殊镜头:包括广角镜头和针孔镜头。前者又称大视角镜头,短焦距镜头,用于摄取广阔的视野;后者有细长的圆管形镜筒,镜端只有几毫米,多用于隐蔽监视。

②镜头特性参数。镜头的特性参数很多,主要有焦距、光圈、视场角、镜头安装接口、景深等。

焦距一般用毫米表示,它是从镜头中心到焦平面的距离。光圈即是光圈指数 F,它被定义为镜头的焦距(f)和镜头有效直径(D)的比值,是相对孔径 D/f 的倒数,在使用时可以通过调整光圈口径的大小来改变相对孔径。F 值为 $1,1.4,2,2.8,4,5.6,8,11,\cdots$

光圈值决定了镜头的聚光质量,镜头的光通量与光圈的平方值成反比($1/F^2$)。具有自动可变光圈的镜头可依据景物的亮度来自动调节光圈。光圈的 F 值越大,相对孔径越小。一般不宜选用相对孔径过大的镜头,因为相对孔径越大,由边缘光量造成的像差就大,要校正像差,就得加大镜头的重量和体积,成本也相应增加。

视场是指被摄物体的大小。视场的大小应根据镜头至被摄物体的距离、镜头焦距及所要求的成像大小来确定。

摄像机镜头的安装接口要严格按国际标准或国家标准设计和制造。镜头与摄像机大部分采用"C"、"CS"安装座连接,"C"型接口的装座距离(安装靠面至像面的空气光程)为 17.52 mm,"CS"型接口的装座距离为 12.52 mm。C 座镜头通过接圈可以安装在 CS 座的摄像机上,反之则不行。

2)云台和防护罩

(1)云台　云台分手动云台和电动云台两种。

手动云台又称为支架或半固定支架。手动云台一般由螺栓固定在支撑物上,摄像机方向的调节有一定的范围,调整方向时可松开方向调节螺栓进行。水平方向可调 30°~150°,垂直方向可调 ±45°。调好后旋紧螺栓,摄像机的方向就固定下来。

电动云台内多装两个电动机。这两个电动机一个负责水平方向的转动,另一个负责垂直方向的转动。

一般的电动云台,控制线为 5 根,其中 1 根为电源的公共端,另外 4 根分为上、下、左、右控制。如果将电源的一端接在公共端上,电源的另一端接在"上"时,则云台带动摄像机头向上转,其余类推。

有的云台内装继电器控制电路,这样的云台往往有 6 个控制输入端。1 个是电源的公共端,另外 4 个是上、下、左、右端,还有 1 个则是自动转动端。云台可带动摄像机头按一定的转动速度进行上、下、左、右的自动转动。

在电源供电电压方面,目前常见的有交流 24 V 和 220 V 两种。

云台的安装位置距控制中心较近,且数量不多时,一般采用从控制台直接输出控制信号,用多芯控制电缆进行直接控制。而当云台的安装位置距离控制中心较远,且数量较多时,往往采用总线方式传送编码的控制信号,通过终端解码箱解出控制信号再去控制云台的转动。

在对目标进行跟踪时,对云台的旋转速度有一定的要求。从经济上考虑普通云台的转速是恒定的,水平旋转速度一般在 3°/s ~ 10°/s,垂直在 4°/s 左右。云台的转速越高,电机的功率就越大,价格也越高。

(2)防护罩　摄像机防护罩按其功能和使用环境可分为室内型防护罩、室外型防护罩、特殊型防护罩。室内型防护罩的要求比较简单,其主要功能是保护摄像机,室外防护罩则比室内防护罩要求高,其主要功能有防尘、防晒、防雨、防冻、防结露和防雪,能通风。多配有温度继电器,在温度高时自动打开风扇冷却,低时自动加热。下雨时可以控制雨刷器刷雨。

3)解码器

当摄像机与控制台之间的距离超过 100 m 时,采用总线编码方式控制摄像机,一个摄像机的电动云台和镜头配备一个解码器,解码器主要是将控制器发出的串行数据控制代码转换成控制电压,从而操作摄像机的电动云台和镜头。

9.1.3　控制中心控制设备与监视设备

1)视频信号分配器

视频信号分配,是将一路视频信号(或附加音频)分成多路信号,即将一台摄像机送出的视频信号供给多台监视器或其他终端设备使用。信号分配有以下方式:

(1)简易分配方式　它又称桥接分配方式。这种方式由多台监视器输入/输出端口串接而成。即将一台摄像机送出的视频信号送入第一台监视器输入端,第一台监视器输出端接第二台监视器输入端,第二台监视器输出端再接后面的监视器或终端设备,监视器视频输入端的阻抗开关均拨到高阻档,只有最后一个监视器或终端设备的输入阻抗开关才拨到 75 Ω。但用这种串联的监视器不能太多。

(2)采用视频分配器的方式　当一路视频信号送到相距较远的多个监视器时,应使用视频分配器,分配出多路视频信号到多个监视器,各个监视器的输入阻抗开关均拨到 75 Ω。

2)视频切换器

为了使一个监视器能监视多台摄像机信号,需要采用视频切换器。切换器除了具有扩大监视范围,节省监视器的作用外,有时还可用来产生特技效果,如图像混合、分割画面、特技图案、叠加字幕等处理。

视频切换器相当于选择开关,可以采用机械开关,但切换时干扰较大。若采用电子开关,则干扰较少、可靠性强、切换速度快。

3）视频矩阵主机

视频矩阵主机是电视监控系统中的核心设备,对系统内各设备的控制均是从这里发出和控制的,视频矩阵主机功能主要有:视频分配放大、视频切换、时间地址符号发生、专用电源等。有的视频矩阵主机,采用多媒体计算机作为主体控制设备。

在闭路监控系统中,视频矩阵切换主机的主要作用有:监视器能够任意显示多个摄像机摄取的图像信号;单个摄像机摄取的图像可同时送到多台监视器上显示;可通过主机发出的串行控制数据代码,去控制云台、摄像机镜头等现场设备。

小规模矩阵切换主机也称为不可变容量矩阵切换主机,其矩阵规模固定,在以后的使用中不能随意扩展。如常用的 32×16(32 路视频输入、16 路视频输出,以下同)、16×8、8×4 矩阵切换主机。其特点是产品体积较小,成本低廉。

大规模矩阵切换主机可称为可变容量矩阵切换主机,因为这类矩阵切换主机的规模较大,且在产品设计时,充分考虑了矩阵规模的可扩展性。在使用中,用户根据不同时期的需要可随意扩展。常见的 128×32、1 024×64 均属于大规模矩阵切换主机。其特点是产品体积较大、成本相对较贵,但系统扩展非常方便。

4）多画面处理器

多画面处理器有单工、双工和全双工类型之分,全双工多画面处理器是常用的画面处理器。单工型在记录全部输入视频信号的同时,只能显示一个单画面图像,不能观看到分割画面,但在放像时可看全画面及分割画面。在录像状态下既可以监看单一画面,也可监看多画面分割图像,同样在放像时也可看全画面或分割画面的为双工型。全双工型性能更全,可以连接 2 台监视器和录像机,其中一台用于录像作业,另一台用于录像带回放,就同时具有录像和回放功能,等于一机二用,适用于金融机构这类要求录像不能停止的场合。

画面处理器按输入的摄像机路由,并同时能在一台监视器上显示的特点,分为 4 画面处理器、9 画面处理器、16 画面处理器等。

5）长时间录像机

长时间录像机,也称为长延时录像机,还有叫做滞录像机等名称的。这种录像机的主要功能和特点是可以用一盘 180 min 的普通录像带,录制长达 12,24,48 h 甚至更长时间的图像内容。

长时间录像机每次记录图像时会有 0.02 ~ 0.2 s 的时间间隔,也就是每秒钟记录图像的帧数不同,录像带每秒所走的距离(录像带运行速度)也不同,从 23.39 ~ 2.339 mm/s 不等。因此在回放录像带时,影像有不连续感,给人以动画的效果。但长延时录像机一般都有报警时自动转换为正常速度的标准实时录像功能,所以长延时录像机基本上满足了闭路监控系统的需求,而成为常用的图像记录工具。典型产品有 3,6,12,24 h 等 4 种时间记录方式;其水平分辨率在 3 h 记录方式时黑白图像为 320 线、彩色图像为 240 线或 300 线,信噪比 46 dB,有一路声音信号。

6）硬盘录像机（数字录像机）

硬盘录像机用计算机取代了原来模拟式闭路电视监视系统的视频矩阵主机、画面处理器、长时间录像机等多种设备。它把模拟的图像转化成数字信号,以 MPEG 图像压缩技术实时储存于计算机硬盘中,检索方便快速,可连续录像几十天。

硬盘录像机通过串行通信接口连接现场解码器,可以对云台、摄像机镜头及防护罩进行远距离控制。还可存储报警信号前后的画面。计算机系统可以方便地自动识别每帧图像的差别,利用这一点可以实现自动报警功能。如在被监视的画面之中设立自动报警区域,当自动报警区域的画面发生变化时(如有人进入),数字监控录像机自动报警,拨通预先设置的电话号码,报警的时间将自动记录下来。报警区域的图像则被自动保存到硬盘中。

7）监视器

监视器是闭路监控系统的终端显示设备,从性能及质量级别上划分,可分为:广播级监视器、专业级监视器、普通级监视器(收监二用机)。

（1）黑白监视器

黑白监视器分通用型和广播级两类。广播级黑白监视器主要用于广播电视系统,其功能要求比较多,质量水平也较高。通用型黑白监视器主要用于闭路监控系统,其质量水平和功能基本符合闭路监控系统要求。

（2）彩色监视器

①广播级监视器。这种监视器彩色逼真,图像清晰度高,一般达 600～800 线以上,性能稳定,各项性能指标都很高,因此价格昂贵,主要用于电视台。

②专业级监视器。它的技术指标比广播级监视器稍低,图像质量稳定性也较高,图像清晰度一般在 370～500 线,常用于要求较高的场合做图像监视、监测等用。如小型电视差转台、学校、厂矿电教中心等。

③图像监视器。这类监视器大部分具备音频输入的功能,音像信号的输入/输出的转接功能比较齐全,清晰度稍高于普通彩色电视接收机,一般清晰度在 300～370 线。

④收监两用监视器。它是在普通电视接收机的基础上增加了音频和视频输入输出接口,性能与普通电视接收机相当,清晰度一般不超过 300 线,主要用于 CCTV 系统、CATV 系统及录像机等音像设备(包括卡拉 OK)等。

9.2　停车场管理及车辆导航系统

停车场管理系统的功能是对车辆出入提供监控、管理和收费。核心技术是车辆的自动监控、识别与自动判别。

在距停车场入口处一定距离位置设有读卡装置,要求持卡车辆在适当距离内出示感应卡。在入口处一定距离安有防撞挡板和发卡机,当持卡车辆进入时,司机在入口处停车或缓行,感应卡距离读卡器有近距离(30~80 cm)或远距离(0.3~6 m)的RF 射频识别卡两类。只要驶入感应距离内,感应卡将被读卡装置识别,在确认后将把出入事件自动记录在中央控制存储器里,自动打开防撞挡板,让车辆通过,否则车辆将无法强行通过防撞挡板进入停车场内。在车辆驶过之后,系统将自动关闭等待下一次出入事件。在出口处也有一套类似的装置以及收费系统,用以实现对车辆驶出和计费的管理。停车场管理系统示意如图9.2所示。

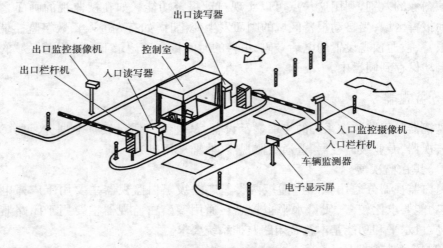

图9.2 停车场管理系统

停车场收费管理系统组成及其主要的设备包括:

(1)入口感应卡自动识别及停车发卡子系统 车辆接近停车场时,在入口处将会看到停车场车位模拟显示板或场内剩余车位数显示。仅当场内车辆未满时,方才允许车辆驶入;在车场满员无空车位时,入口将显示"车辆已满、车辆禁止驶入"的信息,不再受理车辆的入场停放。

车辆驶入入口车道,埋于地下的车辆感应器在感应到车辆后,若属持有效感应卡车辆,则自动放行;若属无卡车辆,则在司机按下取卡按钮从发卡机上取出临时卡片后(只能取一张卡),控制系统才会打开入口闸杆,允许车辆驶入。临时卡上记录有入场序号,入场时间等信息。与此同时,设在入口处前端的摄像机会将车辆的车牌号码摄下并送入车牌识别装置,临时卡信息和车牌号码一并存入停车场管理主机的数据库之中。在完成上述动作后,将控制闸杆放下阻止下一辆车进入。该子系统的主要设备有:

①自动挡车道闸。自动道闸的闸杆具有双重自锁功效,能抵御人为抬杆。除此之外更有发热保护、时间保护、防砸车保护、自动光电耦合等先进功效。

闸杆防砸车功能指在汽车通过栏杆时栏杆不能落下。另外,栏杆也可保持打开状态,不必每过一辆车起落一次,避免了停车高峰期堵车现象。

②地感线圈。也称为电磁检测器,埋于地下,用于探测有无车辆驶过。

③车位模拟显示牌。其上对停车场的每个停车位用双色 LED 发光管指示,红色表示占用,绿色表示空位。

④感应卡读卡机。是沟通智能卡与系统的关键设备。使用时司机只需将卡伸出窗外轻晃一下即可。每一个持卡者驾车出入停车场时,读卡机便会正确按照既定的收费标准和计算方式进行收费。每辆车进入停车场时,系统自动关闭该卡的入库权限,同时赋予该卡出库权限,使只有该车驶出后才能再进入,如此可防止利用一张卡重复进入,这称为防迂回(Anti-Passby)。

⑤对讲系统。每一读卡机都装有工作人员可指导用户使用停车场。

(2)车辆停放及辅助引导子系统　停车场内每个停车位各安装一个超声波车位检测器,当有车辆驶入该车位时,检测器检测到车辆后发出一组控制信号,送往入口处安装的车位模拟显示牌,使对应该车位的 LED 发光管变为红色,表示该车位已被占用,同时将剩余车位总数显示值减1。当车辆进入停车场后,可根据空位号将车辆引导至空停车位。

当车辆驶出停车位后,超声波车位检测器检测不到车辆,即发出控制信号,将车位模拟显示牌上对应位置的 LED 发光管自动变为绿色,剩余车位总数加1。

(3)收费子系统　小型停车场的收费系统大多将收费站设在出口通道,车主取车通过出口通道时将车卡交给管理人员或插入读卡机,人工或自动计算出停车费用,车主缴纳费用后,由管理人员控制自动闸杆打开放行。

(4)出口验票系统　出口验票系统主要由出口验票机、出口闸杆、车辆探测器组成。

车辆驶入出口通道,地下车辆感应器感应到车辆,出口验票机将判断车辆是否缴费,同时出口处前的摄像机将该车车牌摄下送入车牌识别系统,在与入口处记录号牌自动比对无误后,出口闸杆自动打开允许车辆驶出。车辆驶出闸杆后会控制闸杆放下,阻止下一辆车驶出。

(5)车牌识别系统　由车牌识别控制主机和出入口各一个摄像机组成,它利用入口处摄像机加辅助光照明拍摄驶入车辆的车牌号,并存入控制主机硬盘中,当车辆驶出时,出口处摄像机再次拍摄下驶入车辆的车牌号,并与硬盘中所存停车车牌号比对,判断无误后,方能驶出停车场。

9.3　楼宇对讲与家庭安防系统

9.3.1　联网型楼宇对讲系统

住宅小区楼宇对讲系统是智能住宅小区最基本的防范措施。系统在小区的入口、住宅楼的入口、住户及小区物业管理中心(或小区安防控制中心)之间建立一个语音(图像)通信网络,能有效监控外来人员进入小区的行动,保护住户的人身和财产安全。可分为可视与非可视两种。

小区楼宇对讲系统由对讲管理主机、大门口主机、门口主机、用户分机和电控门锁等相关设备组成。对讲管理主机设置在住宅小区物业管理中心,大门口主机设置在小区的入口处,门口主机设置安装在各住宅楼入口的墙上或门上。用户分机则安装在住户家中。

系统根据不同的需求有不同的配置。如单户型、单元型和联网型等。

(1)单户型 一般用在单独住户,如单体别墅。系统具有可视对讲或非可视对讲功能、遥控开锁功能。有的系统住户还能通过住户电视观看来访者图像。

(2)单元型 一般用在多层或高层住宅。门口主机安在住宅单元门口,用户机安在住户家中。可实现可视对讲或非可视对讲、遥控开锁等功能。单元型可视或非可视对讲系统主机分直按式和拨号式两种。直按式的门口机上直接有住户的房间号,直接按房间号即可接通住户。数字拨号式的主机上有 0~9 十个数字键和相关的功能键。来访者通过数字、功能键实现与住户的联系。

(3)联网型 联网型的楼宇对讲系统是将大门口主机、门口主机、用户分机以及小区的管理主机组网,实现集中管理。住户可以主动呼叫辖区内任一住户。小区的管理主机、大门口主机也能呼叫辖区内任一住户。来访者在小区的大门口就能通过大门口主机呼叫住户,未经住户允许来访者不能进入小区。有的联网型用户分机除具备可视对讲或非可视对讲、遥控开锁等基本功能外,还接有各种安防探测器、求助按钮。能将各种安防信息及时送到管理中心。

联网型的楼宇对讲系统如图 9.3 所示。有的系统门口机除了呼叫功能外还带有感应卡开锁功能。

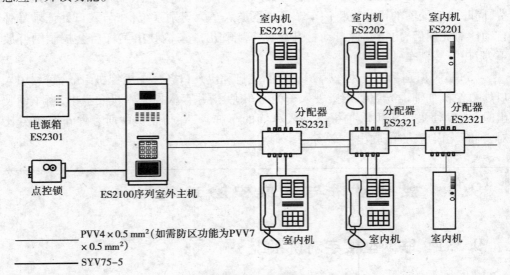

图 9.3 一种联网型的楼宇对讲系统

单元门感应卡主机的感应卡门禁系统,可以在管理中心计算机上准确地记录出入感应卡人名和时间,并设定允许出入的时段。保安人员也可以利用感应卡进行巡更记录。

9.3.2 家庭安防系统

家庭安防系统保护住户在住宅内的人身、财产安全,通过在住宅内门窗及室内其他部位安装各种探测器进行监控。当监测到警情时通过住宅内的报警主机传输至智能化管理中心的报警接收计算机。接收机将准确显示警情发生的住户名称、地址和所遭受的入侵方式等,提示保安人员迅速确认警情,及时赶赴现场,以确保住户人身和财产安全。同时,住户也可通过固定式紧急求助系统或便携式报警装置,在住宅内发生抢劫和病人突发疾病时,向管理中心呼救报警。

1)家庭安防系统的功能要求

(1)报警接收管理 安全监视和记录入网用户向中心发送的各种事件,如:报警、求助事件、开关机报告、故障报告和测试报告等;同步地图显示,即在防范地区地图上实时显示发生事件的用户区域位置。

(2)处警功能 它能记录报警发生的时间、地点和探头报警原因;记录处警过程并录音;向上一级处警单位转发警情。

(3)信息管理 它能录入、修改、打印用户信息,统计查询用户信息,建立用户医疗档案;实时维护用户的布/撤防信息、测试信息;按接警、处警方法、警情性质查找统计各种警情信息。统计显示各种报警及误报原因,自动计算误报率,辅助中心管理,降低误报。

(4)住户报警器 它应适合于住宅使用,性能可靠;布/撤防方法简单;支持主要的通信格式;电池欠压后自动现场语音提示或向中心报告;自动向中心发送布/撤防报告。

(5)探测器 它应适合于住宅使用,性能可靠;防范布置合理、有效;安装隐蔽性强,不影响住宅环境;同时,可在住宅安装医疗救助按钮及紧急安全求救按钮,与报警系统相结合建立医疗看护求助系统及紧急安全求救系统。

2)家庭安防系统的构成

家庭安防系统是利用各类探测器及相关处理设备实现对家庭的安全防范。由探测器、4/8 防区报警控制器、接警中心报警控制主机及相应通信网络组成。

(1)探测器 家庭安防系统中常用的探测器有磁控开关(门磁、窗磁)、红外线幕帘探测器、红外线微波双鉴探测器、玻璃破碎探测器、燃气探测器、烟感探测器和手动求助按钮等。

①磁控开关。磁控开关一般安装在大门、窗户上,称门磁、窗磁。系统设防后,或磁控开关接在 24 h 防区,一旦有人打开门、窗,就会报警。

②红外线幕帘探测器。红外线幕帘探测器是一种防护区窄长的探测器,一般安

装在窗户和阳台门边,仅保护窗户、阳台门边窄长的区域。

③红外线微波双鉴探测器。红外线微波双鉴探测器一般安装于客厅、卧室中,可以防一个很大的区域,甚至可以覆盖整个系统。设防后,一旦有人非法闯入,红外线微波双鉴探测器就会报警。

④玻璃破碎探测器。一般安装于窗户附近,一旦有人打破玻璃立即报警。

⑤燃气探测器。一般安装在厨房中,一旦燃气发生泄漏就报警,同时可通过联动设备及时切断燃气。

⑥烟感探测器。它一般安装在住户家中,如果家中一旦发生火灾将立即报警。

⑦紧急求助按钮。安装在卧室和客厅中,用于家中遇到紧急情况时的求助,如按下手动紧急求助按钮,求助信号立刻送到小区管理中心。

(2)防区报警控制器 这种小型的报警控制器是带微处理器的控制器。能接收9路无线或有线报警信号、如上述的磁控开关(门磁、窗磁)、报警按钮红外线幕帘探测器、红外线微波双鉴探测器等送来的报警信号。能在任何一路信号报警时,发出声光报警信号,并向报警中心发出报警信号,在监控中心的显示屏上显示出来或在监控中心的打印机上把有关的报警信息打印记录下来。

控制器有不同性质的防区,如 24 h 防区、布/撤防防区,通过编程确定防区的性质。带控制键盘和液晶显示器,具有布/撤防和布/撤防延迟功能,有密码操作功能。

(3)报警控制主机 报警控制主机用于接受住户家中安装的 9 防区有线或无线报警控制器发出的报警或求助信号。报警控制主机能自动识别报警地址、并自动显示在电子地图上。报警控制主机的存储器能保存报警信号的地址和时间。

(4)通信网络 家庭安防系统中家庭报警主机与接警中心报警控制主机信息交换依赖于报警通信网络。有的系统采用与可视/非可视对讲系统同网传输,有的采用家庭模块控制器,与其他家庭信息同网传输。如采用 Lan 总线同时传送报警信号、紧急求助、表数据的多表远传系统。也可采用与其他家庭信息无关的报警专网传输的报警通信网络。根据不同的网络传输介质,可以是电话线、双绞线或光纤。

9.3.3 与对讲共网的家庭安防系统

与对讲共网的家庭安防系统,家庭中的紧急求助、报警信号通过对讲系统通信总线送到报警控制中心。在该系统中安装在用户家中的对讲分机包含一个 4/8 防区的报警控制模块,家庭中的报警探测器连接在该模块上,对讲分机上增设一个布/撤防开关,完成对报警模块的布/撤防控制,报警控制模块同样可分不同的防区,有受布/撤防开关控制的布/撤防区,在布/撤防区状态下,有相应的布/撤防延时功能。也有不受布/撤防开关控制的 24 h 防区,主要连接紧急求助按钮、燃气探测器、烟感探测器等 24 h 设防的探测器。由于报警控制模块的防区数有限,在家庭安防系统中经常把几个相邻的探测器通过串联或并联的方式连接在一个防区内。只要有一个探测器报警,此报警分区的报警信息就被送到报警中心。此时需注意两点,一是不同性质防区的探测器不能接在一个防区内,如 24 h 防区的紧急求助按钮,不能与布/撤防防区的磁控开关、红外线探测器安装在同一个防区内,否则在不布防的情况下,就无法紧急求助。二是要注意报警控制模块调整在报警探测器短路报警还是开路报警。如报警探测器短路报警,则所有的报警探测器应并联连接。图 9.4 是一种典型家庭安防系统布置示意图。

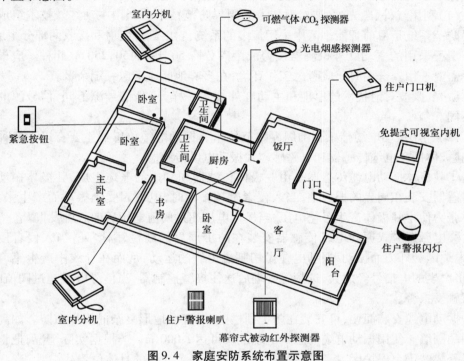

图 9.4　家庭安防系统布置示意图

9.4　周界防范系统

9.4.1　智能小区周界防范系统

根据建立封闭式的智能小区的要求,在小区周界设置探测器,探测任何试图非法进入小区的行为,一旦发生非法进入行为,探测器可立即将非法进入的信号传送到报警控制中心。控制中心的电子地图将显示入侵者的位置,可以及时通知小区保安人员进行处理,同时控制中心的控制器可以联动现场的声光报警器,给入侵者以威慑。根据需要,控制器还可以打开入侵区域的灯光照明,启动现场的电视监控系统,及时记录现场的入侵行为。

周界防范报警系统一般由探测器、报警控制器、模拟显示屏(电子地图)及探照灯、声光报警器等现场设备组成。

1）探测器

周界防范的探测技术常用 3 种：一是红外、激光、微波对射技术的周界防范技术；二是振动电缆传感器的周界防范技术；三是泄露同轴电缆的周界防范技术。

（1）利用红外、激光、微波对射技术的周界防范技术　利用主动红外技术组成的周界防范系统是目前智能小区中采用最多的系统，它由红外发射和接收两部分组成。

工程采用的主动红外探测器按警戒距离分有 50，100，150，250 m 几种。应根据实际需要选用。选用时还应考虑工作环境，在多雾地区应考虑一定余量。

激光、微波对射技术的原理和主动红外技术一样，只是信号源不同，信号源的频率不同。

（2）利用振动电缆传感器的周界防范技术　振动电缆传感器主要有以下两种类型：驻极体振动电缆传感器和电磁感应式振动电缆传感器。

①驻极体振动电缆传感器是由驻极体传感器和相连的电缆组成，驻极体振动电缆传感器安装在周界的栅栏上，当入侵者翻越栅栏时，电缆因受到振动而产生张力，电缆张力使得驻极体产生极化电压，当极化电压超过阈值电压后即可触发报警。

②电磁感应式振动电缆传感器安装在防护周界的栅栏、围墙处，当入侵者侵入时，电缆因受外力而振动，振动电缆做切割磁力线的运动，从而在导线中产生感应电流，将产生的电信号经放大、选频等处理后送往报警控制器，当信号电平超过阈值时，即可触发报警。

振动电缆安装简便，可安装在防护栅栏上，适宜在地形复杂的周界布防。如高矮不同的围墙。使用振动电缆传感器电缆最长可达 1 000 m。若根据实际情况，把整个周界分成若干个保护区，报警后就能很快确定入侵者入侵的具体位置。

（3）利用泄露同轴电缆的周界防范技术　利用泄露同轴电缆作为传感器组成周界报警系统，是用两根泄露电缆平行进入防范区域的地下，一根泄露同轴电缆与发射机相连，向外发射能量；另一根泄露同轴电缆与接收机相连，用来接收能量。发射机发射的高频（30 ~ 300 MHz）信号经发射电缆向外辐射，收、发电缆之间的空间形成一个椭圆形的电磁场的探测区。当有人非法进入探测区，探测区内磁场的分布被破坏，接收机接收到变化的信号，经放大、整形、比较、判断，输出报警信号。

2）报警控制器

周界防范系统的报警控制器收到报警信号，需输出联动控制信号，去控制现场设备，如驱动电视监控系统，去实时记录现场的入侵行为。并控制显示屏显示，相关部位的探照灯打开，声光报警器报警等。

9.4.2　电子巡更系统

智能小区电子巡更系统是小区安全防范系统的重要补充。通过保安对小区内各区域及重要部位的安全巡视,可以实现不留任何死角的小区防范。电子巡更系统是在小区各区域内及重要部位安装巡更站点,保安巡更人员携带巡更记录器(卡、钮)按指定的路线和时间到达巡更点并进行记录,将记录信息传送到智能管理中心。管理人员可调阅打印各保安巡更人员的工作情况,加强对保安人员的管理。

电子巡更系统一般分为有线巡更和离线巡更两种。这两种系统无本质区别,但有线巡更系统可以给巡更人员提供实时保护。

(1)离线电子巡更系统　离线电子巡更系统由信息钮、巡更棒、通信座和电脑及管理软件组成。

系统先将信息钮安装在小区重要部位(需要巡检的地方),然后保安人员根据要求的时间、沿指定路线巡逻,用巡更棒逐个阅读沿路的信息钮,便可记录信息钮数据、巡更员到达日期、时间、地点等相关信息。保安人员巡逻结束后,将巡更棒通过通信座与微机连接,将巡更棒中的数据输送到计算机中,在计算机中进行统计考核。巡更棒在数据输送完毕后自动清零,以备下次再用。

信息钮是保安巡更的基础,它的形状类似计算器电池,直径 1.6 cm,其中结构为密闭的集成电路芯片,每个信息钮中都存有一个永久不变数据,通过专用的手持式数据识读器(巡更棒)识读,由一种特殊设计的托架或粘胶垫固定在物体的表面。

(2)有线巡更系统　有线巡更系统是将读卡器或其他数据识读器安装在小区重要部位(需要巡检的地方),再用总线连接到控制中心的电脑主机上。保安人员根据要求的时间、沿指定路线巡逻,用数据卡或信息钮在读卡器或其他数据识读器识读,保安人员到达日期、时间、地点等相关信息实时传到控制中心的计算机,计算机可记录、存储所有数据。由于系统能实时读取保安人员的巡更记录,所以能对保安人员实施保护,一旦保安人员未在规定时间、规定地点出现,或是保安人员失职,或是保安人员出现意外,均能及时知晓。

目前常将电子巡更系统和门禁管理系统结合在一起。利用现有门禁系统的读卡器实现巡更信号的实时输入,门禁系统的门禁读卡模块实时地将巡更信号传到门禁控制中心的计算机,通过巡更系统软件解读巡更数据。既能实现巡更功能又节省造价。此系统通常用在有读卡器的单元门主机的系统里。

9.5　安全防范系统的维护保养

安全防范系统在正式验收合格和交付使用后,通常应由专业人员进行日常的维护和保养,没有经过专门培训的人员不能也不应轻易动手处理故障,否则很可能扩大故障面甚至导致系统瘫痪。本节仅介绍一些维保基本常识,使普通物业管理人员能够更有效地协调和配合安全防范系统的维护保养工作。

安全防范系统通过验收进入正常运行后,在日常的维护和保养过程中很少再对系统性能指标进行全面测试,只需依靠某些常用的仪器和设备来判断故障所在的部位,对造成故障的部件进行检修或更换即可。所以,下面先介绍在日常维护和保养时所必备的仪器和工具。

9.5.1　维护、保养及检修的仪器与工具

(1)场强仪　此仪器主要用来测量系统信号的场强(指电场强度)和系统中各部分接口处和测试点信号的电平值。掌握系统中各部分的射频电视信号的电平值是闭路电视及监控系统日常维护和检修系统的主要手段。系统若有故障存在,一般首先反映在信号电平值的偏离上。所以,场强仪是系统日常维护和检修用得最多的,也是最基本的常备测试仪器之一。

市场上有些场强仪是带有能直接接收和监示电视信号的三用机。这种仪器既能当一般的场强仪来测量空间场强,也可在系统的测试点或输出端口收看系统提供的电视信号。除此之外,还能当监示器用,可直接观察前端部分的视、音频信号的质量。这种三用机的特点是功能多、使用方便、直观,但价格略贵,有彩色和黑白两种。

简易型场强仪只能测量空间的信号场强和系统中被传输频道的射频电视信号的电平值,不能像三用机那样观察图像的质量。但是这种仪器的独特之处是体积小,重量轻,携带方便,价格便宜,适合现场操作。

电视机是第二必备的仪器设备。对已配备有黑白屏幕场强仪的单位,彩色电视机必不可少,因为图像的彩色质量只能通过彩色屏幕才能体现。

(2)三用表和一般的无线电工具　三用表主要是用来测量系统中所用电缆、电缆连接头的通、断,电压的高、低和判断元器件的好、坏。因为系统中电缆芯线和屏蔽网之间短路,电缆芯线和电缆连接头接触不良往往是造成系统故障的常见原因之一。

除此之外,各种规格的改锥("-"字和"+"字)、尖嘴钳、偏口钳、克丝钳、活动扳手和电烙铁等常用的无线电工具也是不可缺少的。

9.5.2　系统日常维护和保养的内容

系统经过一段时间运行后,由于自然环境的影响,特别是对那些暴露在室外的器材和部件而言,尽管有防漏和防潮的措施,仍会造成接头和接插件的松动、脱落或锈蚀,使系统性能下降。这是系统出现故障的主要原因。

(1)前端的维护与检修　安全防范系统的前端是各种探测感应器或摄像头,负责向系统中枢提供高质量的探测信号,故前端的维护尤为重要。前端维护,首先要保证各种探头或摄像头处于一个清洁的工作环境,其次是注意各种探测器的自检信号是

否正常(有的产品无)。为保证前端部分的有源部件能稳定可靠地工作,应经常检查交流稳压器工作是否正常,一般其输出电压应稳定在 220(1±10%) V 范围内。检查前端内各有源、无源部件之间的线路连接是否可靠。

(2)传输网络的维护与保养 平时要注意检查固定线路用的钢绳是否松动、传输线缆是否有老化、破损和浸水现象。电缆和中继器等连接件之间的连接头及接插件是否松动,有无积水或锈蚀现象。检查信号放大输出端口信号的电平值是否符合要求。

目前,安全防范系统的智能化程度越来越高,多有自检功能,若遇故障,即会报警,若出现这种情况,应及时通知专业厂商予以更换。若无自检功能,在出现故障后,可用场强仪等检测各部分信号值,判断出故障的那一段,再对故障部件、线路进行更换和修理。在日常工作中,如物管对室外器件和线路妥加保护、定期清洁,可明显降低安全防范电子系统的故障率。

复习思考题

1. 常用闭路监控系统由哪些部分组成?这些部分的性能指标一般是怎样的?
2. 请结合自己的生活经验和教材介绍,总结对镜头的认识。
3. 请根据教材和其他课程的学习以及自身上网的经验,尝试组成一个简易的计算机监控系统。
4. 试总结停车场管理系统的工作过程。
5. 巡更点应设置在哪些地方?
6. 安全防范子系统的主要维护保养内容是怎样的?
7. 假如你是校区或某小区的物业管理人员,如何在技术和管理上实现和保证校区和校区内居住人员的安全?请根据教材介绍,并查阅资料,写出一个安全保障方案,越详细越好。

第 *10* 章
物业设备设施管理工作的实施

导读:本章介绍物业管理企业建立物业设备设施管理机构、管理制度和进行人员配备的基本知识和方法。学习此章,应尽量结合生活和工作实践思考如何更有效率地建立机构、配备人员,最大限度地降低物业设备设施管理工作的人工成本,并提高工作效率,为实现高质量的物业环境品质奠定坚实基础。

10.1 管理机构的组建

物管企业对设备设施管理工作所设的组织机构,一般称为工程部,其工作目标有二:一是通过专业化的管理不断完善和提高物业环境品质;二是通过严密的组织系统,分层/分工负责,严格控制成本,实现经营目标。

10.1.1 机构组建要求

物业设备设施的管理工作是一项技术性很强的工作,不能以行政为主导,而应以技术为主导实施管理。具体要求是:

①管理幅度宜大,管理层次宜少。管理者能直接有效地领导的下属数量被称为管理幅度。组织中从最高主管到具体工作人员之间的不同层次称之为管理层次。影响管理幅度的因素主要有:工作能力、工作内容和性质、工作条件、工作环境等。管理层次的因素主要受组织规模和管理幅度的影响。

在管理幅度既定的条件下,管理层次与组织的规模大小成正比,组织规模越大,包括的成员数量越多,需要的管理层次就越多;在组织规模既定的条件下,管理层次与管理幅度成反比,每个主管所能直接控制的下属人数越多,所需的管理层次就越少。

对物业设备设施管理工作而言,管理层次不宜超过 4 层;一个主管能够直接控制的下属人数最好为 10～20(技术人员)和 30～50(工人)。

②行政人员宜无,技术人员宜多,总人数宜少。不了解物业设备设施专业知识的专职行政人员在设备管理部门很难开展工作。高质量的物业设备设施管理工作必须强调技术专业性。并在技术人员之间,强调专业融合,大力培养和使用一专多能的技术工作人员。提倡"集体管理"、"参与管理"及"走动管理"方式。

各种物业设备设施实现自动化、智能化控制和运行,不仅提高设备运行效率,而且能够减少人工耗费。本章将介绍源于深圳市物业管理行业的人员定编标准。因为深圳物管企业在国内具有一定的先进性,如果能够达到或高于这一标准,那么说明人员数目的控制、物业设备自动化程度就已达到国内较先进水平。若低于这一标准的50%,则需要进行改革。

③管理工作的重点和目标明确。物业设备设施管理的首要工作是管"物",而非管人,始终应把保持良好物业环境品质放在第一位,物业水、暖、电等设备设施的运行效果能够获得尽可能高的满意率(国外提出的满意率指标为 100%,国内可通过80%、90%、95% 这几个指标逐步达到);其次是加强和改善各种物业设备设施的维护保养工作,努力提高设备的有效利用率和设备的完好率。

$$设备的有效利用率 = \frac{设备有效工作时间}{设备有效工作时间 + 设备停机或无效工作时间}$$

$$设备的完好率 = \frac{设备的完好台数}{设备总的台数}$$

以上两种指标的计算中,工作时间通常以一年内或考核期内的工作时间(h)计,台数也按一年内或考核期内的台数计。

由于物业设备设施管理工作涉及面广、专业性强,在人员管理上,需要注重各级工作人员的创造性和主观能动性,不能搞技术封锁,尤其不能因为局部的技术问题而全盘否定一个人或集体的工作能力。

10.1.2　机构设置模式

物业管理企业设备设施管理部门的机构设置应体现部门经理负责和主管工程师业务领导相结合的原则,根据公司的组织形式、管理物业的种类、设备的种类,其结构方式主要有两类:大型物业公司工程部和物业公司管理处工程部(组)。如图 10.1、图 10.2 所示。

（1）大型物业公司工程部的机构模式

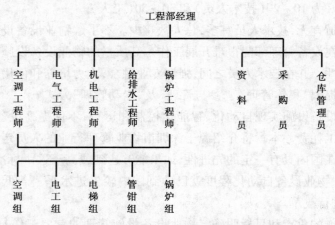

图 10.1　大型物业公司工程部的机构模式

（2）物业公司管理处工程部（组）的机构模式

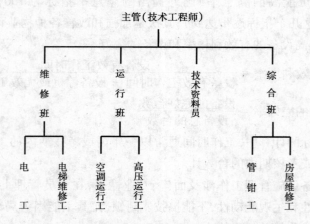

图 10.2　物业公司管理处工程部（组）的机构模式

10.1.3　人员编制参考标准

1）多层住宅物业管理人员的定编标准

多层住宅物业管理人员的定编标准按建筑面积计算，每万 m^2 配置 3.6 人左右（不包括车辆管理人员）。具体可参见表 10.1。

表 10.1　多层住宅物业管理人员的定编标准

各类人员		人员设置
管理人员	主任	总建筑面积小于 10 万 m²,设主任 1 人;10 万 ~ 20 万 m²,设 1 正 1 副;大于 25 万 m²,设 1 正 2 副
	房管员/事务助理	小于 10 万 m² 设 1 人; 10 万 m² 以上,每 5 万 m² 增加 1 人
	社区文化	社区文化设 1 人
	财务人员	管理处财务相对独立,一般设出纳、会计各 1 人,但出纳与会计可由其他人员兼任
	其他	活动中心、场所的值班人员,其他收款员、仓库管理员、接待员按实际需要确定
设备维护人员		每 4 万 m² 设 1 人
绿化人员		绿化面积每 1 万 m² 设 1 人
卫生人员		每 140 户设 1 人
保安人员		每 120 户设 1 人
车管员		根据道口或岗亭设置,车流量大时每班设 2 人,车流量小时每班设 1 人,一日三班

2)高层住宅物业管理人员的定编标准

高层住宅物业管理人员的定编标准按建筑面积计算,每万 m² 配置 7.5 ~ 7.8 人(不包括车辆管理人员)。具体可参见表 10.2。

表 10.2　高层住宅物业管理人员的定编标准

各类人员		人员设置
管理人员	主任	总建筑面积小于 5 万 m²,设主任 1 人;每增加 5 万 m²,增设 1 名副主任
	房管员/事务助理	每 350 户设 1 人
	社区文化	社区文化设 1 人
	财务人员	管理处财务相对独立,一般设出纳、会计各 1 人,但出纳与会计可由其他人员兼任
	其他	活动中心、场所的值班人员,其他收款员、仓库管理员、接待员按实际需要确定
设备维护人员		建筑面积在 3 万 m² 以上时,每 1 万 m² 设 1.5 人
绿化、卫生人员		建筑面积每 7 000 m² 或 90 户左右设 1 人,含大型公共或商业场所时可酌情增加

各类人员	人员设置
保安人员	每3 000 m² 或40 户左右设1 人
车管员	根据道口或岗亭设置,车流量大时每班设2 人,车流量小时每班设1 人,一日三班

3)高层写字楼物业管理人员的定编标准

高层写字楼物业管理人员的定编标准按建筑面积计算,每万 m² 配置15 ~ 18 人(不包括车辆管理人员)。具体可参见表10.3。

表10.3 高层写字楼物业管理人员的定编标准

各类人员		人员设置
管理人员	主任	总建筑面积小于5 万 m²,设主任1 人;每增加3 万 m²,增设1 名副主任
	房管员/事务助理	每2 万 m² 设1 人
	社区文化	社区文化设1 人
	财务人员	设专职出纳、会计各1 人
	其他	活动中心、场所的值班人员,其他收款员、仓库管理员、接待员按实际需要确定
设备维护人员		建筑面积每1 万 m² 设4 ~ 5 人
绿化、卫生人员		建筑面积每2 500 m² 设1 人
保安人员		每2 000 m² 设1 人
车管员		根据道口或岗亭设置,车流量大时每班设2 人,车流量小时每班设1 人,一日三班

10.2 部门与岗位职责

物业设备设施的管理质量很大程度上取决于从事管理工作的每个部门(班组)、每个岗位的职责是否划分明确。典型小区物管工程部、工程部各班组的主要职责见表10.4,各级工程技术人员的岗位职责见表10.5。

表 10.4　部门(班组)职责一览表

工程部的主要职责	1. 负责制订住宅小区的公共设施、建筑物、设备系统的管理规定 2. 负责公司新接管物业项目的供电、空调、给排水、消防、电梯、弱电系统及建筑装修项目的验收和资料核实工作 3. 负责查验用户装修报批手续及审批装修方案,监督装修方案的实施 4. 负责编制设备、设施维修保养计划,负责做好与本部门业务相关部门的合同评审 5. 负责住宅小区的工程改造、设备更新方案及预算的编制并送有关部门评审 6. 负责对维修、装修项目、设备的保养进行验收,负责对设备保养、维修、工程项目进行技术审核 7. 负责所有设备、设施系统(供电、空调、给排水、电梯、电话、卫星及有线电视、消防、计量等)的管理、维修等 8. 配合物业部做好用户入住时房屋设施、设备的交验、记录工作 9. 配合企业进行物业环境品质的测定工作 10. 承担设备设施紧急情况下的处理工作和公司交办的其他与物业设备设施有关的各项工作

运行组的主要职责	维护组的主要职责
1. 运行组负责对各大厦机电设备的运行值班,处理一般性故障;参与协助设施、设备的维修保养工作,对发生的问题及时向管理组或经理汇报	1. 执行公司制定的《设备设施管理维护手册》和有关技术规范、规定,熟练掌握设施、设备的结构、性能、特点和维修保养方法,做一名合格的维修人员
2. 值班人员必须熟悉大厦的供水、供电、电梯、空调等设施、设备的情况,掌握相关设备的操作程序和应急处理措施	2. 按时完成机电设施、设备的各项维修、保养工作,并认真做好有关记录
3. 定时巡视设备房和设备的运行情况,认真做好巡查记录和值班记录	3. 定期清洁所管设备和设备房,确保设施、设备和机房的整洁
4. 配合所在管理处的工作,建立良好的合作关系,记录维修投诉情况,并及时处理	4. 严格遵守安全操作规程,防止发生安全事故
5. 保持值班室、高低压配电房和水泵房等设备房的清洁以及物品的有序摆放	5. 发生突发情况时,应迅速赶往现场,及时采取应急措施,保证设施、设备的正常、完好
6. 负责设备房的安全管理工作,禁止非工作人员进入,禁止各种违反设备房管理规定的行为	6. 定期对设施、设备进行全面巡视、检查,发现问题及时处理
7. 协同供电局抄表员确认用电总量,并进行月度用电分析对比,及时发现问题,杜绝浪费	7. 负责各管理处和本部门计量器具的检定工作
8. 完成上级交办的各项临时任务	8. 积极完成上级交办的各项临时任务

续表

电工班的主要职责	电梯班的主要职责
1. 负责电力系统的运行管理 2. 负责配电房的高低压配电柜、变压器、发电机及控制设备的维修保养及故障检修 3. 负责水泵房、锅炉房电器设备的维修保养及故障检修 4. 负责电梯、空调、冷冻设备的动力电源供给,电机和控制电器一般由电梯、空调班自理,但对方力量或设备不足时,应积极配合支持 5. 负责综合楼餐厅、厨房、客房、洗涤动力设备等电器的维护保养和故障检修工作 6. 负责管理范围内所有照明设备的保养和故障检修	1. 负责所有电梯的运行管理 2. 负责所有电梯及附属设备的维修保养和故障检修工作 3. 负责各电梯轿厢、井道及井道底、各部电梯整流、控制柜及电抗器的清洁 4. 负责各电梯照明及内选外呼指示的巡查和修理 5. 负责自动门的维修保养和故障检修
空调班的主要职责	**锅炉班的主要职责**
1. 负责中央空调系统的运行管理 2. 负责所有空调、通风设备的维护保养和检修 3. 负责冷藏设备的维护保养和故障检修 4. 负责电冰箱修理 5. 负责中央空调水系统的维护保养和故障检修 6. 负责空调、冷藏设备电机及控制电器的维护保养和故障检修	1. 负责锅炉蒸汽系统的运行管理 2. 负责锅炉及其所属各种设备及所有蒸气管道、阀门的维护保养和故障检修 3. 负责厨房蒸汽设备的检修保养 4. 负责锅炉水质处理、洗涤水质处理和空调水质处理及化验检查
机修班的主要职责	**弱电班的主要职责**
1. 负责综合楼冷热供水系统、排水系统、消防水系统、瀑布循环系统的运行管理及上述系统设备(包括水泵、热水加热器、管道、阀门及其附属设备)和泳池循环系统设备的保养和故障检修 2. 负责综合楼所有卫生间卫生洁具、五金构件的维修保养 3. 负责综合楼洗涤机械设备、清洁卫生机械设备、各餐厅厨房机械设备、公寓厨房机械设备的维修保养 4. 负责综合楼所有手推车、门弹簧的维修保养及五金构件的修理 5. 负责电焊施工及机加工件、五金构件的小批量加工	1. 负责发电机组弱电控制部分的资料整理及维护保养、定期校验和故障检修 2. 完善动力监测系统的资料整理及维护保养,定期校验和故障检修 3. 负责水池水位自动控制系统的维护保养,定期核验和故障检修 4. 负责各动力系统有关弱电控制部分(电梯、自动门除外)的维护保养、定期核验和故障维修 5. 承担完善各动力系统自控、监测装置的改造工作 6. 负责电工和热工仪表定期校验和故障维修

表 10.5　岗位职责一览表

工程部经理职责	1. 工程部经理是进行管理、操作、保养、维修,保证物业设备设施正常运行的总负责人。在总经理的直接领导下,负责执行与设备管理有关的规章、制度,不断完善和提高物业环境品质 2. 负责组织制定设施、设备维修保养计划和方案,并组织检查和落实 3. 组织收集、编制各种设备的技术资料、图纸,做好设备的技术管理工作 4. 负责员工的工作意识教育和专业技能培训,不断提高员工的综合能力和素质 5. 组织拟定设备管理、维护、操作等各种规章制度和技术标准,并监督执行 6. 定期向总经理汇报工作,完成上级交给的各种任务

工程师岗位职责	
主管工程师职责	专业工程师职责
1. 执行管理处主管的指示,确保所辖系统设备的安全运行 2. 把好技术关,当设备发生故障时应及时组织修复 3. 负责编制所管设备的年、季、月检修计划,并负责组织实施,同时检查计划的完成情况 4. 督促下属做好设备维修、故障处理、零部件更换记录,并由技术资料员整理归档 5. 负责组织培训,不断提高下属员工的技术、思想素质及业务水平 6. 负责制定所辖系统运行方案,并不断研究改进措施,使设备在保证安全运行的前提下,力求节省能耗	1. 负责公司所辖物业范围各专业设备/系统的综合管理,建立与完善各专业设备/系统管理制度及操作标准 2. 组织公司新接管物业各专业设备/系统方案的设计、论证及工程验收,负责指导、监督、检查所辖物业范围各专业设备/系统的维护管理工作 3. 负责对所辖物业范围各专业设备/系统的运行管理,确保稳定运行效果良好 4. 负责审核及上报所辖物业范围各专业设备/系统的调整方案及预算,有外包项目的及时与外包公司联系,督促并协助其进行维修、保养及完成相应的年检、年审工作 5. 负责各专业设备/系统人员的业务培训工作

工人职责	
操作工人职责	维修工人职责
1. 准时到达工作岗位,服从领导的调度和工作安排,按时、按质、按量完成工作任务 2. 遵守规章制度、操作规程,值班人员必须做好所有运行记录,并签名,除清楚记录运行参数外,还必须记录清楚设备的开停机时间,停机修理原因和恢复正常状态的时间 3. 掌握设备的故障诊断,认真学习专业知识,熟悉设备结构、性能及系统情况,做到判断故障准确,报修快捷 4. 负责搞好所属设备房及所属机组的清洁卫生工作	1. 牢固树立为业主服务的思想,负责维修工作,保证物业设备设施使用正常 2. 严格执行安全操作规程,确保安全作业 3. 在管理处的领导下,按有关规定管理用电用水,发现安全隐患要及时排除,发现浪费水电等现象要及时制止,并向相关部门汇报 4. 定期对设备设施检查维修及养护 5. 定期做好用电用水的抄表工作 6. 节约水电器材,根据实际需要制订采购计划,按规定办理领用手续,防止浪费 7. 定期参加有关部门组织的业务考核,加强业务学习,切实提高操作水平

为促进日常维护工作质量不断提高,并保证设备良好运转,对维修效果要进行必要的考核。考核主要从三个方面进行:

①每月由于设备突然故障,中断运行的时间和整个运行时间之比。在设备条件较好、管理较好的情况下,该比值一般为4%~8%,其目的是为保证设备的连续运转。

②每月维修部门预防性维修的小时和维修部门的维修工作总小时之比。管理较好时该比值应在70%左右(每月初应把维修计划交上一级管理部门),其目的是为了保证设备长期稳定运转。

③每月维修工作中必须控制好维修配件的费用,提高维修人员的效率,一般以维修的直接费用占总花费10%左右为正常。可以将这些方面和维修人员的工资及荣誉挂钩,以促进工作。应每月把考核的内容报给上一级,其目的是让维护管理部门不断提高工作水平。

10.3 管理人员的素质与培养

物业设备设施管理人员是从事物业各种配套设备设施的安装、调试、运行维护、维修等工作的各级技术员工,他们需要具备建筑电气、给排水、电梯、中央空调、楼宇自动化等多种设备的知识、技术或技能,是一种复合型技术人才,这种人才的培养和成长具有自身的独特特点。

10.3.1 物业设备管理人员的结构

物业设备管理人员的结构随物业管理企业规模、所管辖物业的种类及配套设备的种类和数量等不同而不同,有三种主要结构。

1)分散型结构

对于大型物业管理企业或高层商贸大厦、综合写字楼或星级酒店,技术人员负责管理的楼宇配套设备设施数量大、品种多、技术先进,有的还对环境有很高要求(对设备技术状态的要求相应也很高),企业在能够控制管理成本,保证服务质量的前提下,可完全按技术类型分工配备各级专业技术员工,一般分工结构如图10.3(a)所示。

2)集中型结构

对于小型物业管理企业或多层住宅小区,技术人员负责管理的楼宇设备设施数量少、技术难度不大,从节省人工成本和保证服务质量两方面考虑,按技术复合的要求配备各级技术员工,人员结构如图10.3(b)所示。

3）混合型结构

随着物业管理产业化进程的加快,管理单纯性质物业的物管企业越来越少,大部分中、小型物管企业的管理范围既有高层建筑又有多层住宅或工业建筑,楼宇设备设施既有系统复杂、技术先进的,又有常规的,需要企业同时配备单项技术型和复合技术型的员工。这种混合型人才结构如图 10.3（c）所示。

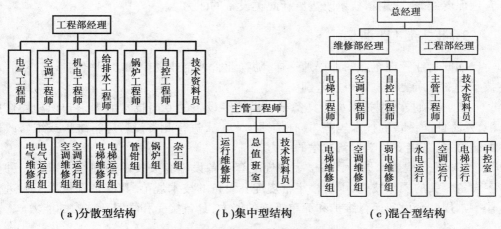

（a）分散型结构　　　（b）集中型结构　　　（c）混合型结构

图 10.3　物业设备管理人员的组织结构

10.3.2　物业设备管理人员层次及职业素质

从物业设备管理人员的结构框架中不难看出,物业设备设施管理人员有 4 个层次,即工程部经理、工程师、技术员和技术工人。他们的职业素质内涵有其独特的特点:除少数从事复杂、技术先进设备管理的人员仅要求具备单项技术外,几乎都要求具备相关设备的复合型技术人才。4 个层次的技术人员的职业素质分别有各自的主要特征。但同时也具有尊重服务对象,积极、主动开展服务工作的基本特征。

1）工程部经理

工程部经理必须是一位复合型技术人才,应具有足够的管理知识和能力;熟悉物业管理和楼宇设备的有关法规、标准;掌握楼宇常备重要或关键设备的理论知识和技术;对所管辖物业范围内的楼宇设备设施有全面了解;具有学习新技术和领导下属应用新技术的能力。

2）工程师

随物业管理企业规模和组织结构形式不同,对工程师的素质要求稍有差别,有两类情形:

（1）主管工程师　具有一定的管理能力,熟悉物业管理和楼宇设备的有关法规、标准,具有企业所辖范围内全部建筑配套设备设施的基本理论和技术知识,对管辖范围内的设备设施有全面了解,具有指导下属对所辖范围内全部设备进行运行、维护和局部维修的能力。

（2）专业工程师　具有一定的管理能力,熟悉物业管理和楼宇的某一类设备的有关法规、标准,掌握此类设备的全面的理论和技术知识,具有指导下属正确运行操作、合理保养维修、应用新技术改造更新此类设备的能力。

3）技术员（班组长）

如同物业管理企业的工程师一样,随物业管理企业规模和组织结构形式不同,对技术员的素质要求也有一定差别。

（1）单项技术型技术员　具备某一类楼宇设备的专门技术的理论知识和操作技能,熟悉此类设备的技术规范,具有带领技术工人进行此类设备运行维护或维修改造的能力,具备接受和学习新技术的能力。

（2）复合型技术员　具备楼宇常规配套设备设施有关技术的理论知识和一种楼宇设备相关的操作技能,了解楼宇常规配套设备的技术规范,具有带领技术工人进行楼宇常规配套设备运行维护和简单维修的能力,具备接受和学习新技术的能力。

4）技术工人

物业管理企业的技术工人同样分为单一技术型和复合技术型两大类别,两类技术工人的职业素质也有所差别。

（1）单一技术型技术工人　具备某类楼宇设备的专门技术和操作技能,了解此类设备的技术要求,具有进行此类设备运行维护能力或在技术员的带领下安装维修此类设备的能力,具有掌握新职能的能力。

（2）复合技术型技术工人　具备楼宇常规配套设备的基本技术知识,并对其中一种设备具有相关操作技能,了解楼宇常规配套设备的基本技术要求,在技术员的带领下具有运行维护楼宇常规配套设备的能力,具有掌握新职能的能力。

10.3.3　物业设备管理人员培养的途径

物业设备设施管理人员的培养主要有两种途径,即学历教育和职业培训,各有多个层次和多种形式,在物业设备设施管理人员的培养过程中分别起到不可替代的作用。

学历教育构建物业设备设施管理人员的基本层次。在研究生阶段,以培养能够解决现场研究性问题的专门性人才为主;本科阶段,主要培养单项技术型工程师;而高等职业教育（包括应用型专科和本科）,则承担起高级技术工人、复合型技术员和复合型工程师的培养工作;中等职业教育,则以培养普通操作性工人为主要任务。在国内部分地区,物业管理所需的复合型技术员基本上已形成了完整的专业体系,即在熟悉楼宇常规配套设备的基本理论和技术知识基础上,分别专于电气、给排水、电梯、空调、楼宇自动化技术和技能,并能部分满足行业需要,培养方式、方法正在根据行业技术特点加速完善。

企业职业培训起到充实完善作用,主要是根据企业实际加强现场设施设备安装维修和技术改造能力的培训,并从中选拔人员,培养出企业自己的设备管理部门经理和复合型工程师。在提高物业设备设施运营水平,改善和提高物业环境品质方面,企业的职业培训能够弥补学历教育的不足。而且在更新物业设备设施管理人员的知识、技术,贯彻行业法规、标准,培养技术人员某方向的特殊能力等方面具有很大的优势,企业自身的职业培训应成为物业管理行业和企业规划考虑的问题。

10.4　管理制度的建设

10.4.1　物业设备管理制度

1)物业设备接管验收制度

设备验收工作是设备安装或检修停用后转入使用的重要过程,展开物业设备设施管理工作的第一步就是接管验收。接管验收不仅包括对新建房屋附属设备的验收,而且包括对维修后设备的验收以及委托加工或购置的更新设备的开箱验收。验收的资料须妥加保管。

2)物业设备预防性计划维修保养制度

预防性计划维修保养制度主要包括制定设备的维修保养计划,确定设备的维修保养类别、等级、周期、内容,实施预防性计划维修保养制度,并进行监督检查等。

3)运行管理制度

包括巡视抄表制度、安全运行制度、经济运行制度、文明运行制度等。此外,特殊设备还需另行制定一些制度,如锅炉给水处理制度、电梯安全运行制度等。

4)值班制度

建立值班制度并严格执行,可以及时发现事故隐患并排除故障,从而保证设备安全、正常地运行。主要包括:不得擅自离岗;按时巡查,及时发现事故隐患;接到故障维修通知,及时安排人员抢修、维修等。除值班人员外,其他人员除特殊情况外,一律不准进入值班室。

5）交接班制度

交接班制度主要包括做好交接班工作；提前办好交接班手续等。

6）报告、记录制度

建立报告和记录制度可以让物业设备管理部门经理、技术主管和班组长及时了解设备的运行情况和设备维修管理情况，及时发现设备管理中存在的问题，以便及时解决。

7）设备事故紧急预案

编制符合实际的物业设备设施的事故预案，对于减小损害、控制损失，提高服务质量十分重要。编制设备事故紧急预案时，首先必须由一个明确责任人的机构来按照事先演练过的程序来对设备相关的事故来进行恢复和损害控制，就是说出了事由谁来做什么，谁指挥？谁执行？谁支援？小型公司应明确到人，规模较大的企业应明确到岗位。其次是在预案中要根据设备的特性来制定清晰的处置措施和损害控制过程。整个预案的执行，需要始终贯彻人的生命价值高于一切的理念，一切以人的安全为第一位来安排，其次才是控制设备损失。事故应急预案是否妥善，宜通过专家讨论论证后，进行桌面或者实际演练来验证其有效性。

除了上述设备管理制度外，还有设备清理制度，设备技术档案资料保存、管理制度，设备更新、改造、报废规划及审批制度，承租户责任制度和保管设备责任制度及设备清点、盘点制度等一系列物业设备设施管理制度体系，从而有效实行专业化、制度化的物业设备管理。

10.4.2　管理制度的建设

各类常用的物业设备设施管理制度及表格可参见本套教材中的《物业管理实务》或已出版的类似书籍，此处不再赘述。这里只介绍一些制度建设应遵循的基本原则。在意识上一定要首先明确，制度的制定和表格的设计，必须规范、适用、实用。在不少物管企业，各部门的工作制度内容十分细致、标准十分严格，看似科学，实际上无法实施，形同虚设，这也是国内管理效率低下，包括物业设备设施管理效率低下的重要原因。

物业设备设施管理制度的设计一般宜遵循的原则：

①公司决策层应将工程部的职责和工作范围明确划分出来，再由工程部经理分块分条授权给专业工程师和物管处工程部主管，实现制度化的权利与责任。

②对专业工程师和物管处主管制定严密的评价和激励制度，评价主要包括两方面：一是设备的运行性能是否优良；二是工作成本是否合理。这两种标准同样适用于技术和操作工。

③把同类型的工作放在一起进行比较评价,对领先者进行奖励。对落后者进行进一步的了解和帮助,使其达到平均水平。但不宜过于严厉惩罚落后者,另外,根据平均水平制定的标准要有 3～4 年的稳定性,不能年年变化,层层加码。

④奖惩要联系个人的努力程度,一旦确定奖惩,不能破例;但奖惩程度,尤其是惩罚程度不能过于严厉;而且奖惩之后都应有促进和帮助措施,让员工对未来有希望,以激励员工安心、努力工作。

⑤好的制度是符合企业管理实际的制度,具有因地制宜的特点,不是其他优秀公司的现成制度,不能盲目照搬他人经验,搞一步到位的改革,而宜分步改进,耐心、坚定地实现制度的完善。

评价管理制度好坏的基本标准:

①能否给物业设备设施工作的相关利害人(所有者、经营者、消费者、操作者等)带来便利。

②能否节约企业制度运行成本。

③能否使评价成本与激励、约束、监督成本较低。

④评价结果是否明确、公平。

复习思考题

1. 以自己相对熟悉的一个小区为例,设想自己进行工程部的组建工作的步骤,越详细越好。
2. 物业管理员如何与工程部不同层次的专业技术人员进行配合?
3. 如何提高物业设备设施管理人员的技能和素质?
4. 若自己所在的小区突然因雷击停电,从物管角度思考处置过程和方法。
5. 根据教材介绍和参考资料,自己制定一套水泵房或配电房的值班工作制度。

参考文献

[1] 孙荣恒,伊亨云,刘琼荪.数理统计[M].重庆:重庆大学出版社,2000.

[2] 陈红.楼宇机电设备管理[M].北京:清华大学出版社,2003.

[3] 付光强.给水排水系统运行管理与维护[M].北京:中国电力出版社,2003.

[4] 李援瑛,曹艳芬,尹桦.空调与供暖系统运行管理与维护[M].北京:中国电力出版社,2003.

[5] 郎嘉辉.建筑给水排水工程[M].重庆:重庆大学出版社,2004.

[6] 高明远,岳秀萍.建筑给水排水工程学[M].北京:中国建筑工业出版社,2003.

[7] 杨其富.供配电系统运行管理与维护[M].北京:中国电力出版社,2003.

[8] 卢军.建筑环境与设备工程概论[M].重庆:重庆大学出版社,2003.

[9] 何天祺.供暖通风与空气调节[M].重庆:重庆大学出版社,2011.

[10] 朱献清.物业供用电[M].北京:机械工业出版社,2003.

[11] 王晓东.电气照明技术[M].北京:机械工业出版社,2004.

[12] 魏明.建筑供配电与照明[M].重庆:重庆大学出版社,2005.

[13] 魏晓安,张晓华.物业设备管理[M].武汉:华中科技大学出版社,2006.

[14] 刘薇.物业设备设施与维修[M].北京:清华大学出版社,2006.

[15] 郑洁,伍培.智能建筑概论[M].2版.重庆:重庆大学出版社,2011.

[16] 魏琪.热质交换原理与设备[M].重庆:重庆大学出版社,2007.

[17] 张国强.建筑环境与设备工程导论[M].重庆:重庆大学出版社,2007.

[18] 刘薇,张喜明,孙萍.物业设施设备管理与维修[M].2版.北京:清华大学出版社,2010.

[19] 聂英选,段忠清.物业设施设备管理[M].武汉:武汉理工大学出版社,2010.

[20] 沈瑞珠.物业设备及智能化管理[M].北京:中国建筑工业出版社,2011.

[21] 段忠清.物业设备与设施[M].合肥:中国科学技术大学出版社,2010.

[22] 于孝廷.物业设备设施与管理[M].北京:北京大学出版社,2010.